大学生安全教育教程

卢长征　主编

苏州大学出版社

图书在版编目(CIP)数据

大学生安全教育教程 / 卢长征主编. —苏州:苏州大学出版社,2021. 8(2023.9重印)
ISBN 978-7-5672-3663-9

Ⅰ. ①大… Ⅱ. ①卢… Ⅲ. ①大学生-安全教育-高等学校-教材 Ⅳ. ①G641

中国版本图书馆 CIP 数据核字(2021)第 147996 号

书　　名: 大学生安全教育教程

主　　编: 卢长征
责任编辑: 周建兰
装帧设计: 吴　钰

出版发行: 苏州大学出版社(Soochow University Press)
出 版 人: 盛惠良
社　　址: 苏州市十梓街 1 号　**邮编**: 215006
印　　装: 常州市武进第三印刷有限公司
网　　址: www. sudapress. com
邮　　箱: sdcbs@ suda. edu. cn
邮购热线: 0512-67480030

开　　本: 787 mm × 1 092 mm　1/16　**印张**: 12　**字数**: 278 千
版　　次: 2021 年 8 月第 1 版
印　　次: 2023 年 9 月第 7 次印刷
书　　号: ISBN 978-7-5672-3663-9
定　　价: 29.00 元

《大学生安全教育教程》

编 写 组

主　审　戴月波

主　编　卢长征

副主编　蒋　毅　朱广革　王振华　戴利坤
罗　艺　张文凯　徐海东　肖劲松

编　委　蒋　洁　吴　江　陈炜昀　钱婷婷
王平平　郑家俊　李天强　石晨曦
胡建国　王世强　唐晓玲　蔡　晶
俞德海　马红梅

前言 Preface

党的十九大报告指出：统筹发展和安全，增强忧患意识，做到居安思危，是我们党治国理政的一个重大原则。必须坚持国家利益至上，以人民安全为宗旨，以政治安全为根本，统筹外部安全和内部安全、国土安全和国民安全、传统安全和非传统安全、自身安全和共同安全，完善国家安全制度体系，加强国家安全能力建设，坚决维护国家主权、安全、发展利益。

居安思危，思则有备，有备无患。随着社会的发展，高校由过去的封闭型办学变为开放型办学，由一般教学、科研机构变为教学、科研、生产、商贸等多元化的社会机构。高校由原来单一的教学封闭型场所转变为全方位、多功能、开放型的“小社会”。高校的安全稳定直接关系到高校事业的发展，关系到师生员工的切身利益，关系到学校和社会的稳定。加强大学生安全意识教育，是高校思想政治教育的重要组成部分，也是高校深化教育改革的重要保证；是保障大学生基本权益的有效手段，也是维护校园稳定、推进高校发展的重要举措。

2013 年 8 月，由无锡市所有高校联合编写的《大学生安全读本》正式出版，2015 年 6 月改版为《大学生安全教育指南》，2018 年 8 月改版为《大学生安全教育读本——平安·和谐校园》。此次，由江南大学、无锡学院、无锡职业技术学院、无锡商业职业技术学院、江苏信息职业技术学院、无锡科技职业技术学院、无锡工艺职业技术学院等院校参与编写改版，并更名为《大学生安全教育教程》。本书新增了实验室安全、新型冠状病毒预防、火场常用急救方法等内容。尤其在案例精选、案例分析上下了功夫，旨在提醒、教育大学生从中汲取教训，警钟长鸣，并能够从中学习到极端情况下的安全处置措施，切实提高安全防范和自救能力。

在编写过程中，我们参考了许多书刊、网站、电子资料的相关内容及很多专家、学者的观点、研究成果；另外，苏州大学出版社对本书的出版提供了有力的支持，在此一并致以衷心的感谢！

由于时间仓促，加之编者水平有限，书中难免存在疏漏和不当之处，敬请广大读者提出宝贵意见。

目录 Contents

第一章

维护国家安全

第一节　维护国家安全内容指南

国家的生存与发展离不开安全。国家安全是国家全部活动的基础和前提，也是一个国家的民众所追求的最基本的目标之一。古今中外的实践表明，国家安全是国家利益、民族利益，也就是最广大人民根本利益的集中体现。要切实维护国家安全，首先必须有一个正确的、符合实际的安全观。跨入 21 世纪的中国必须以现实和发展的眼光慎思目前和今后一个时期国家安全形势，做到居安思危，在战略上和战术上做好应有的准备。

2014 年 11 月 1 日，第十二届全国人民代表大会常务委员会第十一次会议通过《中华人民共和国反间谍法》，相应废止了 1993 年 2 月 22 日第七届全国人民代表大会常务委员会第三十次会议通过的《中华人民共和国国家安全法》。2015 年 7 月 1 日，第十二届全国人民代表大会常务委员会第十五次会议通过，中华人民共和国主席令第 29 号公布《中华人民共和国国家安全法》，自公布之日起施行。

进入 21 世纪，中国的国际角色正在发生重大转变，这对传统的国家安全理念、传统的维护国家安全方式及传统的国家安全目标都提出了新的问题和挑战。

一、五种危害国家安全的行为

（1）阴谋颠覆政府，分裂国家，推翻社会主义制度的行为。如“台独”分子一直没有放弃“两个中国”的梦想，达赖喇嘛也在境外成立了“流亡政府”等。

（2）参加境外各种间谍组织，或者接受间谍组织或代理人的任务的行为。无论行为人是否接受了间谍组织的任务，是否进行了窃取、刺探、收买、非法提供情报或其他破坏活动，只要参加了间谍组织，即构成了间谍犯罪。未参加间谍组织，但接受了间谍组织或其代理人的任务，不管其任务实现与否，不影响间谍犯罪的成立。

（3）窃取、刺探、收买、非法提供国家秘密的行为。一般指在未参加间谍组织，也没接受其代理人任务的情况下，主动为间谍机构窃取、刺探、收买、提供情报。不管情报是否到了间谍手中，都不影响间谍犯罪的成立，都属于危害国家安全的行为。

（4）策动、勾引、收买国家工作人员叛变或者将防地设施、武器装备交付他国或敌方的行为。

(5) 进行危害国家安全的其他破坏活动的行为。例如：

① 组织、策划或者实施危害国家安全的恐怖活动；

② 捏造、歪曲事实，发表、散布文字或者言论，或者制作、传播音像制品，危害国家安全；

③ 利用设立的社会团体或者企业、事业组织，进行危害国家安全的活动；

④ 利用宗教进行危害国家安全的活动；

⑤ 制造民族纠纷，煽动民族分裂，危害国家安全；

⑥ 境外个人违反有关规定，不听劝阻，擅自会见境内有危害国家安全行为或者有危害国家安全行为重大嫌疑的人员。

二、维护国家安全是大学生的神圣职责

有国家就有国家安全工作，古今中外，概莫能外。无论处于什么社会形态，或者实行怎样的社会制度，各国都会视国家利益为最高、最根本的利益，将维护国家安全列为首要任务。所以，每位大学生都应当成为国家安全和利益的自觉维护者。

(1) 要始终树立国家利益高于一切的观念。邓小平同志指出："国家的主权、国家的安全要始终放在第一位。"一位著名的政治家也说过："国与国之间没有永恒的友谊，只有永恒的利益。"国家安全涉及国家社会生活的方方面面，是国家、民族生存与发展的首要保障。科学技术是没有国界的，但知识分子不能没有自己的祖国。所以，把国家安全放在高于一切的地位，既是国家利益的需要，又是个人安全的需要，也是世界各国的一致要求。

(2) 要努力熟悉有关国家安全的法规。反间谍法是规定防范、制止、惩治危害国家安全的行为，规定国家安全机关的职权及公民和组织维护国家安全的权利和义务的法律规范的总和。有人统计，涉及有关国家安全和保密工作的法律、法规、规章制度有 100 多种，我们都应该有所了解，弄清什么是合法的、什么是违法的，可以做什么、不能做什么。其中，应当特别熟悉宪法、反间谍法、保密法、刑法、刑事诉讼法、科学技术保密规定、出国留学人员守则等，遇到法律界限不清的问题时，要肯学、勤问、慎行。

(3) 要善于识别各种伪装。从理论上讲，有关国家安全的常识、规定都比较完善，依规行事不会出什么大问题，但是，实际生活比我们想象的要复杂得多。比如，有的间谍情报人员采用五花八门的手段，套取国家秘密、科技政治情报和内部情况。如果丧失警惕，就会上当受骗，甚至违法犯罪。因此，大学生在对外交往中，既要热情友好，又要内外有别、不卑不亢；既要珍惜个人友谊，又要牢记国家利益；既要尽可能争取各种帮助、资助，又不能失去国格、人格。要努力增强国家安全意识，克服麻痹思想，提高识别能力，不要被"和平""友好"及交往中一些假象所迷惑，认为世界处处充满爱，认为改革开放的年代没有那么多的间谍、特务，看不见隐蔽战线上尖锐、复杂的斗争。

(4) 发现外教或外籍人员在不恰当的场所宣扬西方的"自由""民主""人权"，散布极端的个人主义和无政府主义理论和观点等，要及时向有关部门报告。对于收到的反动宣传品要及时主动上交，防止扩散及产生不良影响。与外国人接触要严守国家秘密。

（5）要克服妄自菲薄等不正确思想。任何国家在政治、经济、文化、军事、科技、资源等方面都是不尽相同的，再富有的国家也不可能应有尽有，再贫穷的国家也有自己独到的优势。中国地大物博，具有悠久的历史和灿烂的文化，在国际社会中发挥着越来越重要的作用。所以，作为中国人要挺直腰板，绝不妄自菲薄。要看到我们也有许多世界第一和“中国特色”，有一系列国家秘密和单位秘密。对这一切，如果没有正确的认识，就可能产生错误的看法，乃至做出亲者痛仇者快的事情来。

（6）要积极配合国家安全机关的工作。国家安全机关是国家安全工作的主管机关，是与公安机关同等性质的行政机关，分工负责间谍案件的侦查、拘留、预审和执行逮捕。当国家安全机关需要配合工作的时候，每个同学都应当按照国家反间谍法的要求，如实提供情况和证据，尽力为国家安全工作提供便利条件和协助，不得以暴力、威胁方法阻碍执行公务。大学生如果发现危害国家安全的行为，应及时报告，一是直接向国家安全机关或者公安机关报告，二是通过所在组织（学校保卫部门、院系领导等）间接地向国家安全机关和公安机关报告。

（7）在国外要增强国家安全意识，自觉维护国家利益。大学生到国外就读或学习、旅游，行前要主动接受有关部门的国家安全教育，了解、掌握国家安全知识，不但要做好物资准备工作，还要做好充分的精神思想准备。要提高国家安全和防范意识，自觉维护国家利益，抵制敌对势力的策反、拉拢、威胁、利诱活动，并定期向学校汇报工作、学习情况。同时，要严格遵守外事纪律和有关规章制度，遵守前往国家的法律法规，尊重当地的社会公德和风俗习惯，避免产生误会或出现不应有的问题，不做有损国格、人格的事情。

（8）慎入社团，严禁与非法组织联系或参与其活动。非法组织是指违反宪法和法律，以反对四项基本原则为宗旨的组织。大学生一律不允许以任何形式支持非法组织，或与他们保持暧昧关系，甚至直接参与其活动。禁止传阅、收藏各种非法刊物、电子资料，违者将受到党纪、团纪、校纪处分，情节严重者还可能被直接追究刑事责任。

三、案例与分析

案例一：2020 年 8 月，国家安全机关侦破河北某高校学生田某涉嫌煽动颠覆国家政权案，及时斩断了境外反华敌对势力的犯罪触手。

经查明，田某，1999 年生，河北某高校新闻系学生。田某自 8 岁起开始收听境外反华媒体广播节目，经常浏览境外大量有害政治信息，逐渐形成反动思想。2016 年 1 月，田某开通境外社交媒体账号，开始同境外反华敌对势力人员进行互动，接受所谓“民主宪政”的理论熏陶，反动思想日渐顽固。

进入大学后，田某经境外反华媒体记者引荐，成为某西方知名媒体北京分社实习记者，并接受多个境外反华敌对媒体邀请担任驻京记者。在此期间，田某大量接受活动经费，介入炒作多起热点敏感事件，累计向境外提供反宣素材 3 000 余份，刊发署名文章 500 余篇。

在境外蛊惑教唆下，田某于 2018 年创办了一个境外反动网站，大肆传播各类反动信息和政治谣言，对我国进行恶毒攻击。2019 年 4 月，田某受境外反华媒体人邀请秘密赴西方某国，同境外 20 余个敌对组织接触，同时接受该国 10 余名官员直接问询和具体指令，秘密搜集、提供污蔑和抹黑我国的所谓“证据”。

田某与境外反华组织接触开展的一系列渗透活动，严重危害政治安全。国家安全机关通过严密侦察，于 2019 年 6 月，依法将田某抓捕归案。2020 年 11 月，法院对此案进行非公开审理。

案例二：2020 年 6 月，国家安全机关侦破一起内地赴港学生杨某某与境外敌对组织及反中乱港势力相勾连，从事颠覆国家政权及反中乱港活动案。

经查明，杨某某，1995 年生，毕业于江苏某大学新闻与传播学院，2017 年赴香港某大学就读电影专业硕士研究生。赴港学习期间，其受到境外反华势力言论影响，对我国内地产生敌对情绪。

2018 年 10 月，杨某某参与某境外敌对组织组党结社活动，帮助开展反动宣传活动并参与非法游行。随后其得到某敌对组织的任命，成为相关网络群组的管理员，接受该敌对组织培训后，负责在互联网上引导话题讨论、转发视频图片等工作。作为群组管理员，杨某某加入了该敌对组织核心群组“小沙龙”。杨某某在群内发布封杀某企业的联署信、讨论我国领土问题、提出利用 WIFI 热点和 Airdrop 传播“敌对理论”等扩大组织影响力的方案。

2019 年 6 月，香港“修例风波”期间，其大肆转发声援香港暴徒的推文，引导群内成员关注、讨论、抹黑香港警方，甚至向境内倒灌香港“斗争经验”。

2020 年 6 月，国家安全机关依法将杨某某抓获归案。通过教育感化，杨某某对违法犯罪行为供认不讳，主动交代揭发境外敌对势力的丑陋行径，承诺不再从事危害国家安全的活动。

案例分析：以上两个案件深刻揭示了西方反华势力在意识形态领域对我国学生群体渗透拉拢的重大敌情，反映出境外反华敌对势力大肆对我境内人员开展意识形态“攻心战”，少数赴境外就读的留学生受煽动蛊惑，被裹挟参与敌对活动。田某、杨某某的所作所为是典型的危害国家安全的行为。《中华人民共和国宪法》第五十四条、《中华人民共和国反间谍法》第四条都明确规定：中华人民共和国公民有维护国家的安全、荣誉和利益的义务，不得有危害国家的安全、荣誉和利益的行为。作为 21 世纪的大学生，维护国家安全是义不容辞的责任，是党和国家对每个大学生的基本要求。大学生在任何情况下不得做出有损国家安全的事情，并应自觉与一切危害国家安全的行为做斗争。大学生应谨慎加入社团，严禁与非法组织联系或参与其活动。每位大学生都应当成为国家安全和利益的自觉维护者。

第二节　保守国家秘密

一、国家秘密的主要内容及失密、泄密行为表现

国家秘密是指关系国家的安全和利益，依照法定程序确定，在一定时间内只限一定范围的人员知悉的事项。这里说的关系国家的安全和利益是指秘密事项如被不应知悉者所知，将对国家的安全和利益造成各种损害。国家秘密不仅仅是政治、军事方面的秘密，还有经济、科技、金融、文化等方面的秘密。任何方面的秘密一旦泄露，都会造成损失。

国家秘密按其秘密程度被划分为“绝密”“机密”“秘密”三级。“绝密”是最重要的国家秘密，若被泄露会使国家的安全和利益遭受特别严重的损害；“机密”是重要的国家秘密，若被泄露会使国家的安全和利益遭受严重的损害；“秘密”是一般的国家秘密，若被泄露会使国家的安全和利益遭受损害。保守国家秘密的工作按其工作对象可分为科学技术保密、经济保密、涉外保密、宣传报道保密、公文保密、会议保密、政法保密、军事军工保密、通信保密、电子计算机保密等。国家秘密的保密年限根据密级不同而有所区别。一般情况下，“绝密”级国家秘密事项不超过 30 年，“机密”级国家秘密事项不超过 20 年，“秘密”级国家秘密事项不超过 10 年。

公民保守国家秘密是指每个公民对于从各种渠道得知的，无论是因工作得知的国家秘密，还是偶然得知的国家秘密，都不得以任何方式扩散与传播。

（一）国家秘密的主要内容

《中华人民共和国保守国家秘密法》（中华人民共和国主席令〔2010〕28 号）规定，国家秘密包括下列秘密事项：

（1）国家事务的重大决策中的秘密事项；

（2）国防建设和武装力量活动中的秘密事项；

（3）外交和外事活动中的秘密事项以及对外承担保密义务的事项；

（4）国民经济和社会发展中的秘密事项；

（5）科学技术中的秘密事项；

（6）维护国家安全活动和追查刑事犯罪中的秘密事项；

（7）经国家保密行政管理部门确定的其他秘密事项。

另外，政党的秘密事项中，符合国家秘密诸要素的，属于国家秘密。

（二）造成失密、泄密的几种行为

（1）新闻出版工作失误造成的泄密。国内新闻泄密案件占整个新闻出版泄密案件的一半以上，在科技、经济方面的泄密问题尤其突出，给国家造成了巨大的损失，同时也在政治上产生了严重影响。境外的一些中国问题专家在谈到搜集中国情报的方法时，认为主要手段就是分析、研究中国的报刊和其他出版物。境外谍报组织广泛收集我国公开发行的报纸、期刊、官方报告、人名通讯录、企业电话号码簿以及车船、飞机时刻表等，

经过选择让专家分析、研究。美国中央情报局把凡是能弄到手的每一份社会主义国家的出版物都买下来，每月有20多万份。他们认为，所需要情报的80%可以从这些公开的材料中得到满足，称之为“白色”情报。

（2）违反保密制度，在不合时宜的场所随意公开内部秘密。主要表现在接待外来人员的参观访问及贸易洽谈之时，违反保密制度，轻易地将宝贵的内部秘密泄露出去。

（3）不正确使用手机、电话、传真或互联网技术造成泄密。一些谍报组织借助科学技术成果，利用先进的间谍工具窃听、窃照、截取电子信号、破获电子信件等获取机密。

（4）保密观念不强，随身携带秘密载体造成泄密。有些保密观念不强的人，随意将一些秘密资料、文件、记录本、样品等携带出门，若它们丢失、被盗、被抢、被骗，就会造成泄密。

（5）保密意识淡薄，或无保密意识，有意或无意地将秘密泄露出去。有些保密意识淡薄、缺乏保密常识的人，不分场合，随意在言谈中或通信中涉及国家秘密或秘密事项，或炫耀自己的见识广博，往往是“言者无意，听者有心”，不经意间泄密。

（6）极少数人经不住金钱和物质的诱惑，被谍报组织拉拢腐蚀，出卖国家秘密。

二、大学生要自觉保守国家秘密

保守国家秘密是大学生应尽的义务。国家秘密的泄露会直接影响国家安全和利益。《中华人民共和国宪法》第五十三条规定，中华人民共和国公民必须遵守宪法和法律，保守国家秘密。《中华人民共和国保守国家秘密法》第三条规定，一切国家机关、武装力量、政党、社会团体、企业事业单位和公民都有保守国家秘密的义务。因此，保守国家秘密是每个公民义不容辞的责任。

当前，世界多极化、经济全球化的趋势在曲折中发展，国际竞争日趋激烈，霸权主义和强权政治又有新的表现，恐怖主义的危害也有所上升，危害国家安全的因素依然存在，尤其是高新技术的迅猛发展和广泛应用，使得保密与窃密的斗争更加尖锐、隐蔽、复杂。高校是科研的集中地，许多重大科研项目都是在高校中进行的。因此，国外一些谍报组织和人员经常利用参观、旅游、讲学、合作研究等各种借口在高校内行走，伺机对一些科研技术、科学成果进行窃密、收买。一些意志薄弱的师生，经不住金钱和物质的诱惑，帮助谍报组织进行窃密活动，造成重大科研、科技泄密，给国家带来巨大损失。

对此，大学生们必须居安思危，保持警觉，树立保密意识，在国际交往中，要自觉维护民族尊严和国家的利益。对待外国友人，要自尊自重，不卑不亢，既要热情友好，又不能低三下四，绝不能置国家的利益、民族的利益于不顾，不能为了满足个人的利益而丧失民族气节，做出有损国家利益的行为。大学生必须自觉贯彻、遵守保密法规，自觉履行保密义务，坚决地同失、泄密行为和窃密行径做斗争，以实际行动维护国家的安全。

如何防止失密、泄密？

我国高校承担着国家大量的自然科学和社会科学方面的研究任务，有许多方面在国内、国际上处于领先地位。因此，高校中存在国家秘密，有些秘密的密级还比较高。尤其是近年来随着高校改革开放和各项事业的不断发展，对外交流、交往越来越频繁，窃密与反窃密的斗争越来越复杂艰巨。作为高等学校的大学生，特别是参加科研的大学生，一定要树立保密意识，养成良好的保密习惯。

（1）学习保密常识，接受保密知识教育。要增强保密意识，严格遵守保密制度。既要对外开放，扩大对外交流，又要确保国家机密不被泄露，要克服有密难保、无密可保的糊涂认识。

（2）提高防范意识，在对外交往中坚持内外有别。在对外交往过程中，凡涉及国家机密的内容，要么回避，要么按上级的对外口径回答，不要随便涉及内部的人事组织、社会治安状况、科技成果、技术诀窍和经济建设中各种未公开的数据资料等。

（3）在与境外人员接触时不带秘密文件、资料和记有秘密事项的信息载体。对方直接索取科技成果、资料、样品或公开询问内部秘密时，要区别情况，灵活予以拒绝。

（4）不经主管部门批准，不带境外人员参观或进入非开放区。不准境外人员利用学术交流、讲课等机会进行系统的社会调查。不经有关部门批准，不得填写境外人员发放的各种调查表，或替他们写社会调查方面的文章。

（5）在新闻出版工作中，注意保密原则，不得随意刊载有关国防、科研等事关国家机密的事项。参加国际学术会议或在国外刊物上发表文章，要按规定办理审查手续。不得为境外人员提供或代购内部读物和资料。

（6）自觉遵守保密的有关规定，做到“八不”：不该说的不说；不该问的不问；不该看的不看；不该记录的不记录；不在普通电话、明码电报、普通邮局传达机密事项；不携带机密材料游览、参观、探亲、访友和出入公共场所；不在通信中谈及国家机密；不在普通邮件中夹带任何保密资料。

三、案例与分析

案例一：2020 年“4·15”期间，江西赣州在全市各县、乡镇加大国家安全宣传力度，取得显著成效。4 月 16 日，赣州市会昌县村民张某发现其子张某某在广东汕头务工期间，可能从事过危害国家安全的违法活动。4 月 21 日，张某劝说并陪同其子来到了赣州市国家安全局投案自首。张某某主动交代：2019 年其在汕头务工期间，通过微信结识了某境外间谍情报机关人员，对方以兼职为诱饵指使他从事了危害国家安全的活动。

2019 年 9 月以来，张某某每天到驻汕头某部队港区进行观察记录，拍摄港区舰艇舷号的动、静态情况，通过微信发给对方。其间，张某某共接收对方提供的间谍经费近 3 万元。经有关部门鉴定，其提供给对方的多份资料涉及国家秘密。

案例分析：对我国军用机场、飞机和港口军舰进行观察、拍照、标注地理信息，或搜集我国政府、军队等部门文件资料，向境外提供，都是危害国家安全的非法行为，都要受到法律的追究。近年来像张某某这样的年轻网民在互联网上求职、交友的过程中，被境外间谍情报机关拉拢、策反，接受指令，搜集我国军事目标情报的犯罪活动数量不断增加。境外间谍在网上引诱年轻网民时往往使用商业调查公司、咨询公司、军事杂志社等各种掩护名义，在联系初期隐藏其真实目的，具有很强的欺骗性。同时因个别网民缺乏国家安全观念，法律意识淡薄，在利益诱惑下容易被境外间谍欺骗、利用和拉下水。张某某就是被这样的情报人员拉拢，在物质、情感诱惑面前成为他们收集情报的工具的。近年来，山东、海南、浙江、安徽等多个省市的国家安全机关均破获了这类案件。作为新时代的大学生，每时每刻都要有国家安全意识，培养自身高尚的爱国情操，用敏锐的思想武器、坚定的爱国信念抵制外国间谍情报人员的腐蚀。

案例二：哈尔滨某大学航天专业硕士研究生常某由于抵挡不住金钱的诱惑，在不到两年时间里为间谍搜集情报和内部资料 50 多次，接受“经费” 20 多万元。他因这种违法犯罪行为，不仅断送了自己的前程，还受到了法律的严厉制裁。

案例分析：随着境外间谍机构活动的日益猖獗，大学生成了境外间谍策反的目标。个别大学生安全意识不强、社会经验不够丰富，有的需要寻找一些经济来源以支持学业，境外间谍便利用做兼职、发调查问卷之类的名目去吸引大学生，给的酬金很高，引诱大学生窃取国家秘密。境外间谍拉拢大学生还有其他原因，如某些大学生在高校里能接触到经济、技术、材料等领域的资料，个别大学生参与的课题、项目对间谍来说也可能有价值。有的间谍还介入了个别大学生的求职过程，要求其报考涉密的部门。间谍刚开始提出的要求一般都比较简单，他们先让学生去图书馆查查资料，或者搞个调研，照样提供丰厚的酬金，慢慢让其产生依赖，然后再安排搜集、窃取情报的任务。实际上这时候大学生已经有把柄握在间谍手里，如果想退出，对方就会采取威胁、讹诈等手段逼迫大学生继续为他们效力。面对间谍的恐吓，最好的办法就是按照国家的法律、法规要求来采取相应的措施。当事人应该立即主动向有关安全机构反映情况，交代自己的违法行为，并积极配合安全机构捉拿间谍分子，而千万不要心存侥幸，铤而走险。

《中华人民共和国反间谍法》第二十七条规定：“境外机构、组织、个人实施或者指使、资助他人实施，或者境内机构、组织、个人与境外机构、组织、个人相勾结实施间谍行为，构成犯罪的，依法追究刑事责任。实施间谍行为，有自首或者立功表现的，可以从轻、减轻或者免除处罚；有重大立功表现的，给予奖励。”第二十八条规定：“在境外受胁迫或者受诱骗参加敌对组织、间谍组织，从事危害中华人民共和国国家安全的活动，及时向中华人民共和国驻外机构如实说明情况，或者入境后直接或者通过所在单位及时向国家安全机关、公安机关如实说明情况，并有悔改表现的，可以不予追究。”

第三节　反对邪教

一、邪教的定义与基本特征

（一） 邪教的定义

关于“邪教”这一概念的认定，目前国际上还没有一个统一的标准。我们认为，邪教是人类社会肌体上的毒瘤，对正常的社会秩序会造成严重的威胁和破坏，它已经不再是宗教，而是带有强烈的政治色彩，具有反科学、反社会、反人类、反政府性质的犯罪集团。正是在这个意义上，国外不少学者称之为“Extreme Church”，即“极端教派”，如美国的“人民圣殿教”“大卫教派”“天堂之门”“上帝之子”，西欧、北美的“太阳圣殿教”，日本的“奥姆真理教”，我国的“全范围教会”“法轮功”等。2016 年 12 月 8 日，《最高人民法院、最高人民检察院关于办理组织、利用邪教组织破坏法律实施等刑事案件适用法律若干问题的解释》对我国的邪教组织进行了如下的界定：邪教组织是指冒用宗教、气功或者以其他名义建立，神化、鼓吹首要分子，利用制造、散布迷信邪说等手段蛊惑、蒙骗他人，发展、控制成员，危害社会的非法组织。

（二） 邪教的基本特征

辨别邪教，主要看它是否具有以下特征：

1. 教主崇拜

教主崇拜即唯教主是从，为教主而生而死。邪教教主往往以伪装和骗术来神化自己，自称为绝对、无限神，让信徒对其绝对服从。

2. 精神控制

精神控制是邪教教主为巩固其“神圣地位”，维持其信徒效忠自己的基本手段。邪教教主一般以各种谎言、骗术、心理暗示和诱导来对信徒进行“洗脑”，使信徒丧失正常理智，丧失判断是非的基本能力，甘愿受其控制。

3. 编造歪理邪说

编造歪理邪说是一切邪教教主蒙骗、坑害群众的手段。它往往打着宗教或气功等旗号，冒用宗教的属性，编造和散布歪理邪说，妖言惑众，制造恐慌心理和恐怖气氛，达到对信徒进行精神控制的目的。

4. 敛取钱财

邪教教主通过各种手段，要求信徒倾其所有，将钱财奉献给教主，或通过所谓的“治疗”、兜售书籍和音像制品、举办“学习辅导班”等形式，收取不义之财。

5. 秘密结社

邪教一般都有以教主为核心的严密组织，采取诡秘方式进行联络活动。邪教组织结构相当严密，组织内部等级和戒律森严，要求信徒绝对服从教主，严禁脱离和背叛组织。

6. 危害社会

危害社会主要表现在以极端的手段与现实社会相对抗。邪教教主大多有政治野心，他们不满足在“秘密王国”内实行神权加教权的统治，幻想对全国甚至全人类实行统治。为了实现其政治野心，他们或者以信徒的生命作为牺牲品和政治赌注，或者以反社会、反人类的疯狂之举来震惊世界。

（三） 宗教与邪教的区别

邪教是冒用宗教的名义欺骗群众、进行各种违法犯罪活动的组织。邪教不是宗教，两者是有本质区别的。

1. 目的不同

宗教主张弃恶扬善、修身养性、宽容忍让，讲积德、积福、积禄、积寿、积来世，如佛教的“庄严国土，利乐有情”，天主教、基督教的“荣神益人”，道教的“齐同慈爱，济世度人”，等等。这些说法虽然不尽相同，但都是引导信徒与人为善，慈俭济人，奉献社会。而邪教的目的或是满足个人私欲；或为达到政治目的而主张“建立神的国，取消人的国”；或“称皇称帝”，要“改朝换代”；或诈骗钱财、奸污妇女；等等。

2．组织形态不同

宗教的组织形态相对稳定，有固定的组织名称、经典、教规教义、信仰对象、活动场所及教内职务名称，其组织活动是公开的。而邪教的组织形态不稳定，也不正规，没有固定的组织名称、经典，没有传统的信仰对象和活动场所，教内的职务名称杂乱不一。有的自称为“王”“主”“活基督”，有的自称为“神的化身”“菩萨转世”，歪曲、曲解宗教的教规教义或自编信条，并根据形势的变化，随时改变组织名称、活动场所等，其活动也是在秘密状态下进行的。

3．社会影响不同

宗教作为唯心主义的意识形态，固然对社会有消极影响，但没有现实的直接的危害，引导得好，还可以减少其消极作用。而邪教对社会有直接的、现实的危害：有的散布妖言、邪说，鼓吹“末世论”，宣扬迷信，恐吓、蒙骗群众，煽动“升天”“寻主”，扰乱社会生产、生活秩序；有的企图推翻现政权，利用社会矛盾煽动群众抗拒国家法律和政策的实施；有的借神佛鬼妖之名，诈骗钱财，奸污妇女，进行违法犯罪活动，对社会政治稳定、人民群众生命财产安全造成严重危害。由于邪教影响社会稳定，扰乱社会秩序，危害人民生命财产的安全，妨害社会主义现代化建设，毒化社会风气，我国党和政府的态度是坚决取缔邪教组织，并依法打击其中的为首分子和骨干分子，对宗教则采取尊重和保护的政策。

二、“法轮功”“全能神”等邪教的本质

（一）“法轮功”的邪教本质

“法轮功”最初以气功形式出现，以掩盖其邪教的反动本质。综观多年来的种种活动，“法轮功”不仅有图财害命、破坏家庭、从思想上控制练功者的罪恶行径，而且进一步发展到严重扰乱社会公共秩序、破坏国家社会政治稳定、混淆视听、涣散人心、制造思想混乱的程度，主要表现在以下三个方面：

1．反社会、反人类、危害社会稳定

从大量的事实可以看出，李洪志及其“法轮功”组织有着强烈的政治野心，对抗法制社会，对抗政府，反对人权。李洪志搞“法轮功”，不单纯是“传法”，而是在全国建立了极其严密的地下组织机构。在北京有其全国领导机构“法轮大法研究会”，在全国设立了省级总站，在省以下层层建立分站、片、点等机构，一直延伸到城市街道和农村乡镇。其各级负责人均由李洪志及其骨干层层委任，并且要求练习者在组织内只许听李洪志及其负责人的指示，不许有任何怀疑，不能有丝毫的不服从，由此造成“法轮功”内部极强的号召力、内聚力。随着李洪志对信徒思想控制力的逐渐牢固，他的政治野心愈来愈膨胀，由精心策划和组织对全国各地政府机关和新闻机构进行围攻，发展到1999年4月25日幕后策划和指挥全国各地的“法轮功”练习者到中南海公开向中央政府示

威。李洪志及其骨干在境内外还通过各种手段，不断地煽动练习者在各地甚至进京滋事，对抗法律，危害社会政治稳定。

2. 扰乱人的思想，摧残人的本性

李洪志编造的“法轮功”邪说，实际上是蛊惑人心、欺骗群众的谬论。李洪志在“法轮功”邪说中极端神化自己，吹嘘自己是如来佛转世，宣称自己是通达宇宙、普度众生的“救世主”，“讲的句句是天机”，这在一些无知的练习者中成了“事实”“真理”。

“法轮功”还妄谈宇宙和生命起源，断言“末世”来临，诬蔑科学为万恶之源，宣布政府无用，否定社会道德，编造因果轮回之说，在练习者中间造成了极大的思想混乱和精神恐怖，由此导致精神失常甚至自杀者甚多。特别是所谓的“业力”说，胡诌人生病的根源是过去做了坏事，生病就是还业债，“你要给他治好了，就等于破坏宇宙的理”。一些人信以为真，当即忌医拒药，纷纷以身殉教。有的人在自杀之际还念着“师父”的“经文”，有的甚至采取残暴手段危害亲人和他人的生命。据不完全统计，全国因修炼“法轮功”致死 1 400 余人，导致精神障碍 100 余例。李洪志及其“法轮功”罪恶累累，罄竹难书。

3. 对人进行精神控制，建立地下王国

李洪志及其“法轮功”邪教学说，公然违背人类社会公认的伦理道德准则、法律准则，使用欺骗和恐怖手段，对信徒的精神生活和世俗生活进行全面控制，强行剥夺他们的合法权利，残酷摧残他们的身心。李洪志在传授“法轮功”时，对信徒进行恫吓，称“人类已到末日”，问其“你的业力已满，你怕不怕？想不想解脱？”然后声称：“如欲解脱，唯有依赖我这个救世主。”要求信徒入了“法轮功”的门，就要真修“法轮功”，就要和以前学过的东西“一刀两断”，就要逐渐成为“好人”“高层次的人”；不听“法轮功”，不学“法轮功”，就会“倒退”“着魔”，肉身和灵魂“万劫而不复”。为了实行绝对的精神控制，李洪志还明确规定，在整个“法轮功”组织中只有他可以称“师父”，其他人一律为弟子。在这样严密的精神控制下，一些“法轮功”分子就像没有灵魂的傀儡，“宁薄于骨肉而厚于伙党，宁摈首以死而不敢违其教主之令”，甘愿为虎作伥，四处为其拉拢信徒，不断扰乱社会，构成“法轮功”邪教的黑暗地下王国。

国际人权公约确认，人人享有人权和基本自由，但任何人不得滥用人权，以行使人权和基本自由为名，危害和侵犯他人的人权。从上述“法轮功”的罪恶行径中，可以明白地看到“法轮功”违反人权的反动本质，它已严重危害了社会秩序、法律秩序，侵害了他人的人权自由。因此，对这种危害和侵犯他人人权的行为，任何负责任的国家、政府都必须依法予以制裁。

（二）“全能神”的邪教本质

“全能神”是 20 世纪 90 年代在我国出现的一个邪教组织，是打着宗教幌子的邪教，又称“东方闪电”“七灵派”“女基督派”“实际神”，是由“呼喊派”骨干赵维山于 1989 年创立并实际操作控制的，系基督教新教地方教会运动变种组织，是国内最具危害的邪教组织之一。该邪教打着基督教的旗号，散布歪理邪说，严重扰乱了社会的正常秩序。“全能神”在日本、美国、加拿大、新加坡、韩国、印尼、马来西亚等地均建有分部。

“全能神”教主编造了很多谎言，宣扬世界末日、不信教会带来灾难等歪理邪说，让教徒把自己的家庭财产都拿出来奉献给教主。“全能神”邪教具有很强的暴力倾向，组织内部有一套非常严密的戒律，如要求信徒们要绝对服从所谓的“女基督”“大祭司”。凡想退出邪教组织者，都被认为是“叛教”，会被闪电劈死。内部还有一些用刑方法，如果不听话就要挨打，甚至被残害，情节严重的甚至致死。“全能神”要求其教徒在传教过程中遇到障碍就“坚决斗争”，在教主的精神控制下，以前曾发生多起“全能神”邪教组织成员打断被害人双腿、割掉被害人耳朵甚至杀人抛尸的恶性案件，因此这是一个非常邪恶的邪教组织。

“全能神”以其谬论迷惑人，又以其组织控制人，一旦进入该组织，人们就会完全陷入该派领导者所制定的生活模式。他们往往伴有种种极端的行为，体现在个人身上，也体现在家庭和工作中，影响了社会的稳定。

“全能神”在其发展过程中，一直打着基督教的旗号，因此在信仰生活中，也盗用了基督教的部分信仰术语，并效仿了基督教的一些活动模式。他们也经常聚会，并提倡追随者过读经、祈祷的生活，更鼓励他们“传福音”。不过，他们的一切活动在本质上及表现形式上都与基督教大相径庭，很容易被明眼人识破。

“全能神”只顾向其追随者灌输他们的错误思想，而全然不顾这些人的道德作风问题。非但如此，在他们的思想中，甚至明显有鼓励人们放纵私欲的倾向。失去了道德上的约束，再加上思想上的纵容，所以“全能神”的追随者们有着严重的生活作风问题，道德之败坏，行为之残忍，令人发指。我们必须揭露他们的败坏行为，提高警惕性。

三、崇尚科学，反对邪教

青少年是祖国的未来。青少年能否健康成长，直接关系着国家的前途与命运。青少年生性好奇，求知欲强，这是极为宝贵的。但是，由于生理、心理的发育尚未成熟，青少年很容易被封建迷信、歪门邪道等所迷惑。“法轮功”等邪教组织通过赠送书籍，发放传单与光盘、录音电话，书写张贴反动标语，发送电子邮件等各种方式向高校内进行渗透，个别高校教师和大学生由于对邪教缺乏正确的认识，而被拉拢成为邪教组织的成员。邪教组织给高校造成的危害是严重的，不仅破坏了高校的治安秩序，也坑害了高校的少数师生，使他们心理上发生扭曲，行为上脱离正常轨道，无心教学和学习，少数痴迷者还参与违法活动，造成既害社会、又害自己的严重后果。

作为我国青年的优秀群体，当代大学生要树立正确的世界观、人生观和价值观，正确区别科学与伪科学、科学与迷信、宗教与邪教，自觉提高识别、抵御和防范邪教的能力，切实做到崇尚科学，拒绝邪教。要做到不听、不传、不信邪教。如果自己的亲戚、朋友或同学中有人信了邪教，要从关心、帮助他们的角度，提醒他们千万别上当，及早摆脱出来。要检举揭发邪教的违法活动，见到邪教在骗人、非法聚会、搞破坏活动时，要立即向学校保卫部门和公安机关报告。

四、案例与分析

案例一：2017 年 11 月，合肥市蜀山区人民法院审理了一起传播、宣扬“法轮功”邪教的案件，让人意想不到的是，两名年轻的大学生成了本案的被告人。

2015 年，赵某某因父亲身患癌症，无意间在网上看到了“法轮功”宣扬气功治病的相关信息，并结识了酷爱气功文化的郭某某。为了更好地习练“法轮功”，赵某某放弃了原本前途无限的工作，而郭某某也错过了成为名校研究生的机会。

从 2015 年 9 月开始，郭某某在肥西路的租住房内，因为好奇“法轮功”如何“强身健体”“治病救人”，利用互联网多次翻墙到境外网站，下载有关“法轮功”的宣传资料，并买来工具和耗材，制作大量的宣传册和光盘等宣传品，之后伙同赵某某，一起在租住房周边散发反动宣传品。

2016 年 6 月 15 日，经大厦保安举报，正在合肥肥西路永新大厦散发“法轮功”宣传品的赵某某被公安机关抓获；同月 17 日，郭某某也在出租屋内被警方抓获，警方同时查获大量“法轮功”宣传册、光盘及印制宣传品的工具和耗材。经人民法院审理，郭某某和赵某某均犯利用邪教组织破坏法律实施罪，分别被判处有期徒刑二年零九个月，缓期三年零六个月，并处罚金六千元。

案例分析：互联网已成为大学生学习知识、交流思想、休闲娱乐的重要平台，它增强了大学生与外界的沟通和交流，有利于青少年的发展。同时，大学生常常因为缺乏明确的价值观及猎奇心理等因素，也最容易受到色情低俗、血腥暴力、邪教组织等违法有害信息的侵害，容易被别有用心的人利用。赵某某、郭某某本应成为国家栋梁，但受“法轮功”邪教的毒害，被“法轮功”邪教从思想上彻底控制，最终被公安机关严肃处理。由此看到，“法轮功”邪教大肆宣传歪理邪说，对人们的身心造成很大的伤害，危害社会。大家一定要从中吸取深刻教训。当代大学生应当树立正确的世界观、人生观和价值观，正确区别科学与伪科学、科学与迷信、宗教与邪教，自觉提高识别、抵御和防范邪教的能力，切实做到崇尚科学、拒绝邪教。

案例二：2014 年 5 月 28 日 21 时 19 分，招远市公安局 110 指挥中心接群众报警：“在麦当劳快餐店内有打架的。”21 时 23 分，处警民警到达现场，当场将正在实施犯罪行为的嫌疑人制服，将受害人吴某某送往医院治疗。21 时 48 分，被害人吴某某经抢救无效死亡。据警方调查，这 6 个犯罪嫌疑人系邪教组织“全能神”成员，为发展邪教组织成员，在麦当劳向周围就餐人员索要电话号码，遭被害人拒绝后，遂对其进行殴打。除张某某的儿子张某因未达到刑事责任年龄另行处理外，其余 5 人中两人被判处死刑，一人被判处无期徒刑，一人被判处有期徒刑 10 年，还有一人被判处有期徒刑 7 年。据警方介绍，已从张某某住处查获“全能神”书籍等邪教资料。

案例分析：这是一起典型的“全能神”邪教组织制造的极端恶性故意杀人案件，充分暴露了邪教组织为了实现其政治野心，以无辜生命作为牺牲品，反社会、反人类的邪教本质。社会公众一定要提高警惕，与邪教组织开展坚决的斗争，形成珍爱生命、保障人权、崇尚科学、反对邪教的良好社会氛围。要做到不听、不传、不信邪教，要坚决检举揭发邪教的违法活动。

第四节　反对恐怖活动

一、恐怖活动的定义及特点

（一）恐怖活动的定义

依据全国人大常委会第十一届第二十三次会议审议的《关于加强反恐怖工作有关问题的决定（草案）》，“恐怖活动是指以制造社会恐慌、危害公共安全或者胁迫国家机关、国际组织为目的，采取暴力、破坏、恐吓等手段，造成或者意图造成人员伤亡、重大财产损失、公共设施损坏、社会秩序混乱等严重社会危害的行为，以及煽动、资助或者以其他方式协助实施上述活动的行为，也属于恐怖活动”。与恐怖活动相关的事件通常被称为“恐怖事件”“恐怖袭击”等。

当前国内外对恐怖活动的定义一直颇有争议，学者、官方在恐怖活动的界定上也不尽相同。但总体而言，各种关于恐怖活动的定义大多包括三个共同要素：一是制造恐怖气氛；二是具有暴力性或破坏性；三是具有一定的政治性和社会性。

（二）我国恐怖主义活动的现状

20 世纪 90 年代以来，在国际敌对势力的怂恿和支持下，境内外民族分裂主义势力在我国新疆、西藏等少数民族地区的活动日益猖獗，跨民族、跨地区的联合趋势明显加强。非法宗教掩护下的反动宣传甚嚣尘上，民族分裂主义“政党”、组织和团伙频频出现，各类以民族分裂为目的的暴力恐怖活动的频率和强度不断加大。境内外的东突厥势力、“藏独”势力在极端主义、分裂主义和国际恐怖活动的影响下，为实现建立所谓“东突厥斯坦共和国”及实现“大藏区高度自治”的目的，策划、组织了发生在我国新疆、西藏和有关国家和地区的一系列爆炸、暗杀、纵火、投毒、袭击等恐怖暴力事件，危害了我国各族人民群众的生命财产安全和社会稳定，并对相关国家和地区的安全与稳定构成了威胁。当前我国恐怖主义活动主要呈现出以下特点：

1. 以民族、宗教为掩护，以分裂祖国为目的

“东突”“藏独”是当前我国国内两大主要恐怖组织。长期以来，他们以宗教作掩护，通过传单、书信、大众传媒等载体，以“讲经”、演出等多种形式，蓄意歪曲历史，主张建立以伊斯兰教法为基础的“政教合一”的所谓的“东突厥斯坦共和国”和实现所谓的“大藏区高度自治”。尤其是“东突”势力，为了实现他们的痴心妄想，煽动和组织制造各种恐怖活动。

2. 实施恐怖活动的目标相对集中

由于“东突”“藏独”势力分裂祖国的行径完全不得人心，在同语种、同民族地区之外得不到支持和依靠，因此，长期以来，他们暴力恐怖活动的范围主要限于同语种、同民族地区，恐怖活动的目标相对比较集中，主要限于新疆（特别是南疆）、西藏等地的政府机关、公共场所和重要设施。“藏独”“东突”势力为了制造活动声势，一般会精心选择重要的时间节点实施恐怖活动。他们策划和实施的一系列恐怖活动不仅造成了严重的人员伤亡，还在社会上造成了心理恐慌，严重破坏了社会安定。

3. 恐怖活动成员出现年轻化趋势

“东突”“藏独”势力为了改变人员素质低、年龄偏大的问题，还在青少年特别是大学生中发展成员。20 世纪 90 年代，“东突”组织就招募了一些 8 ~ 15 周岁的孩子进行恐怖训练，灌输极端宗教思想，将这些不谙世事的孩子训练成恐怖主义的杀人工具。

4. 恐怖势力之间相互勾结

在中央政府的严厉打击下，“东突”“藏独”势力开始在国际上寻求多头合作，不仅在国外训练恐怖分子，而且还从他们那里获得了资金和物资援助。同时，“东突”势力之间互相勾结的密度增加，“东突”势力多次在“东突厥斯坦”国际会议上碰头聚会，密谋开展联合行动。“东突”势力甚至还与“藏独”分子勾结，共同探讨阴谋分裂祖国的议题，并允诺在活动中互相予以支持。

二、恐怖活动的形式及应对

在以本·拉登为首的“基地”组织的恐怖手册中，明确把学校列为恐怖活动的重要目标，民族分裂主义恐怖组织在他们的培训手册中也把学校、幼儿园、医院列为“圣战”的重点目标。这表明，学校由于它易受袭击的脆弱性和恐怖事件所产生的特有效应成为恐怖组织和严重刑事犯罪分子所“青睐”的目标。为了有效应对恐怖活动的危害，大学生有必要掌握一定的反恐知识和技能。

1. 遭遇恐怖爆炸活动的应对

在众多恐怖活动中，恐怖爆炸是当今恐怖分子最常用、最普遍与最主要的恐怖活动方式。爆炸作为一种简单实用、杀伤力大、攻击目标无限制、社会影响力巨大的恐怖活动形式，往往成为世界各国恐怖分子的首选。美国的“9·11”恐怖事件、印度尼西亚巴厘岛爆炸事件、伊拉克巴格达的连环爆炸案、西班牙“3·11”马德里火车站爆炸事件等一系列震惊世界的重大恐怖事件都与爆炸有关。

在日常生活中，大学生应对某些异常情况有足够的警惕。当某一物品在不该出现的环境中出现，特别是在人员密集场所，如学校的阶梯教室、食堂、礼堂等出现时，一般要引起注意。一旦发现爆炸可疑装置，应采取如下具体应对措施：

（1）保持冷静，切勿搬动可疑物品，保持其原状。

（2）迅速远离可疑物品，确保自身安全，并将有关情况立即报告有关部门，请公安机关派人前来处理。

（3）在有关人员处理的过程中，要听从指挥，不要围观及大声喧哗，在没有确认的情况下，不要散布不属实的信息。

（4）当发生爆炸等恐怖活动时，应该听从指挥，不恐慌、不轻信、不传谣，时刻保持冷静，积极配合有关部门的工作，为破案提供线索。

（5）当炸弹将要爆炸时，应立即卧倒，双手护住颈脖与后脑，避免被砸伤。注意观察，爆炸结束后迅速撤离。在恐怖爆炸活动发生后，还应冷静、理智地舒缓恐怖爆炸活动给自己造成的心理震荡，努力调整心态，尽快恢复正常的学习、生活状态。

2. 遭遇绑架劫持的防范与应对

大学生如遭遇绑架劫持，要做到以下几点：

（1）首先要防患于未然，要有防止被绑架劫持的警惕性。上网聊天、交友时，不要轻易和网友约会见面。必须约会见面时要约请数人陪同，或者选择公共场所，不要到偏僻场所或者到对方家里见面。做兼职要有警惕性，最好通过学校联系兼职工作，对聘请兼职的人员与工作环境要进行较为详细的了解，第一次上岗最好有同学陪同前往。

（2）如果被绑架劫持，要尽可能保持冷静，机智巧妙地与对方周旋。要首先保证自身安全，切不可大喊大叫，激怒对方，不要轻易采取反抗行动。

（3）尽可能了解自己所处的位置。如果遭遇绑架后被转移，要根据被转移的方式、时间、速度、转弯的次数等，大致判断出自己所在的位置，也可以通过周围环境判断自己所处的方位。

（4）要尽可能保留和隐藏自己的通信工具，及时把手机设置为静音，适时用短信等方式向警方求救，短信中应准确说明自己所在的位置、恐怖分子人数等内容。如有可能，可利用犯罪嫌疑人准许与亲属通话的机会，巧妙地将自己所处的位置、现状及犯罪嫌疑人的情况告诉亲属。

（5）要尽量记住劫持者的人数、头领及其体貌特征，但不要直视劫持者。如被蒙上眼睛，要听清劫持者的口音、惯用语等特征，便于事后提供线索和证言。

（6）采取自救时，一定要仔细观察，周密思考，选择好时机，在确保自身安全的情况下逃跑，逃脱后要立即报警。

（7）大学生一旦被绑架、劫持，亲属、同学和朋友要立即报警，提供被绑架劫持人的年龄、体貌特征、随身携带物品、手机号码、车辆及近期照片等信息，将案件发生前后遇到的可疑人、见到的可疑车辆、接到的可疑电话，以及案件发生后犯罪嫌疑人与亲属的联系方式、电话号码、要求家属做的事情等方面的信息，及时提供给公安机关。报案时务必采取隐蔽方式，防止犯罪嫌疑人因害怕暴露采取极端措施。

3. 遭遇劫机的应对

（1）遭遇劫机时，千万要镇静，不可大喊大叫、激怒对方，尽量不引起劫机者注意，适度服从其要求。

（2）机组人员一般都接受过应对劫机的训练，应积极配合其开展工作。必要时，要协助机组人员与劫机者展开搏斗。

（3）遭遇劫机时，应见机行事，一般不到生死关头，应尽量避免与武装劫持者产生正面冲突。

4. 遭遇生物、化学恐怖袭击的应对

（1）可能发生生物恐怖袭击的情况。①现场发现不明粉末或液体、遗弃的容器和面具及大量的昆虫。②在疑似微生物恐怖袭击后 48 ~ 72 h 或疑似毒素恐怖袭击后几分钟至几小时，出现规模性人员伤亡。③在现场人员中出现大量相同的临床病例，在一个地区出现本来没有出现过或极其罕见的异常疾病。④在非流行区域发现流行病。⑤患者沿风向分布，同时出现大量动物病例。

（2）可能发生化学恐怖袭击的情况。化学恐怖袭击是利用空气为传播介质，使人在呼吸到空气时中毒。如果发生了以下情况，则可能遭受了化学恐怖袭击：出现异常的气味，如大蒜味、辛辣味、苦杏仁味；出现异常的现象，如大量昆虫死亡、产生异常烟雾、植物异常变化等；出现异常的感觉，如恶心、胸闷、惊厥、皮疹等；出现异常物品，如遗弃的防毒面具、桶、罐、装有液体的塑料袋等。

（3）遭遇生物、化学恐怖袭击的应对。遇到生物、化学恐怖袭击要尽量保持镇静，不要惊慌，力求判明情况。要尽快掩蔽，利用环境设施和随身携带的物品掩蔽身体或口鼻，避免或减少毒物的侵袭和吸入。尽快寻找窗口，迅速离开污染源或污染区，尽量逆风撤离。撤离后要及时报告，立即就医。受到生物恐怖袭击的感染者和接触者还应接受隔离，疫区人群尽量少出门，同时注意防止被可疑昆虫、鼠类或其他动物叮咬或抓伤。

5. 遭遇毒气恐怖袭击的应对

（1）当发现空气中有强烈异味或奇异颜色时，应用湿毛巾捂住口鼻，尽快转移至上风方向或有滤毒通风设施的人防工程内，并立即报警。

（2）尽可能戴上手套、游泳镜、防护镜，穿上雨衣、雨鞋等，或用床单、衣物遮掩住裸露的皮肤。

（3）如果来不及转移，应尽量寻找密闭性好，可以隔绝、防护的高层建筑物躲避。入室后，立即关闭门窗、电源、火源，堵住与外界明显相通的缝隙，尽量停留在背风处和外层门窗最少的地方。

（4）确定毒气种类前，勿使用明火。

（5）有毒气体散去后，尽快打开下风方向门窗通风，及时脱去被污染的衣物，用流动的水冲洗身体。

6. 紧急撤离危险现场的注意事项

（1）保持镇静，判明所处位置，及时撤离。

（2）慎选通道，不要使用电梯。

（3）迅速撤离，不要因保住财物而重返危险境地。

（4）保护自身，注意避险。如用物品遮掩身体易于受到伤害的部分，不靠近窗户玻璃，不逆着人群前进，以避免被推倒在地。

（5）紧抓固定物，巧避藏身，溜边前行。拥挤时，如有可能，要抓住牢靠的东西如楼梯扶手暂时躲避，待人群过去后迅速离开现场。

7. 遭遇恐怖袭击后的救助

（1）在保证自身安全的前提下，首先拨打“110”报警。

（2）在警方没有赶到并且没有危险的前提下，积极救助伤员，对重伤员进行优先救助处理。

（3）恐怖袭击事件给遭遇者带来的心理问题也很严重，脱险后应对其及时进行心理辅导。

三、案例与分析

案例一：2014 年3 月1 日晚9 时20 分，十余名统一着装的暴徒蒙面持刀在云南昆明火车站广场、售票厅等处残杀无辜群众。昆明市政府通报，火车站暴力恐怖案件是由新疆分裂势力一手策划组织的。事件造成29 人死亡、143 人受伤，其中重伤73 人、轻伤70 人。经公安部组织云南、新疆及铁路等公安机关和其他政法力量40 余小时的连续奋战，3 月3 日下午案件成功告破。经查明，该案是以阿不都热依木·库尔班为首的暴力恐怖团伙所为。该团伙共有8 人（6 男2 女），现场被公安机关击毙4 名、击伤抓获1 名（女），其余3 名已落网。

案例分析：这是令人发指的严重暴力犯罪活动，它所挑战的是人类社会共同的秩序和人类文明共同的底线，充分暴露了暴力恐怖分子反社会、反人类的丑恶面目，对于这种恶劣行径，任何法治国家都坚决不能容忍。暴力恐怖分子是全社会的共同敌人，必须依法严惩。打掉暴力恐怖分子的嚣张气焰，才能更好地保障百姓的生命安全，才能更好地维护社会的安定与和谐。它也警示我们要更加深刻地认识到反恐形势的严峻性和复杂性。对暴力恐怖活动的高压、严打态势须臾不能放松，只有切实加强治安防控措施，全力维护安全稳定，才能保障人民群众的生命财产安全，让人民群众放心、安心。

案例二：2014 年2 月14 日是中国传统的“元宵节”，又是充满西方浪漫色彩的“情人节”。16 时许，新疆阿克苏地区乌什县发生一起袭警案件。袭击者用汽车和摩托车载着液化天然气瓶，对位于乌什县一个公园门口的几辆警车发动袭击，当时这些警察正准备巡逻。犯罪嫌疑人驾驶车辆，携带爆燃装置，手持砍刀，袭击公安巡逻车辆，导致2 名群众和2 名民警受伤、5 辆执勤车损毁。公安民警在处置过程中，击毙8 人，抓获1 人。3 名犯罪嫌疑人在实施犯罪时发生自爆死亡。2 月16 日，经警方全力侦查，阿克苏地区乌什县暴恐袭警案件告破。经查明，该案是一起有组织、有预谋的暴力恐怖袭警案件。三年前，麦合木提江·托合提开始宣扬宗教极端思想，一些人员受其影响，思想逐步走向极端。自2013 年9 月起，以麦合木提江·托合提为首的13 人陆续纠集，收听、观看暴恐录音或视频，进行体能训练，结成暴恐团伙。2014 年1 月以来，该团伙购买作案车辆，制造爆燃装置、砍刀，多次试爆，预谋伺机袭击公安巡逻车辆。

案例分析：宗教极端思想是这起暴力恐怖案件的元凶。宗教极端思想，一般是指在宗教名义掩盖下，通过传播极端主义思想主张，从事暴力恐怖活动或民族分裂活动的社会思潮和政治势力。被其蛊惑的人们，都会变得良知泯灭、狂热无比、丧失理智，并进而陷入痴心妄想的幻觉，为了实现一个个邪恶目标铤而走险。我们要擦亮眼睛，不留存、不收听、不观看暴恐录音或视频，认清宗教极端思想践踏伊斯兰教基本精神、亵渎伊斯兰教教义、破坏安定团结的险恶用心，理直气壮地驳斥他们散布的极端思想，剥掉其宗教外衣，揭露其反动本质和严重危害，形成对民族分裂分子、暴力恐怖分子和宗教极端分子人人唾弃、人人喊打的氛围。

第二章 >>>

预防电信、网络诈骗与侵害

第一节　预防电信网络诈骗

一、电信、网络诈骗的形式

电信、网络诈骗是以非法占有为目的，利用互联网，采用虚拟事实或者隐瞒事实真相的方法，骗取数额较大的公私财物的行为。电信、网络诈骗犯罪作为一种新型的犯罪形式，它运用电信、网络这种现代信息工具，利用某些人的急切需要和投机取巧的心理，发布虚假信息，引诱人们上当。由于电信、网络具有传播速度快、开放程度高、信息真实性难以很快证实等特点，加上它披上现代科技的外衣，被别有用心的人利用以后，极易在较大范围内造成严重后果。电信、网络诈骗有以下几种诈骗形式：

1．冒充公检法诈骗

冒充公检法工作人员，以对方身份信息被盗用、涉嫌洗钱等违法犯罪活动为由，要求对方将资金转入相应账户配合调查。

2．医保、社保诈骗

冒充医保、社保中心工作人员，谎称对方医保、社保出现异常，可能被他人冒用，涉嫌洗钱等，之后冒充司法机关工作人员诱骗对方汇款。

3．解除分期付款诈骗

冒充网站工作人员，谎称因银行系统错误需买家分期付款、每个月支付相同费用，之后再冒充银行工作人员骗对方在 ATM 机上办理解除分期付款手续，实施资金转账。

4．包裹藏毒诈骗

以对方包裹内被查出毒品为由，要求对方将钱转到“安全账户”以便调查。

5．金融交易诈骗

以证券公司名义通过互联网、电话等方式散布虚假个股内幕信息及走势，待获取对方信任后，又引导其在虚假交易平台上购买期货。

6．票务诈骗

冒充航空公司客服人员，以“航班取消、提供退票、改签服务”为由，逐步将对方引入圈套。

7. 虚构车祸诈骗

虚构对方亲属或朋友遭遇车祸，要求立即转账。

8. 虚构绑架诈骗

虚构对方亲友被绑架，需立即打款到指定账户，并且要求不能报警。

9. 虚构手术诈骗

虚构对方家人突发急性病需紧急手术，要求转账，支付手术费。

10. 电话欠费诈骗

冒充通信运营企业工作人员，向对方拨打电话或直接播放语音提示，以电话欠费为由要求将资金转到指定账户。

11. 有线电视欠费诈骗

冒充有线电视工作人员群拨电话，称以对方名义在外地开办的有线电视欠费，要求对方向指定账户补齐欠费。

12. 购物退税诈骗

获取购买房产等信息后，以税收政策调整、可办理退税为由，诱骗对方到 ATM 机上转账。

13. “猜猜我是谁”诈骗

获取对方电话号码和姓名后，打电话让其“猜猜我是谁”，随后根据对方所述冒充熟人身份，并声称要来看望，随后以被拘留等理由向对方借钱。

14. 破财消灾诈骗

先获取对方手机号码等资料，拨打电话自称黑社会人员，受人雇佣要伤害对方，但可破财消灾。

15. 冒充领导实施电话诈骗

获知上级机关、监管部门单位领导的姓名等资料，假冒领导秘书或工作人员等打电话给基层单位负责人，以推销书籍等为由，让受骗单位先支付订购款等。

16. 快递签收诈骗

冒充快递人员，称有快递需签收但看不清具体地址、姓名，需提供详细信息。随后送去假烟或假酒，一旦对方签收，再拨打电话称其已签收，必须付款。

17. 提供考题答案诈骗

联系即将参加考试的考生，谎称提供考题答案，骗取学生转账。

18. 娱乐节目中奖诈骗

以热播娱乐节目组的名义群发短信，称其已被抽选为节目幸运观众，将获巨额奖品，以需交手续费等借口实施诈骗。

19. 引诱汇款诈骗

以群发短信的方式直接要求对方汇款，引诱此时正准备给别人汇款的人上当。

20. 刷卡消费诈骗

以银行卡消费可能泄露个人信息为由群发短信，冒充银联中心或警方要求将银行卡中的钱转入所谓的“安全账户”或套取其银行账户、密码。

21. 高薪招聘诈骗

群发信息，以高薪招聘专业人士为幌子，要求对方到指定地点面试，随后以收取培训费等名义实施诈骗。

22. 低息贷款诈骗

群发信息，称可为资金短缺者提供贷款，利息低、无须担保，以预付利息等名义实施诈骗。

23. 复制手机卡诈骗

群发信息，称可复制手机卡、监听手机通话，骗取对方转账。

24. 冒充房东诈骗

冒充房东群发短信，称房东银行卡已换，要求将租金打入其他指定账户内。

25. 钓鱼网站诈骗

以银行网银升级为由，要求对方登录假冒的银行钓鱼网站，进而获取银行账户、网银密码等信息。

26. 低价购物诈骗

发布二手电脑、海关没收的物品等转让信息，以“交纳定金”“交易税”“手续费”等方式骗钱。

27. 盗取QQ号冒充亲友诈骗

盗取某个人的QQ号和密码，冒充该QQ账号主人对其亲人或好友以“患重病、出车祸”等紧急事情为名实施诈骗。

28. 盗取QQ号冒充老板诈骗

盗取财务人员老板的QQ号码，冒充老板让财务人员转账汇款。

29. 网购诈骗

开设虚假购物网站，一旦对方下单购买商品，便称系统故障需要重新激活。随后发送虚假激活网址，获取对方银行账户和密码。

30. 订票网页诈骗

利用门户网站等投放广告，制作虚假的网上订票公司网页，发布订购机票、车票等虚假信息，以较低票价引诱对方上当，随后再以“身份信息不全”等理由实施诈骗。

31. 虚构色情服务诈骗

发布提供色情服务的电话，待有人联系后，称需先付款才能提供服务。

32. 刮刮卡诈骗

印制发放虚假中奖刮刮卡，实施诈骗。

33. 中奖邮件诈骗

通过互联网发送中奖邮件，以“交个人所得税”等理由要求汇款。

34. 办理信用卡诈骗

通过报纸等刊登办理高额信用卡的广告，以收“手续费”等形式要求对方连续汇款。

35. 收藏诈骗

冒充各种收藏协会发送邀请函，将举办拍卖会并留下联络方式。一旦对方与其联系，则以预先交纳评估费、场地费等名义要求对方转账。

36. ATM机告示诈骗

预先堵塞ATM机出卡口，并粘贴虚假服务热线告示，诱使银行卡用户在卡被吞后与其联系，套取密码，待其离开后到ATM机取出银行卡，盗取卡内现金。

37. 伪基站群发短信诈骗

利用伪基站群发网银升级兑换现金的链接，一旦对方点击后便在其手机上植入盗取银行账户、密码和手机号的木马。

38. 微信伪装身份诈骗

利用微信“附近的人”查看周围朋友情况，伪装成“高富帅”“白富美”，骗取被害人感情和信任后，以资金紧张、家人有难等骗钱。

39. 微信代购诈骗

在微信朋友圈假冒正规微商，以优惠、打折、海外代购为诱饵，待买家付款后，又以“商品被海关扣下，要加缴关税”等理由要求加付。

40. 微信爱心传递诈骗

将虚构的寻人、救困帖子以“爱心传递”的方式发布朋友圈，引起不少善良网民转发，帖内所留联系方式大多为外地号码，打过去不是吸费电话就是电信诈骗。

41. 微信点赞诈骗

冒充商家发布“点赞有奖”信息，要求参与者将姓名、电话等个人资料发至微信平台，一旦商家套取足够的个人信息，即以“手续费”等形式实施诈骗。

42. 微信刷信誉诈骗

盗取商家公众账号后，发布“诚招网络兼职，帮助淘宝卖家刷信誉，可从中赚取佣金”的推送消息，要求对方先购买，再退款并返还佣金，实际骗取对方汇款。

43. 扫二维码诈骗

以降价、奖励为诱饵，要求对方扫描二维码加入会员，实则植入木马盗取银行账户、密码。

二、电信、网络诈骗的防范措施

（一）政府方面

为有效地防范和打击通信诈骗，切实保障正常的通信秩序，保护用户合法权益，维护社会和谐稳定，2016年11月4日，工业和信息化部发布了《关于进一步防范和打击通讯信息诈骗工作的实施意见》（工信部网安函〔2016〕452号，以下简称《意见》）。《意见》提出从严从快全面落实电话用户实名制、大力整顿和规范重点电信业务、坚决整治网络改号问题、不断提升技术防范和打击能力、加强行业用户个人信息保护、强化社会监督与宣传教育、强化行业监管与责任追究、切实强化防范治理的工作保障八项重点工作。

十二届全国人大常委会第二十四次会议于2016年11月7日上午经表决，高票通过了《中华人民共和国网络安全法》（中华人民共和国主席令〔2016〕53号）。这是我国网络领域的基础性法律，明确加强对个人信息进行保护，打击网络诈骗。该法自2017年

6月1日起施行。网络安全法做出专门规定：网络产品、服务具有收集用户信息功能的，其提供者应当向用户明示并取得用户同意；网络运营者不得泄露、篡改、毁损其收集的个人信息；任何个人和组织不得窃取或者以其他非法方式获取个人信息，不得非法出售或者非法向他人提供个人信息，并规定了相应法律责任。除了严防个人信息泄露，网络安全法针对层出不穷的新型网络诈骗犯罪还规定：任何个人和组织不得设立用于实施诈骗，传授犯罪方法，制作或者销售违禁物品、管制物品等违法犯罪活动的网站、通讯群组，不得利用网络发布涉及实施诈骗，制作或者销售违禁物品、管制物品及其他违法犯罪活动的信息。

2018年11月9日，最高人民检察院专门针对电信、网络诈骗犯罪案件的办理下发了《检察机关办理电信网络诈骗案件指引》，对电信网络诈骗犯罪的认定、证据审查及境外取证等问题进行了详细规定。

2021年3月15日，全国公安机关打击防范电信、网络诈骗犯罪工作现场会在福建省厦门市召开，会议上总结反诈工作经验，部署进一步推进打击防范电信、网络诈骗犯罪工作。公安部党委委员、副部长杜航伟出席会议并强调，要认真贯彻落实习近平总书记重要指示精神，按照公安部党委部署要求，切实增强责任感、使命感、紧迫感，坚持典型引路，强化系统观念，全面落实打防管控各项措施，全力构建“全警反诈、全社会反诈”新格局，坚决遏制电信、网络诈骗犯罪案件高发态势。

（二）个人方面

1. 增强法律意识和自我保护意识

要不断增强大学生对网络诈骗的自我防范意识，面对网络绝不掉以轻心，也不沉迷于虚拟的世界。要客观、理性、正确地认识网络世界，认清诈骗分子的丑恶、阴险嘴脸，增强法律意识和自我保护意识。例如，接到QQ、微信诈骗信息时，先通过电话联系QQ、微信好友本人，确认QQ、微信好友信息；对QQ、微信信息中的可疑网络链接，不要轻易打开。接到电话或短信时，先确认真伪及对方身份真实性，确认身份时要多问几个私密问题；不要主动猜测对方是谁，不要盲目答应对方要求；通信、司法、社保、邮政等部门不会通过电话要求群众转账，接到此类电话或信息可到相关部门具体办公地点咨询。网上购物时，正规的购物网站会通过诸如“支付宝”“财付通”“安付通”“快钱”等网上第三方支付平台来交付款项，付款有保障；其他支付方式一定要十分谨慎，若对方避开网上支付平台，诱使购物者直接通过银行转账或到银行直接打款到其提供的银行账户，一般为诈骗；一旦收到所谓的扣款不成功等退款信息时，应仔细辨认是否是所消费的网站地址，不要轻信“客服”“店家”打来的电话；涉及资金转账时要格外谨慎，妥善保管好自己的银行账户和密码，切勿泄露。

2. 树立平常、健康的心态

网络诈骗虽然隐秘，但只要不贪图便宜，不抱有侥幸心理，坚信“天上不会掉馅饼”，就一定可以戳穿其犯罪本质，免受其害。不主观美化网络世界，世界上没有免费的午餐，送上门的便宜不好占。去掉贪念，不掉以轻心，保持理性，提高防范意识，维护自身安全。

3. 及时报警

（1）如果发现网上有害信息、网络违法犯罪活动线索或需要安全求助，可以通过“网站导航”进入各地报警网站报案或举报。

（2）接到急救、绑架等此类电话，保持冷静，切莫惊慌，应通过多种渠道核实，确认情况真实性，若确认为诈骗电话，应及时报警。

三、案例与分析

骗子主要利用人们陷阱类、亲情类、恐惧类三种心理状态的弱点，通过电话、短信或网络方式，编造虚假信息，设置骗局，对受害人实施远程、非接触式诈骗，诱导受害人向骗子转账汇款。目前，针对大学生的诈骗方式主要有以下几种：

1. 兼职刷单诈骗

骗子通过招聘平台、社交软件等渠道推广发布兼职信息，以开网店需要快速提升信誉为由，招募人员进行网络兼职刷单，承诺在交易后立即返还购物费用并有额外提成，以“零投入”“无风险”“日清日结”等诱骗受害人。刷第一单时，骗子会小额返款让受害人尝到甜头，当受害人大额刷单交易后，骗子就会以各种理由拒不返款并将其拉黑。

案例一：一名在校大学生在宿舍里上网，收到一封邮件，邀请大学生做兼职刷单，对方介绍了工作流程，让大学生加微信客服，下载企业 App，大学生通过微信扫描对方的二维码并支付了96 元，3 ~5 min 后，对方退还本金至微信账户，并支付佣金 6 元到大学生支付宝账户中。对方再发来链接，大学生通过微信扫码支付 600 元，对方以未完成任务为由，让其继续转账，大学生便向对方给的甲公司转账 2 400 元，又向对方给的乙公司转账 3 000 元，向对方某银行账户转账 9 000 元。对方返利 104 元给大学生支付宝账户，让其再购买，大学生又向对方某银行账户转账 14 999. 98 元。对方又称系统显示故障，让其再购买，大学生方知被骗，总共被骗几万元。

案例分析：目前，在各类电信网络诈骗案件中，刷单诈骗案件案发数居于首位，特别是大学生等年轻人群体成为此类案件的高危群体。因为此“工作”相对轻松，成本低，不受地域限制，足不出户便能获得高额回报，吸引了大批大学生参与。大学生千万不要从事任何形式的刷单、刷信誉等“工作”，因为很有可能被骗，而且刷单本身就是一种欺骗手段，《中华人民共和国反不正当竞争法》已明确规定，刷单行为是违法行为，大学生应当诚实守信，自觉抵制刷单行为。

刷单兼职骗局一般具有两大特点：一是宣称具有高额回报。刷单陷阱往往以高额回报为诱饵，引诱受害者。二是先培养信任，后实施诈骗。在受害人开始刷单的初期阶段，不法分子通常会及时将购物本金和刷单佣金返还给受害者，待逐渐赢得受害者的信任之后，会要求受害者继续网购刷单，且网购的商品单价和承诺的佣金也会越来越高，不法分子此时就不会立刻返还商品单价和佣金，而是要求受害者继续刷单，等受害者的刷单金额累积到一定程度，不法分子就会携款消失。

如何预防被骗呢？首先，要杜绝产生不劳而获的心理，尤其不要轻信所谓的高额回报，作案人员往往都是通过前几笔“高额回报”的方法来骗取对方信任的；其次，谨慎点击陌生链接，要通过正规的求职平台和公司来找兼职等工作，及时与用人或者用工单位签订劳动合同或者劳务合同。

2. 冒充熟人诈骗

骗子使用黑客程序破解用户密码，然后张冠李戴、冒名顶替向你的 QQ 好友借钱，如果对方没有识别，则很容易上当。如果遇到类似情况一定要提高警惕，摸清对方的真实身份。特别需要当心的是一些冒充熟人的网络视频诈骗，犯罪分子通过盗取图像的方式用“视频”与你聊天，大学生千万别上当。

案例二：大学生李某收到班长张某 QQ 发来的信息，要借一笔钱周转，并发来了银行账户，李某随即转账 6 000 元，过后李某找张某核实，张某称自己 QQ 被盗。

案例分析：不法分子作案方式：先盗取 QQ 或微信号，从 QQ 相册或微信朋友圈内找到号主照片，大面积找好友聊天，看到有回复的，再使用“AI 换脸”技术与之进行视频聊天，后找各种理由借钱，受害人往往看到视频聊天界面是好友本人，便转账。此类案件一般为团伙作案，内部分工明确。盗号、“AI 换脸”视频聊天、转账收款环节均有专人负责，环环相扣。作案对象一般是那些警惕性较低、反诈骗意识不强的网友，多为在校大学生。因“AI 换脸”视频聊天过于逼真、难以分辨，受害人往往相信是好友本人，进而被骗取钱财。

遇到通过 QQ 或微信等社交平台要求转账汇款时，一定要通过其他途径进行核实，确认无误之后再进行转账汇款。当 QQ 或微信等社交账号有新好友申请的时候，即使头像和名字是认识的朋友，也要通过其他渠道进行核实，确认无误后再加为好友。

3. 网络购物诈骗

网购诈骗是网络诈骗的一种，是指以非法占有为目的，利用互联网采用虚构事实或者隐瞒真相的方法，骗取数额较大的公私财物的行为。诈骗数额较小，没有达到 2 000 元，尚不构成诈骗罪，但是违反社会治安，根据《中华人民共和国治安管理处罚法》（中华人民共和国主席令〔2006〕38 号）规定，处 5 ~ 15 日拘留，并处 1 000 元以下罚款。

案例三：大学生陈某将王者荣耀账号挂在某平台出售，后有一人联系陈某称已在平台支付，让陈某查收邮件，陈某根据邮件提示联系客服，对方以交易成功需缴纳风险保证金为由欺骗陈某，要求陈某向其指定银行账户转账 1 000 元，陈某转账后发现被骗。

案例四：大学生张某接到一个自称淘宝客服的电话，对方称张某此前购买的衣服因为质量出现问题，按照公司要求现在要给予张某赔偿，张某信以为真，在对方诱导下添加对方所谓理赔员的 QQ，并在对方诱导下通过 QQ 共享了屏幕，按照对方要求进行了相关退款操作，泄露了自己的银行卡、密码等相关信息，之后发现自己银行卡里面的 3 188 元被转走了。

案例分析：（1）冒充网络客服。犯罪分子首先在购物网站上盗取受害人的个人信息及购物时间等订单详情，在货发出之前通过电话或短信方式以订单失效、有误，需要退还支付款为由，让被害人登陆假网页（钓鱼网页）或提供支付验证码等方式，诈骗受害人财物。

（2）发布虚假网络购物。犯罪分子通过自身创建的电子商务网站或利用虚假身份信息在知名大型交易网站进行注册，然后推出“超低价”“二手货”“免税货”等虚假内容吸引消费者。作案人要求购买者预付货款、邮寄费、保证金，或是以货款被冻结为由再次要求打款解冻。在收取众多的汇款之后，诈骗者并不提供商品，甚至干脆在网络上消失。另一种虚假购物诈骗方式为夸大其商品效能甚至虚假宣传，消费者购买到的实物与广告中描述的并不一致。此类交易有一共同特点，即是一律采取先付款后发货的方式。一旦受害人支付款项后，便再也联系不上原来热情的卖家了。

大学生应做好以下预防措施：接到客服打来的电话不要立即相信，应先通过官网或其他正规渠道核实电话的真实性。网络购物中，只使用网络平台提供的官方客服沟通工具。在官方认证的网站进行购物，谨防钓鱼网站。注意保护个人隐私，特别是身份证、银行卡、手机号、家庭住址等，浏览网页时切勿随意点击下载未知软件。不要随意将自己手机收到的验证码发给别人。

第二节　预防金融诈骗

一、高校金融诈骗的形式

高校的金融诈骗主要涉及两方面：一方面是非法集资，主要涉及个别教职员工；另一方面是校园贷，主要涉及在校大学生。

校园贷又称校园网贷，是指一些网络贷款平台面向在校大学生开展的贷款业务。原本是要帮助大学生实现创业，以及帮助有经济困难的学生顺利完成学业，却被居心叵测的人钻了空子。近年来，高利贷披上了“校园贷款”的外衣，将罪恶的魔爪伸向了纯洁的校园。

校园贷虽然有申请便利、手续简单、放款迅速等优点，但也存在信息审核不严、高利率、高违约金等特点，学生在不断膨胀的消费欲望和侥幸心理之下可能陷入“连环贷”的陷阱。

（一）金融诈骗的表现形式

1. 金融平台招聘学生，尤其是学生干部从事校园推广活动

“我的同学就是我的客户。”无锡某大学就读的学生王某一直任学院学生会干部，去年他成了互联网金融公司借贷宝的校园代理，加入“二维码”推销大军，“大致在去年下学期，公司为提升 App‘装机量’举行校园地推，那段时间也是搞这种兼职最挣钱的时候”。王某说，该公司要求用户下载 App 后，还需填入姓名、手机、身份证号，如用户选择绑定银行卡，每单可提成 40 元，如不绑定银行卡而选择留下照片，每单提成 30 元。“这些收入是可以日结的，我身边有同学一天最多的挣了 5 000 元。为了多挣钱，我们还去宿舍‘刷楼’，拉同学和朋友绑定，鼓动大家贷款，做成一笔借贷单子的提成，是装机之外另算的。”

2. 不用视频网签，部分网贷只需学生证即可办理

时至今日，一些校园网贷平台上“最快 3 min 审核，隔天放款”“只需提供学生证即可办理”等博人眼球的广告仍很多。某校园贷款平台的技术人员透露：“不是本人借款都能通过，平台审核风控不严。据我了解，有些技术不过关、实力不强的公司，不需要视频网签，也没有人脸识别技术，这很容易导致审核问题，客户的身份信息被他人冒用了。”“有些公司为了拉客户，也会主动放水。”该技术人员补充道，“去年市场急剧扩张的时候，有公司一个月的放贷量就破了二三十亿元”。鱼龙混杂的同业竞争加剧，部分平台为了拓展业务，降低申请门槛要求，存在审核不严的情况，以至于学生个人信息被冒用。

3．鼓励大学生借款超前消费，鼓励大学生分期购物

校园网贷用户中，大多数学生借贷是用作娱乐消费，如旅游消费，购买大件物品、化妆品、衣服等。大学生们常用的分期付款网站上除了列出琳琅满目的商品外，还打出了许多诱人字眼，鼓励大学生超前消费。

（二）陷阱表现

陷阱一：低息背后，实有高额服务费。

据媒体报道，“校园网贷平台往往会以低分期利率吸引学生，月利率普遍在0.99%至2.38%之间”，但实际上网贷并非如广告宣称的“低息”。例如，大学生小明自称曾细致对比了多款网贷产品，最后选择了“最低月息0.99%”的网贷平台来贷款，通过该公司借了10 000元，分12期还款，因为平台扣除了2 000元的咨询费，最终拿到手的仅有8 000元，当时客服说，如果不逾期，这2 000元最后能够返回用户的账户。其实这里面暗藏了诸多陷阱。

通常，不法贷款平台选择以下方法计算月息（以贷款10 000元月息0.99%为例）：

$$0.99\% = \frac{932.33 \times 12 - 10\,000}{12 \times 10\,000} \times 100\%$$

针对这贷款的2 000元咨询费，多位财务人员表示，如果逾期，2 000元的咨询费拿不回来。一年下来，你贷8 000元，最后还款达到932.33×12元=11 187.96元。实际年化率超过30%。“这2 000元对贷款的年利率特别大，相当于你没有花这2 000元，却一直在承担着2 000元的利息。”

陷阱二：分期还的少，其实是高利贷。

照小明的说法，用还款计算器进行核算，计算结果显示，每月本息为932.33元，期限为12期，月利息为0.99%，该计算器同时显示出每月的还款计划表。随后，记者将结算结果截图向从事财务工作的人员请教，多位财务人员表示，每月本息为932.33元，再对照还款表，看似通常的等额本息还款方法，实际上等额本息还款每月还的本金是逐渐减少的，但这里竟是相等的。平台的算法其实并不是标准的等额本息还款，每月的利息都是按照10 000元本金计算的。

陷阱三：扣押“担保费”，本息还清才放款。

不需要任何征信记录就可以放款，听起来贷款平台有点像冤大头，可事实并非如此，他们会在合同上告诉学生，鉴于对对方信用记录不了解，所以需要扣押一部分借款，作为“担保费”。等还清所有本息之后，扣押的钱会一分不少地返还给你。听起来要求很合理，毕竟人家也是做生意的。然而，一旦出现逾期，这部分钱平台就不需要再付。但将来仍需要为这部分钱支付巨额逾期利息，哪怕不逾期，平台实际上也在无形中提高了贷款利息。

以10 000元为例，一年为期限，假设利息是10%，借款到期，本应支付11 000元；然而，某平台扣押2 000元的“担保费”之后，拿到手的钱只有8 000元，但仍需要支付11 000元，即使拿到被扣押的2 000元之后，实际利率高达12.5%。这样的漏洞，不仔细算，根本不可能发现。

陷阱四：逾期后果很严重，容易引发“连环贷”。

学生还款时一旦发生逾期，随之而来的“利滚利”十分惊人。有些贷款平台每天会收取逾期未还金额的0.5% ~1%作为违约金，少数小贷公司甚至每天收取贷款金额的7% ~8%作为违约金。不仅违约金吓人，有的平台还收取一定的押金和服务费，比如，明面上标明每个月5%的利率，实际还设置了5%的服务费，而这些还款细节，学生在前期咨询时，很多公司客服的态度模棱两可，搪塞过去。

在校大学生没有稳定的收入来源，一旦资金紧张，很容易还不上贷款。除了找家里作“坚强后盾”外，有的通过兼职打工，有的则进一步选择冒险，“拆东墙补西墙”。

二、金融诈骗的防范措施

校园贷的问题已到了亟待解决的地步，因为它已影响高校的正常教学秩序。为加强对校园不良网络借贷平台的监管和整治，教育和引导学生树立正确的消费观念，2016年4月，教育部办公厅、中国银监会办公厅联合印发了《关于加强校园不良网络借贷风险防范和教育引导工作的通知》（教思政厅函〔2016〕15号，以下简称《通知》）。《通知》明确要求要建立校园不良网络借贷应对处置机制。制定完善各项应对处置预案，对侵犯学生合法权益、存在安全风险隐患、未经学校批准在校园内宣传推广信贷业务的不良网络借贷平台和个人，第一时间报请地方人民政府金融监管部门、各银监局、公安、网信、工信等部门依法处置。但《通知》还是聚焦在加大学生消费观教育力度和金融、网络安全知识普及上，对不良网络借贷监管缺乏具体的规定。要想真正防范校园贷风险，应加强校园贷监管。

第一，校园贷应该限制学生借钱的用途。学生借款用途应限制在学生最基本的学习和生活，并且一定要经过父母同意。因为在校大学生的学习和生活的经济来源是由其家长提供保障的。在校大学生没有偿债能力，其偿债能力主要取决于其家长的偿债能力。

第二，在校大学生借款的还款期限应设定在他具备还款能力时进行偿还，而不能设定在他不具备偿债能力时。

第三，贷款平台要制定科学、可行的风控标准，这个风控标准要经过政府部门备案和审查。因为在校大学生作为贷款群体具有本身的特征，其偿债能力在未来，而不是当下，对在校大学生的风控与一般贷款的风控是不同的。

第四，平台承担风控过错责任。任何一个学生借款都要经过风控审查，由于平台风控过错，借给了不符合规定的借款对象，当借款人不能按期偿还债务时，应由平台承担偿还，并且平台不享有对债务人的追偿权。用这种制度设计来约束平台随意向大学生放贷。

第五，校园贷的利率、平台服务费、交易模式、产品都应该由相关部门制定统一标准。

校园贷频发的问题虽让人感到担心，但不可否认，它的出现在一定程度上满足了大学生的应急、消费需求。正如上述《通知》在第四条所指出的那样，“充分挖掘校内外资源，筹集专项资金，作为国家资助政策体系的有益补充，建立健全既有共性需求、又能体现个体差异的资助模式，满足学生拓展学习、创新创业等发展性需求”。

三、案例与分析

案例一：2017 年 6 月，在上海读大二的小侯收到一条“校园贷款”的短信，称可以为学生族提供分期贷款。小侯恰好手头紧，便动了借款的心思。“在上学的时候有兼职，就想着先借了，然后慢慢还掉。”

小侯联系到了借款者李某、冯某、欧阳某等人，第一次借款小侯被带到上海一家饭店，从饭店老板处借款 5 万元。“实际到手只有 4 万元，借条却打了 9 万元。”小侯说，5 万元的借款，对方要求扣除 2 000 元上门费和 8 000 元中介费。至于 9 万元的借条，对方告知，若按时还款无须按借条还。根据约定，小侯每半个月按约定还款 2 000 多元，一共还了 3 期。但到了第 4 期，借款的饭店老板突然提出，要求立刻还清所有借款。

就在小侯不知如何是好时，欧阳某再次出现，并称可以帮小侯“平账”。小侯就这样被带到上海某大厦，向其中一家公司借款 1 万元。这一次，小侯被要求一个月后还款 1. 3 万元，而需要打 6 万元的借条。在到手的 1 万元借款中，中间人欧阳某和借款公司分别抽取了 1 500 元手续费和 2 000 元中介费，小侯到手的资金只有 6 500 元。小侯表示，为吸取第一次借款的教训，第二次借款后的第 15 天，他凑齐 1. 3 万元到借款公司还钱后，却被告知提前还款属于违约，要求他偿还 6 万元的违约金。而且，一群大汉将他带到一辆车上威胁拿不出钱，不放人。

走投无路的小侯只能再次找到欧阳某。欧阳某再次把他带去找饭店老板。“打了一张 12 万元的借条后，要求每月还利息 1. 2 万元。”小侯说，借款者还“宽慰”他，本金可以等拿得出来再还。小侯不清楚的是，一次次的借新还旧，已将他拖入一个还款的“深渊”。此后，小侯十几次被介绍到不同的地方借新款、平旧账。最初 4 万元的借款越滚越大，最终小侯背上了超 100 万元的负债。

小侯父母得知此事后，筹款还了近 30 万元，但这些高利贷放贷者仍通过威逼索要方式，让小侯的欠款不断增加。借款事件完全打乱了小侯的求学生涯，小侯一家因不堪借款者的骚扰，四处躲债，如今小侯也已辍学。

案例分析：“利滚利”是“高利贷”残酷剥夺借贷者私人财产的最为常见的方法和手段，大学生网络贷款也是如此。相比银行催贷而言，大学生一旦不能及时偿还贷款，贷款平台即会以各种“狠辣”手段催讨。由于网贷公司先期掌握学生详细的学校、班级、家庭住址、父母和老师的电话，在学生无法按期还款的情况下，网贷公司便会雇佣催债公司上门索要、到学校闹事、威胁学生家长，甚至打恐吓电话，用暴力、拘禁、跟踪等犯罪手段进行催讨，搅得学生不得安生，引发一系列犯罪，从而对大学生造成严重伤害。

而贷款大学生在无力还贷又不敢告知家长的情况下，极易采取虚构资料获取信用卡套现、大量举债拆东墙补西墙、盗窃等不当手段获取资金，从而走向违法犯罪的道路。

就主观原因讲，大学生群体的自身因素很大程度上决定了其在网络贷款中必然会出现很多问题。首先，部分大学生消费观念畸形。面对物质的诱惑，不少大学生抱着攀比心态，开始超前消费。网贷分期无疑为他们超前消费、奢侈消费、非正当消费等打开了方便之门。在这种情况下，一些喜欢追逐时髦的大学生，在网贷购物中就容易放纵自己。其次，大学生对金融知识、理财业务缺乏了解，理财能力不足，缺少对网贷分期的理性认识，易忽视网贷中高额利息的危险，很容易陷入逾期还贷、无力还贷的困境和纠纷。最后，大学生社会经验不足。高校大学生一路从校园走来，缺乏社会经验和一些基本常识，辨不清真伪，思想比较单纯，容易轻信他人，缺乏警惕性和自我防范能力，盲目轻信网络贷款，使得大学生更容易成为犯罪分子的行骗目标。

就客观原因，大学生网贷平台管理不规范、政府监管有漏洞、高校管理疏忽等因素，也导致大学生网贷出现问题。具体而言：一是一些网络贷款平台管理不规范。目前不少大学生网络贷款平台对于放贷的手续极为简单、随意，放款后不会对贷款用途进行切实跟踪，只要大学生能够及时还款即可，没有对大学生的消费进行合理、及时的监管，甚至诱导大学生进行过度消费。二是监管漏洞致使某些网贷平台乘虚而入。目前，人民银行、市场监督等部门对网贷平台的监督还存在漏洞，且打击力度不够，某些网贷平台千方百计把大学生拖下水。三是高校管理疏忽。在大学生的法治素养、理财观念、消费观念等方面的教育管理上，有不少高等院校尚未形成一套完整、成熟的教育体系和模式，致使大学生的法治教育、理财教育等方面存在短板，大学生没有树立正确的消费观念，且无防范违法犯罪的意识。

案例二：女大学生“裸贷”。2017 年 3 月 30 日，被害人陈某（17 岁，在校学生）通过 QQ 交流平台联系到被告人施某进行贷款。根据施某要求，陈某提供了裸照及联系方式，但施某并未贷款给陈某，而是以公开裸照信息威胁陈某，勒索人民币 1 000 元，陈某一直未付款。施某进一步威胁陈某父母并索要人民币 3 000 元，陈某家人未付款，并向公安机关报案。因施某的敲诈行为，陈某害怕亲朋好友收到其裸照信息，故而休学在家，此事对其学习、生活造成了严重的影响。

案例分析：“裸贷”是非法分子借用互联网金融和社交工具为平台和幌子，以让贷款人拍摄“裸照”作“担保”，非法发放高息贷款的行为。因“裸贷”被诈骗、被敲诈勒索时有发生。“裸贷”就像一个大坑，一旦陷入，后果不堪设想，有人失去尊严，有人被迫出卖肉体，有人甚至失去生命。未成年人或者在校大学生应当理性消费，如遇债务危机，应当及时和家长沟通或者通过合法途径解决，不能自作主张进行网络贷款。以“裸”换“贷”，既有违公序良俗，也容易让自己沦为严重违法犯罪的受害者。对于已经“裸贷”的，如果遇到以公开自己裸照进行要挟的行为，一定要及时报警，寻求法律保护。

人民法院经审理认为，施某无视国家法律，以非法占有为目的，敲诈勒索他人财物，数额较大，其行为已构成敲诈勒索罪。施某敲诈勒索未成年人，可从重处罚。施某在犯罪过程中因意志以外的原因而未得逞，属于犯罪未遂，结合其被抓获后如实供述犯罪事实，依法可从轻处罚。依据刑法有关规定，判决施某犯敲诈勒索罪，判处有期徒刑十个月，并处罚金人民币 2 000 元。

案例三：湖北准大学生被骗 4 万元学费、生活费。半个月前，18 岁的女孩李某收到了长春某大学的录取通知书，因家庭经济困难，李某一拿到通知书，就向教育局申请了助学贷款，希望能以此缓解家里的经济压力。

某天下午 4 时 30 分许，李某与母亲在教育局办完助学贷款，正乘坐公交车回家。途中接到电话，声称李某异地消费 1.6 万余元，并告诉李某有一个快递没有签收，这是他们第 3 次催促签收了。“如果你有什么疑问，可以转人工服务询问。”

李某因在学校时经常签收快递，没觉得有什么可疑，就转接到了人工服务。接通电话后，对方自称是上海一银行工作人员，声称该行一张以李某的身份证办的银行卡，在上海购买苹果手机消费了 1.6 万余元，当天是最后的还款期限，如果不及时还款，银行将强行扣款。“我从来没有去过上海，也没购买过苹果手机！”李某当即在电话里解释道。“那你的身份证有没有丢失过?”对方问道。因在高二时李某确实丢失过身份证，后又重新办理了身份证，李某将这一情况告诉了对方。“肯定是不法分子冒用你的身份证办理了信用卡！如果你不信，我把电话转到上海浦东公安分局，你再问问！”对方“热情”地建议。

李某还未挂断电话，电话就被转接了出去。接通后，对方自称是上海浦东公安分局的宋警官。在电话里，“宋警官”告诉李某，她的身份证及银行卡可能涉及一起大案子，目前浦东公安分局正在办理这起案件，如果有人冒用了你的身份证，你可能要负刑事责任。听了“宋警官”的话后，李某有点害怕，急忙询问对方她该怎么办。“宋警官”告诉李某，案件目前正在调查中，如果查实李某的身份证牵涉其中，那么她的银行卡将会被冻结。“宋警官”的话让李某更加害怕了。

“宋警官”见李某有些慌张，告诉她，可以打电话到浦东公安分局询问解冻银行卡的方法。

随后，李某按对方提供的号码查询到办理该案件的警官电话。李某刚挂断电话，刚刚查询到的电话就打了过来，一看这就是自己刚查到的“办案警官”的电话，李某便接了电话。对方自称是上海浦东公安分局负责办理此案的韩警官，为了让李某相信他的身份，“韩警官”把他的警察编号、身份证号码及姓名全部报给了李某。并表示，如果李某不尽快去银行处理，卡上的现金将被强行扣除。其间，“韩警官”还要李某将她和母亲银行卡的后 3 位数全部告诉他，以便他查询哪张卡涉嫌被人冒用。并要求李某尽快赶到银行 ATM 机前进行处理。之后，李某与母亲一起来到了镇上的一家银行营业网点的 ATM 机前。在插卡操作前，“韩警官”要求李某在 ATM 机上先按了几个数字，然后单击了“确定”按钮。随后，李某根据“韩警官”的要求，将银行卡插进了 ATM 机，按了转账键，并输入了对方提供的卡号。在 ATM 机提示输入金额时，李某有些怀疑，“韩警官”告诉她，输入的只是编号。李某先用她的银行卡连续操作了两次，后查询卡上的金额，发现一分钱也没有少，于是放松了警惕。在第 3 次操作时，“韩警官”要求李某将卡换成其母亲的卡，重复了最初几步的操作后，“韩警官”要求李某输入 19 800 这几个数字，并再次强调这是编号。输完后，“韩警官”要求李某看着 ATM 机的摄像头，然后后退两步，以便他们保留照片。李某照做了，之后发现卡被吞了。“卡被吞了没事，第二天拿身份证就可以找银行要回。”随后，“韩警官”要求李某把其母亲的另外一张银行卡按照同样的方法“解冻”。这次，李某在输入金额时被要求输入16 000这个数字。李某按照“韩警官”的要求操作完后，卡又被吞了。之后，“韩警官”询问李某，还有没有没操作的卡，李某说还有两张银行卡，里面有4 900元。“韩警官”又指挥李某重复上述操作，“解冻”了这两张卡。

所有的银行卡都被“解冻”后，“韩警官”要求李某不要打印凭条，让其回家等候消息，且不能告诉任何人，“一旦告诉其他人就涉嫌泄密，就要负刑事责任。”至此，从接到第一通电话开始，李某与对方多人通话达3个多小时。

李某和母亲回到家后，已经是晚上7点多了，她越想越不对劲，便在网上进行了搜索，发现自己有可能被骗了。为了求证，她拨打了表姐的电话，表姐听后也表示她被骗了。李某赶到银行一查，发现母亲和她的银行卡上的4万余元全部不翼而飞。这时她才醒悟过来，“韩警官”让她输入的编号其实都是汇款金额。

当晚8时许，李某与家人前往派出所报警。

案例分析：为何大学生屡屡中招被骗？“大学生涉世未深，分辨能力不强，想法天真。”缺乏社会经验和辨别能力是大学生容易上当受骗的重要原因之一。许多纯真的孩子从未经历过“人世险恶”，更不知道骗子们层出不穷的花招。他们有的利用大学生泛滥的同情心，有的以热心积极的形象示人，致使同学们轻信了骗子的谎言。更有许许多多因为过于自信而疏忽大意的同学，在不知不觉中就陷入了骗子的圈套。

大学生易被骗的另一重要原因是其有了一定的独立想法和自主支配的金钱。在刚刚步入大学生活的时候，很多同学第一次拿到了一学期或一个月的生活费，花钱无计划，很快就囊中羞涩，于是一心想着赚大钱、急功近利，这些均给不少骗子可乘之机。

故在任何情况下，大学生都要牢记六个一律：

(1) 接电话，遇到陌生人，只要一谈到银行卡“安全账户”“涉案”“中奖”等，一律挂掉。

(2) 只要一谈到“电话转接公安局、法院”的，一律挂掉。

(3) 所有短信，但凡让点击不明链接的，一律删掉。

(4) 所有短信，但凡让回拨不明电话的，一律删掉。

(5) 微信不认识的人发来的链接、回拨电话，一律不点。

(6) 任何索要短信动态验证码的，一律是诈骗行为！

第三节　预防网络侵害

一、避免沉溺网络

网络是信息的宝库，同时也是信息的垃圾场。学术信息、娱乐信息、经济信息及各种各样的黄色信息、暴力信息等混杂在一起，使网络成为信息的万花筒。网络信息的复杂性决定了网络中有一些危害人类身心健康的不良信息。

网络不良信息，是指以互联网形式传播的，违背社会主义精神文明建设要求和中华民族优良文化、传统与习惯及其他社会公德的各类信息，其形式包括文字、图片、音乐和视频等。

根据有关调查数据显示，当下的青少年，尤其是刚刚步入大学校园的大学生，接触的不良信息主要有暴力、色情、恐怖等内容，这占其接触所有不良信息的57%。此外，网络赌博、语音室骂聊现象也在未成年人中有蔓延之势。

（一）暴力内容

很多大型的网络游戏及相关网站都存在暴力的内容，这对大学生的健康成长产生了巨大的负面影响。在游戏当中，如果你杀了对方，作为一种奖励你就可以占有他的财产，未成熟的青少年如果大量地接触这类游戏和网站，就会对游戏中的暴力场面和暴力行为习以为常，觉得打人、杀人如家常便饭，不必大惊小怪，并且会形成一种只要打败、杀掉他人就会获得财产的错误思想。在现实生活中，如果遇到一些棘手的事情，青少年往往也不会冷静地思考，而会采取类似的暴力途径进行解决。

（二）色情内容

在网络上，一些人利用网络无国界、难以控制的特点，把黄色信息撒布在世界的各个角落，以致有泛滥成灾的危险。在整个与网络色情内容有关的信息中经常出现性骚扰，对广大青年女性的身心健康造成了巨大损伤。淫秽色情信息对青少年带来了很多的“精神污染”，严重毒害着青少年的身心健康，故有人称之为“电子海洛因”。现在，国家加大整治力度，每年查办此类案件 1 000 多起，关闭淫秽色情网站上万个，删除各类有害信息100 余万条，进一步净化了网络空间。

（三）虚假信息

虚假广告、虚假新闻、虚假身份在整个网络空间中层出不穷，由于网络传播的特性，各种不真实信息在网络上大量出现。这让不少大学生产生一种错觉，认为可以随意在网上发布信息，不用负任何法律责任，于是用假名、说假话、不负责任地胡言乱语成了一种“时尚”。调查发现，76.4%的被调查对象认为自己不会在网上公布真实的个人信息。

（四）网络赌博

近年来，网络赌博开始盛行，与赌博有关的网络游戏、网站大量出现，由于上网赌博下注相当方便，因而吸引了无数人参与，越来越多的人沉迷于网络赌博而不能自拔。我国的网吧大多设在大专院校和中小学校附近，未成年人经常通宵达旦进行网络赌博，大学生们由于缺乏资金，有些人通过盗窃、抢劫、诈骗等手段去获取，从而走上违法犯罪的道路。

（五）语音聊天中的粗俗内容

网络聊天在很大程度上是匿名交流，这为一些不善于社交、性格内向的人提供了一种袒露个人隐私和宣泄情感的方式。据调查显示，语音聊天已经成为吸引未成年人上网的又一重要因素。走进网吧，也许你会看见这样一个场景：一位漂亮女孩戴着耳机、对着话筒泰然自若地叫骂，说着不堪入耳的脏话。这就是时下出现的语音室骂聊现象。骂聊现象是对网络“解除抑制”功能的负面应用，严重污染了健康的网络文化环境。

网络直播是近年来十分流行的社交方式，受到网友尤其是年轻网民的青睐。有些网络直播平台贴上“美女直播”“裸聊”“以露博眼球”等标签，这些平台在为女性提供自我呈现和自我表达的同时，也让身体成了表达的主要载体。作为界面主体的女性身体则直接满足了部分受众在现实生活中敢想不敢为地对女性身体窥视的欲望。网络直播中，女性确实成了关注的主角，然而却是以负面的形象出现，严重污染了网络环境。

二、识别恶意网页

提起恶意网页，大多数人肯定不会陌生，说不定曾备受其折磨。恶意网页中包含的恶意代码，可对访问者的电脑进行非法设置和恶意攻击。现在，网页恶意代码已经被杀毒软件定义为网页病毒。与传统意义上的病毒相比，网页病毒虽不具备传染性，但其危害程度绝不亚于普通病毒。互联网上有许多恶意网页，如色情网页、游戏网页或者打着咨询服务等旗号的网页。当用户浏览这些网页时，不经意间就会掉入这些恶意网页的陷阱。

由于编写恶意代码并不需要什么高深的技术，有些人为提高其网站知名度或出于恶作剧目的，在其网页中写入恶意代码，使访问者深受其害。这里以打开 Interinet Eoplorer（以下简称 IE）为例，介绍恶意网页的十种典型罪行。

1. 修改 IE 的起始主页

IE 的起始主页就是每次打开 IE 时最先进入的页面，随时点击 IE 工具栏中的“主页”按钮也能进入起始主页，它一般是我们需要频繁查看的页面，但有些恶意网页会将起始主页改为某些乱七八糟的网址，以达到其不可告人的目的。

2. 修改 IE 工具栏

IE 的工具栏包括工具按钮、地址栏、链接等几个项目，恶意网页可能会自作主张地在工具栏上添加按钮，或者在地址栏的下拉列表中加入一些并未访问过的网址，甚至会篡改链接栏的标题，显示一些恶心的文字。

3. 修改默认的搜索引擎

在 IE 的工具栏中有一个“搜索”按钮，它链接到一个指定的搜索引擎，可实现网络搜索。被恶意网页修改后该按钮并不能正常进行搜索工作，而是链接到由恶意网页指定的网页上去了。

4. 修改 IE 标题栏

我们浏览网页时，IE 标题栏显示的是由当前网页决定的标题信息。但某些恶意网页通过修改注册表，使 IE 无论浏览什么网页都要在标题后附加一段信息，要么是某个网站的名称，要么是一些垃圾广告，甚至是一些政治反动或不堪入目的信息。

5. 修改或禁止 IE 右键

有些恶意网页对 IE 右键快捷菜单进行修改，加入一些无聊信息，或加入指向其网站的链接。

6. 系统启动时弹出网页或对话框

若出现启动 Windows 时弹出网页，这是恶意网页对 Windows 的“启动”组动了手脚的缘故。

7. 定时弹出 IE 新窗口

IE 浏览器中每隔一段时间就会弹出新的窗口去访问别的网页，这种情况也是典型的恶意网页中毒症状。恶意网页是通过在 Windows 的“启动”组添加 hta 文件来达到目的的。

8. 禁止修改注册表

恶意网页试图通过禁止 Regedit. exe 的使用，来阻止用户修复注册表。

9. 下载运行木马程序

让用户在不经意间下载并运行木马程序，从而控制访问者的电脑。

10. 格式化硬盘

恶意网页利用 IE 执行 Active X 功能，调用 Windows 下的 Format. com 程序对硬盘进行格式化，由于使用了一个微软未曾公开的运行参数，Format. com 格式化硬盘时无须用户的确认会自动进行，同时窗口处于最小化状态，很可能用户还未反应过来，系统就已经崩溃了。

以上揭露的只是恶意网页最普遍的十种罪行，除此之外，还有一些五花八门的小伎俩。例如，不良网络游戏，有些游戏以色情、暴力或恐怖袭击为主题，有的暗藏不良政治目的，影响大学生的身心健康；“黑客”教唆陷阱，一些不良黑客组织传播黑客技术，唆使大学生进行犯罪活动；邪教陷阱，网上一些邪教组织冒用宗教、气功等名义，大肆宣传反人类、反社会、反科学的歪理邪说，造谣生事，发展组织，危害社会稳定；网恋陷阱，用欺骗的手段发展多角恋关系，欺骗感情，骗取财物。这些恶意网页也都给广大大学生带来了很大的危害。

大学生要避免这些危害，还得从预防做起。首先，大学生要掌握基本的网络安全知识，提高防范意识和技能：及时修复操作系统和应用软件的漏洞；安装网络防火墙；安装防病毒软件并及时更新病毒库；不下载来历不明的文件，对所有下载文件都需先用杀毒软件查杀；不访问情况不明的链接；妥善保管好所有的密码；保护重要数据，做好数据备份；保护好个人隐私信息，不随意注册隐私信息。其次，大学生要提高警惕，多做有益身心健康的网络活动，提高自身素质与抵抗力，要学习互联网法律法规，依法上网。

三、加强保护，防止遭受非法侵害

（一）政府和相关部门共监督

要建设一批健康、文明、科学的，对大学生能起正确导向作用且富有吸引力的网站。大学生好奇心强，探索未知领域的兴趣浓，因此可以针对他们身心发育的规律和特点，设计一些适合他们的网站，让他们学会有效地使用网络信息，学会正确地进行网络交流，学会利用网络进行科学研究。用网络发展自己，这才是预防大学生网络危害的最积极的办法。同时，大力组织开发具有我国文化特色、主题积极、内容健康、情节生动的电子游戏产品，这是阻止不健康进口游戏泛滥的最佳途径。

要全面整治网络不良信息，政府必须担负起统筹决策、宏观管理的职责，加强其监督和管理功能。建立网警队伍，对互联网进行实时有效的监控；新闻出版文化市场管理部门要建立对进口游戏软件的审查制度和流入渠道的监管制度；制定游戏产品评审分级标准和分级管理制度；定期向社会公布不适宜青少年玩的游戏名称；规范互联网营业场所、电子游艺厅等，采取有效措施控制电视、电影、网络等媒体传播劣质文化，用高科技来屏障和过滤对青少年危害大的信息。根据 2002 年 9 月国务院颁布的《互联网上网服务营业场所管理条例》，依法加强对网吧的监督管理。要从源头上对提供互联网接入服务的有关电信运营商严格要求，严格控制网吧的营业时间。

由于网络发展速度快于法律的更新速度，因此应当尽快修订、补充、完善相关的法律法规，以更适用于大学生网络权益的保护和使用的管理。同时，加快立法进程，加大对大学生进行网络法制教育的力度，这是摆在全社会面前的一件迫在眉睫的大事。

（二） 学校采取教育的对策

学校要加强网络道德教育，网络道德教育可为大学生上网构筑一座无形长城，奠定坚实的网络文明基础。它可以抑制和解决网络中出现的不文明行为，从“硬性”和“软性”两方面来配套实施。可以通过网络道德宣传片、在学校设置网络道德课程等来大力开展对大学生的网络德育工作，给大学生以正确的引导。另外，学校要开设网络安全防范教育课，并加强网络法制教育。此外，扩展青少年的课余活动空间，建立健康文明的网上教室也是值得提倡的。对于大学生来说，上网的主要环境在学校和网吧，因此，学校要做好疏导工作，为在校大学生开辟一个绿色网站、健康网站。

（三） 学生自身采取的对策

1. 转移兴趣，丰富生活

网络之所以容易使学生过度痴迷，往往与学生的课外生活贫乏有关。大学生可以参加一些具有丰富性、情趣性和创新性的课外活动，在活动中培养自身的整体素质及健康人格，使自己摆脱“网络垃圾”。不能让自己把所有的兴趣都集中在网络上，要让自己的兴趣多样化，如参加书法小组、航模兴趣小组、合唱团等，有条件的还可以加入校园电视台。

2. 加强自我保护，免除外界干扰

大学生要时刻注意保护自己。上网聊天是学生沉迷网络的一种主要的形式，有时不经意的网上聊天会给自己带来巨大的伤害。这时候，我们就要注意：千万不要把自己和家长的照片、地址、电话、学校、班级等真实的情况告诉网友；千万不要与从未见过面的网友约会，除非有大人陪伴，或者在公共场所约会；不要把自己在网上使用的密码、名称告诉他人，以免别有用心的人冒用自己的名字。

3. 体验成功，抵制不良信息

研究表明，人接触不良信息的反映是不相同的，对网络和游戏的迷恋程度也不相同。成功人士，受消极因素的影响较小；而在生活中屡屡失败的人，容易沉迷于虚拟时空。

有些大学生由于成绩退步，丧失信心，自暴自弃，进而用网络麻痹自己。不妨设计低起点的容易达到的学习目标，建立自信心；主动与同学们交朋友，建立自信心；主动参加自己喜爱的活动，在活动中找到生活的乐趣。

四、案例与分析

案例一：“人肉”搜索。2020 年，赵女士疑遭“人肉”搜索，其姓名、身份证号码、家庭住址等个人信息及行程轨迹在互联网上流传。据报道，近 24 h 内，赵女士相关信息讨论量达 4 697 条。其中，网页是主要传播渠道，占比 31. 2%。赵女士发布声明，其中提及看到网上对其及家人的诽谤和谩骂，对她工作和生活造成了很大影响，也对其家人造成了很大伤害。

案例分析：互联网给我们带来了生活和工作方面的多种便利，但鉴于互联网传播信息的快速性、广泛性，任由侵害他人合法权益的信息在互联网传播散布，它可能成为伤害权利人的利器。除了明白处理个人信息的合法界限外，不去做搜集、收集、散布他人个人信息或隐私信息的“始作俑者”，我们还应在日常生活中做到不随意转发他人的个人信息或隐私信息，制止此类传播行为，网络世界才能变得更加清朗。

案例二：帮助信息网络犯罪活动案。2019 年 11 月上旬，周某伙同尤某在某职业技术学院设立学生兼职微信群，发布招聘话务员的消息，要求应聘学生到附近营业厅办理电话卡并将卡上交。周某、尤某以上述方式购得刘某等 20 余名学生办理的实名制电话卡 75 张，每张卡支付给学生人民币几十元至一百元不等的费用。

2019 年 11 月中下旬，周某、尤某又通过类似方式招募了石某等 130 余名社会人员，用大巴车将他们从河北省带至北京市办理 400 张左右实名制北京电话卡并收购，每张卡支付人民币几十元的费用。

周某、尤某明知他人利用信息网络实施犯罪，仍将上述电话卡出售供他人使用，违法所得人民币 12 万余元。上述电话卡通过非法途径流出境外，犯罪分子使用这些电话卡冒充国家机关工作人员实施诈骗，骗取被害人李某等 10 余人，共计人民币 200 余万元。

2020 年 3 月 3 日，浙江省杭州市公安局余杭区分局以周某、尤某涉嫌诈骗罪，移送杭州市余杭区人民检察院审查起诉。同年 9 月 21 日，杭州市余杭区人民检察院对周某、尤某以帮助信息网络犯罪活动罪提起公诉。同年 12 月 18 日，杭州市余杭区人民法院做出一审判决，以帮助信息网络犯罪活动罪分别判处被告人周某、尤某有期徒刑两年两个月，并处罚金。针对本案犯罪分子向学生、社会人员大量收购实名制电话卡的情况，杭州市余杭区人民检察院一方面向相关学校提出加强教育管理的意见；另一方面通过线上线下相结合的方式，走进学校、工地、城乡接合部，对青年学生、打工人员、无业人员开展警示教育，引导他们树立正确的就业观，防止落入“犯罪”陷阱。

案例分析：当前，非法出售、出租电话卡或银行卡（简称“两卡”）问题较为突出。不少犯罪分子将收购的“两卡”作为犯罪工具，用于骗取被害人资金或转移赃款，掩盖犯罪事实，逃避司法机关追查。在校大学生为了一点点蝇头小利，使用自己的身份证办理相关证卡以低廉的价格出售给不法分子。这种行为严重危害社会安全稳定，严重侵蚀社会诚信根基，必须从源头管控，从严打击防范，多管齐下，坚决遏制“两卡”泛滥，防止电信网络诈骗犯罪滋生蔓延。为遏制涉“两卡”类犯罪，2020 年 10 月起，最高人民法院、最高人民检察院、公安部、工业和信息化部、中国人民银行等部门联合部署开展“断卡”行动，依法从严打击非法出售、出租“两卡”违法犯罪活动，重点打击专门从事非法收购、贩卖“两卡”活动的犯罪团伙，以及与之内外勾结的电信、银行等行业从业人员。检察机关要加强协作配合，会同相关部门，依法查办涉“两卡”违法犯罪团伙，联合整治涉“两卡”犯罪猖獗的重点地区，推动惩戒涉“两卡”违法犯罪失信人员，全力斩断“两卡”开办贩卖的黑灰产业链，坚决铲除电信网络诈骗犯罪滋生的土壤。根据相关法律法规，手机卡、银行卡仅限于本人使用，不得非法出租、出售。一旦出租、出售，轻则泄露个人信息，受到限制办卡等信用惩戒或行政处罚，重则可能涉嫌犯罪。社会公众要提高防范意识，切莫贪图小利，成为罪犯的“帮凶”。一旦发现涉“两卡”犯罪线索，应当立即向公安机关举报。若已实施非法出租、出售、购买“两卡”的违法犯罪活动，必须立即停止，主动投案自首。各电信运营商、银行应当加强营业网点管理，加强内部人员教育和监督，严格防范内外勾结、规避管控的行为发生，防止非法“两卡”流入社会。

案例三：非法入侵/控制他人计算机系统。

（1）我国首例网络爬虫侵入他人计算机系统案。上海某网络科技有限公司主要负责人张某等人经共谋，于 2016 年至 2017 年间采用“爬虫”技术非法抓取北京某网络技术有限公司服务器中存储的视频数据。最终海淀区人民法院以非法获取计算机信息系统数据罪分别判处被告单位罚金 20 万元，判处被告人张某等四人一年至九个月不等的有期徒刑，并处罚金。

（2）利用“肉鸡”非法控制 20 多万个网站。江苏睢宁县公安局民警在例行网上巡查时发现机房有被人植入密码控制器的痕迹，随即迅速展开追踪。警方先后实施两次抓捕，打掉以黄某、刘某等人为核心的 DDOS 攻击团伙，以杨某、聂某为首的获取、买卖网站服务器控制权限的犯罪团伙。经查，以杨某为首的黑客犯罪团伙利用黑客技术，入侵国内的政府、企业网站，获取网站控制权限，然后通过网络销售大量网站控制权，用于植入各类赌博、色情、诈骗链接。入侵控制的网站有北京、河北、山东等地政府、企业、学校网站 20 多万个。

案例分析：随着计算机逐渐在我们的生活中占据越来越重要的位置，个人计算机中的文件及资金安全也逐渐成为公民合法权益且重要的组成部分。实施非法侵入他人计算机系统行为的，会构成非法侵入计算机信息系统罪。非法侵入计算机信息系统罪是指违反国家规定，侵入国家事务、国防建设、尖端科学技术领域的计算机信息系统的行为。本罪侵犯的客体是国家事务、国防建设、尖端科技的计算机信息系统管理秩序；直接对象是国家事务、国防建设、尖端科技的计算机信息系统。本案例客观上表现为未经准许，非法侵入上述计算机信息系统；本罪主体为一般主体，主观上是故意。犯本罪的处三年以下有期徒刑或者拘役。

第三章

大学生卫生健康安全

第一节　传染病预防

一、传染病

传染病，也就是传染性疾病，是由各种病原体引起的能在人与人、动物与动物或人与动物之间相互传染的疾病。传染病的特点是有病原体，并具有传染性和流行性，而且都有潜伏期。传染病有许多种分类方法。按病原体的不同，可以分为病毒性传染病、细菌性传染病、衣原体性传染病等；根据传播途径的不同，可以分为呼吸道传染病、肠道传染病、皮肤传染病、人畜共患传染病；根据病程的长短，可分为急性传染病和慢性传染病；等等。根据《中华人民共和国传染病防治法》规定管理的传染病，按传染程度分甲、乙、丙三类，共有 39 种。其中，甲类传染病是指传染性强、病死率高、易引起大范围流行的强烈传染病。

由于大学生远离家庭环境，过的是集体生活，现代大学生社会活动又较活跃，所以一些传染病会在大学生中传播，如流行性感冒、细菌性痢疾、肺结核等疾病。

（一） 传染病的基本特征

1. 有病原体

每一种传染病都有它特异的病原体，包括微生物和寄生虫。比如水痘的病原体是水痘病毒，猩红热的病原体是溶血性链球菌。病原体主要分为细菌、病毒（比细菌小、没有细胞结构）、真菌（各种癣的病原体）、原虫（疟原虫）、蠕虫（蠕虫病的病原体）、衣原体、支原体、立克次氏体等。

2. 有传染性

传染病的病原体可以从一个人，经过一定的途径传染给另一个人。每种传染病都有比较固定的传染期，此期间排出的病原体可以污染环境，传染他人。

3. 有免疫性

大多数患者在疾病痊愈后，都会产生不同程度的免疫力，在一定时期内甚至终身都不会再得这种传染病。

4. 可以预防

这是传染病的重要特点之一。通过控制传染源、切断传染途径、增强人的抵抗力、保护易感人群等措施，可以有效预防和控制传染病的传播。

5. 有一定的流行病学特征

传染病能在人群中流行，其流行过程受自然因素和社会因素的影响，并表现出多方面的流行特征，如发病的时间、季节，容易患病的人群，容易得病的地方，等等。

（二） 常见传染病的防治

传染病之所以能够流行，离不开三个基本条件：传染源、传播途径和易感人群。针对这三个基本条件，预防传染病主要有以下三个措施：一是控制传染源，对传染病病人尽可能做到早发现、早诊断、早报告、早治疗、早隔离，以防止传染病蔓延；二是切断传播途径，其方法主要是讲究个人卫生和环境卫生，进行一些必要的消毒工作等，使病原体丧失感染健康人的机会；三是在传染病流行期间注意保护易感者，不要让易感者与传染源接触，并进行预防接种，提高易感人群的抵抗力。生活中几种常见的传染病有如下几种。

1. 流行性感冒

流行性感冒简称流感，特点是突然发病、迅速蔓延、发病率高、流行过程短。传染源是病人，自潜伏期末即可传染，病初 2 ~3 天传染性最强。传播途径主要是通过飞沫，病毒存在于病人的呼吸道分泌物中，通过说话、咳嗽或喷嚏散播至空气中，易感者吸入后即会感染。人群对流感病毒普遍易感，与年龄、性别、职业无关。

流行性感冒潜伏期 1 ~3 天。症状主要有急起高热、畏寒、头痛、乏力、全身酸痛等。高热持续 2 ~3 天后渐退，全身症状逐步好转，但出现鼻塞、流涕、咽痛、干咳等上呼吸道症状。少数人有鼻出血、食欲不振、恶心等症状。严重者可并发病毒性肺炎。流感患者应及早卧床休息，多饮水，防止继发感染。高热与全身酸痛者可用解热镇痛药，或用物理降温法。有继发细菌感染者应使用抗生素治疗。

2. 细菌性痢疾

细菌性痢疾简称菌痢，是由痢疾杆菌引起的常见急性肠道传染病。细菌主要侵犯结肠黏膜，引起肠黏膜的炎症反应，可引起肠黏膜细胞的变性、坏死，坏死细胞脱落后可形成小而浅的溃疡。严重的中毒性菌痢，由细菌毒素引起的全身中毒症状严重，可导致重要器官功能衰竭。

传染源是病人和带菌者。病人及带菌者的粪便中含大量痢疾杆菌，粪便直接或间接污染食物、饮水和手等并经口进入肠道而感染。潜伏期数小时至 7 天，多数为 1 ~2 天。主要临床表现为畏寒、发热、腹痛、腹泻、脓血便和里急后重。腹泻每天达 10 ~20 次，大便量少，呈糊状或脓血便。

一旦确诊为菌痢，应进行隔离、卧床休息，饮食以流质或半流质为宜，忌食多渣、多油或有刺激性食物，有脱水症状者应口服或静脉补充生理盐水或葡萄糖盐水，及时、合理地使用抗菌药物。对早期发现的病人及带菌者，应及时隔离、彻底治疗。加强饮食、饮水卫生管理，消灭苍蝇，养成饭前便后洗手的习惯。熟食和瓜果不要在冰箱中放置过久，取出后先加热消毒再食用。

3. 肺结核病

肺结核病是由结核杆菌引起的一种呼吸道传染病。结核病患者咳嗽排菌是传播的主要来源。传播途径主要是患者与健康人之间的空气传播，患者咳嗽排出的结核菌悬浮在飞沫中，当人吸入后可引起感染。咳出的痰干燥后结核菌随尘埃飞扬，也可造成吸入感染。生活贫困、居住拥挤、营养不良是结核病高发的原因。

患者有全身中毒症状和呼吸系统症状。全身症状主要有：长期低热，午后及傍晚开始发热，次晨降为正常；可伴有乏力、夜间盗汗。呼吸系统症状有：咳嗽、咳痰、咯血、胸痛和气急。

患肺结核病需进行长期、正规的抗结核治疗，因肺结核病有复发可能，故重在预防。预防措施为接种卡介苗，我国规定婴儿出生后即开始注射卡介苗，以后每隔 5 年进行结核菌素复查，阴性者加种，直到 15 岁为止，进大学时也应进行复查。加强对结核病患者的管理，患者咳嗽时应以手帕或纸掩口，不要随地吐痰，宜将痰吐在纸里烧掉。

4. 乙型病毒性肝炎

乙型病毒性肝炎（简称乙肝）系由乙肝病毒（HBV）引起的常见传染病，以损害肝脏为主，具有传染性强、传播途径复杂、流行面广泛、发病率较高等特点。在我国，病毒性肝炎发病率位居法定管理传染病的第一位，其中以乙型肝炎危害最大，乙型肝炎是由乙型肝炎病毒（HBV）引起的一种世界性疾病。我国大约有 1.2 亿人是长期乙肝病毒携带者，人群中大约有 2 000 万人是慢性乙型肝炎患者。只有采取以切断传播途径为主的综合防治措施，做好易感人群的保护，才能减少疾病的发生。

乙肝主要传播途径是血液传播、母婴垂直传播、性接触传播三种途径。乙肝的预防措施包括：

（1）注意个人卫生，养成良好的卫生习惯，不共用剃须刀、毛巾、牙具等私人用品。尽量避免与患者有密切的接触，不共用生活用品。外出就餐应选择环境较好的餐厅用餐，使用经消毒的卫生餐具，减少感染机会。

（2）进行正确的性教育，若性伴侣为 HBsAg 阳性者，应接种乙肝疫苗。

（3）健康人群可以到医院定期注射乙肝疫苗，使自身机体产生抗体，从而有效避免感染乙肝病毒。

5. SARS

2002 年冬到 2003 年春肆虐全球的重症急性呼吸综合征（SARS，传染性非典型肺炎）是一种由 SARS 冠状病毒（SARS-CoV）引起的急性呼吸道传染病，世界卫生组织将其命名为重症急性呼吸综合征。该病的主要传播方式为近距离飞沫传播或接触患者呼吸道分泌物传播。

SARS 潜伏期为 1～16 天，常见为 3～5 天。起病急，以发热为首发症状，可有畏寒，体温常超过 38℃，呈不规则热或弛张热、稽留热等症状，热程多为 1～2 周；伴有头痛、肌肉酸痛、全身乏力和腹泻。起病 3～7 天后出现干咳、少痰，偶有血丝痰，肺部体征不明显。病情于 10～14 天达到高峰，发热、乏力等症状加重，并出现频繁咳嗽、气促和呼吸困难，略有活动则气喘、心悸，被迫卧床休息。这个时期易发生呼吸道的继发感染。病程进入 2～3 周后，发热渐退，其他症状与体征减轻乃至消失。肺部炎症改变的吸收和恢复则较为缓慢，体温正常后仍需 2 周左右才能完全恢复正常。轻症患者临床症状较轻；重症患者病情重，易出现呼吸窘迫综合征。儿童患者的病情较成年人轻。有少数患者不以发热为首发症状，尤其是有近期手术史或有基础疾病的患者。

SARS 的预防措施包括：

（1）控制传染源。

① 疫情报告。我国已将重症急性呼吸综合征列入 2004 年 12 月 1 日起施行的《中华人民共和国传染病防治法》中法定传染病乙类首位，并规定按甲类传染病进行报告、隔离治疗和管理。发现或怀疑本病时，应尽快向卫生防疫机构报告，做到早发现、早隔离、早治疗。

② 隔离治疗患者。对临床诊断病例和疑似诊断病例应在指定的医院按呼吸道传染病分别进行隔离观察和治疗。

③ 隔离观察密切接触者。对医学观察病例和密切接触者，一般应在指定地点接受隔离观察，为期 14 天。在家中接受隔离观察时应注意通风，避免与家人密切接触，并由卫生防疫部门进行医学观察，每天测量体温。

（2）切断传播途径。

① 社区综合性预防。减少大型群众性集会或活动，保持公共场所通风换气、空气流通；排除住宅建筑污水排放系统淤阻隐患。

② 保持良好的个人卫生习惯。不随地吐痰，避免在人前打喷嚏、咳嗽、清洁鼻腔，且事后应洗手；确保住所或活动场所通风；勤洗手；避免去人多或相对密闭的地方，出门应注意佩戴口罩。

③ 医院应设立发热门诊，建立本病的专门通道。

④ 保护易感人群。

⑤ 保持乐观稳定的心态，均衡饮食，多喝汤，多饮水，注意保暖，避免疲劳，保证足够的睡眠，在空旷场所做适量运动，等等，这些良好的生活习惯有助于提高人体对重症急性呼吸综合征的抵抗能力。

6. 人感染高致病性禽流感

人感染高致病性禽流感，是由禽流感病毒引起的人类急性呼吸道传染疾病。传播途径主要经呼吸道传播，也可通过密切接触感染的禽类及其分泌物、排泄物，受病毒污染的物品和水，以及实验室直接接触病毒毒株被感染。禽流感是禽类的常见病和多发病，常可发生大面积、跨区域流行。禽流感病毒属于甲型流感病毒，根据禽流感病毒对鸡和火鸡的致病性的不同，分为高、中、低/非致病性三级。由于禽流感病毒的血凝素结构等特点，禽流感病毒一旦感染禽类，当病毒在复制过程中发生基因重配，致使结构发生改变，获得感染人的能力，就可能造成人感染禽流感疾病的发生。至今发现能直接感染人的禽流感病毒有 H5N1、H7N1、H7N2、H7N3、H7N7、H9N2 和 H7N9 亚型。其中，高致病性 H5N1 亚型和 2013 年 3 月在人体上首次发现的新禽流感 H7N9 亚型尤为引人关注，不仅造成了人类的伤亡，同时重创了家禽养殖业，世界卫生组织认为该疾病可能是对人类存在潜在威胁最大的疾病之一。

预防人高致病性禽流感的关键是早发现、早报告、早隔离、早治疗。人感染上禽流感后，潜伏期一般在 7 天以内。患者发病初期表现为流感样症状，包括发热、咳嗽，可伴有头痛、肌肉酸痛和全身不适，也可能出现流涕、鼻塞、咽痛等症状。部分患者肺部病变较重或病情发展迅速，出现胸闷和呼吸困难等症状。重症患者病情发展迅速，多在5~7天出现重症肺炎，体温大多持续在39℃以上，呼吸困难，可伴有咯血痰。如果出现以上症状，应及时就医，一旦被怀疑为禽流感病毒感染，应马上住院隔离并报告疫情，防止病情恶化和传染扩散。

结合禽流感病毒的特点和现有研究发现，目前认为，患禽流感或携带禽流感病毒的鸡、鸭、鹅、野禽等禽类是人感染禽流感的主要传染源。减少和控制禽类，尤其是家禽间的禽流感病毒的传播尤为重要。随着我国社会、经济发展水平的提高，亟须加快推动传统家禽养殖和流通向现代生产方式转型升级，从散养方式向集中规模化养殖、宰杀处理和科学运输转变，提高家禽和家畜的养殖、流通生物安全水平，从而减少活禽或病死禽在人群中暴露的机会。同时，要持续开展健康教育，倡导和培养个人呼吸道卫生和预防习惯，做到勤洗手、保持环境清洁、合理加工烹饪食物等。须特别加强对感染禽流感高危人群和医护人员的健康教育和卫生防护。

7. 新型冠状病毒性肺炎

（1）新型冠状病毒的传播特点。

① 新型冠状病毒。

冠状病毒是自然界中广泛存在的一大类病毒，是引起病毒性肺炎的病原体的一种，是一种在动物与人类之间传播的人畜共患病毒。冠状病毒直径为80~140 nm，是球形包膜病毒，是正链RNA病毒。因为球状的病毒被膜蛋白外包的表面形状突起，类似皇冠形状，所以被命名为“冠状病毒”。2019年新发现的病毒的核酸序列与已知的严重急性呼吸综合征相关的冠状病毒（SARS-CoV）及中东呼吸综合征相关冠状病毒（MERS-CoV）的基因组核酸序列有明显差异。

世界卫生组织（WHO）将新型冠状病毒命名为“COVID-2019”。它属于β属的新型冠状病毒，有包膜，颗粒呈圆形或椭圆形，直径为60~140 nm。新型冠状病毒性肺炎是指新型冠状病毒感染导致的肺炎。2020年1月20日，经国务院批准，新型冠状病毒性肺炎被纳入《中华人民共和国传染病防治法》规定的乙类传染病，采取甲类传染病的防控措施进行管理。

② 人感染新型冠状病毒的症状。

人感染新型冠状病毒后会出现程度不同的症状，有些人会发烧或轻微咳嗽，有些人会发展为肺炎，有些人的症状则更为严重，出现急性呼吸窘迫综合征、呼吸衰竭症状，甚至死亡。常见体征有：发热、乏力、干咳、气促、胸闷，逐渐出现呼吸困难；部分患者起病症状轻微，甚至无明显发热。从目前收治的病例情况看，多数患者愈后良好。

值得注意的是，早期患者可能症状轻微，仅有畏寒和呼吸道感染症状，甚至部分患者发病早期并无明显的临床表现，但新型冠状病毒核酸检测呈阳性，这些人被称为无症状感染者。除了以上发病症状外，还有可能出现发病症状“不典型”的情况。例如：

- 以消化系统症状为首发表现，如轻度乏力、精神差、恶心呕吐、腹痛、腹泻等。
- 以神经系统症状为首发表现，如头痛。
- 以心血管系统症状为首发表现，如心慌、胸闷、气促等。
- 以眼科症状为首发表现，如结膜充血、结膜炎。

● 仅有轻度四肢或腰背部肌肉酸痛等。

由于无症状感染者也具有一定的病毒传播力，因此，要严格进行隔离和医学观察。

（2）新型冠状病毒的防范。

① 新型冠状病毒的传播。

新型冠状病毒的传播途径主要有呼吸道飞沫传播和物体表面接触传播，可能还有气溶胶和粪－口（消化道）传播。

a. 三大传播途径。飞沫传播是指患者喷嚏、咳嗽、说话的飞沫，乃至呼出的气体被近距离的人直接吸入导致的感染；气溶胶传播是指飞沫混合在空气中，形成气溶胶，人吸入后导致感染；物体表面接触传播是指飞沫沉积在物品表面，接触污染手后，再接触口腔、鼻腔、眼睛等黏膜，导致感染。

b. 气溶胶的形成与传播。气溶胶是由固体或液体小质点分散并悬浮在气体介质中形成的胶体分散体系，生活中常见的云、雾、霾都属于气溶胶。打喷嚏、咳嗽产生的飞沫很快落到地面或物体表面，微小飞沫可以在空气中悬浮一段时间，形成气溶胶。

气溶胶传播简单地说就是病毒微粒被呼出，形成气溶胶，可以较长时间在空中停留而不落下，人一旦吸入含有病毒的气溶胶后，就会导致感染。如果病毒污染了空气，气溶胶在密闭空间里可长时间停留；如果患者排出的粪便里有病毒，或者打喷嚏、咳嗽排出的痰液在干燥后病毒可能飘浮，污染空气。呼吸、咳嗽、说话、吐痰、呕吐、大小便（冲水时）等都可产生气溶胶，医学检验人员在接触患者的血液、尿液、粪便等样本时，也可产生气溶胶。

气溶胶传播方式与飞沫传播相比，两者最大的区别就是传播距离不同。飞沫是人打喷嚏或者咳嗽等活动排出的唾沫液滴，其粒径一般为 1～5 mm，在传染源 1～2 m 的空间内传播，属于近距离传播；而气溶胶的传播距离可达数百米甚至更远，远远超过飞沫的传播距离。

② 新型冠状病毒的防范措施与方法。

世界卫生组织表示，目前对于新型冠状病毒所致疾病没有特异治疗方法，但正确的防护手段可有效预防新型冠状病毒感染。根据中国疾控中心及世界卫生组织各方专家的观点，公众预防应注意以下几方面：

a. 主动防护。

● 在咳嗽或打喷嚏时，应用纸巾或袖口将口鼻完全遮住，口鼻分泌物用纸巾包好，弃置于封闭式垃圾箱内，并及时洗手。

● 冠状病毒的感染方式主要是飞沫或接触感染，戴口罩是预防新型冠状病毒感染的重要手段之一，正确佩戴口罩，做好个人卫生防护，可有效阻挡由飞沫携带的病毒通过呼吸道进入人体。外出时要佩戴口罩，建议佩戴一次性医用口罩或医用外科口罩，必要时可佩戴 KN95/N95 型口罩。佩戴普通医用或医用外科口罩时需将鼻夹侧朝上，深色面朝外（或褶皱朝下），上下拉开褶皱，使口罩覆盖口、鼻、下颌，将双手指尖沿着鼻梁金属条，由中间至两边慢慢向内按压，直至金属条紧贴鼻梁，适当调整口罩，使口罩周边充分贴合面部。其他类型口罩可根据佩戴说明进行佩戴。正确佩戴口罩可以一定程度上预防呼吸道感染，阻挡含病毒颗粒的飞沫，减少被病毒感染的风险。正确佩戴一个口罩就可以了，佩戴多个口罩并不能增强防护，甚至会失去防护作用，使人产生憋闷感。原则上，口罩不能重复使用，使用时间不宜超过 4 h。口罩发生变形、损坏、潮湿、脏污时要及时更换。口罩使用后按照生活垃圾分类要求处理即可。

• 用正确的方法勤洗手，可以有效地切断病毒的传播，这是预防新型冠状病毒感染的一种有效措施。在平时生活中，特别是疫情期间，建议少去人群密集的场所，因为手会接触到病毒附着物体，比如公共场所的门把手、电梯及各种按钮等，在户外应该尽量减少用手触摸口、鼻、眼等病毒易感染部位。外出后要按照七步洗手法“内—外—夹—弓—大—立—腕”，用流动的清水或使用肥皂洗手，认真揉搓双手不少于 15 s，有条件的话也可以使用含 70% ~80% 的酒精免洗洗手液洗手。此外，在饭前便后、咳嗽或打喷嚏后、照顾呼吸道感染或呕吐腹泻病人后、处理动物或动物排泄物后、处理垃圾后、准备食物前中后，都应使用肥皂和流水、含有酒精的洗手液或清水彻底洗手。

• 保持学校食堂、宿舍、教室、图书馆、办公室、实验室等公共场所的环境清洁，及时开窗通风，保持室内空气流通。勤倒垃圾，可定期对垃圾桶等垃圾盛装容器进行消毒处理。对宿舍内高频接触的物件表面或部位，如门把手、洗脸池台面、水龙头开关、坐便器、马桶按钮等，定时消毒，可使用浓度为 75% 的酒精或 500 mg/L 的含氯消毒液对其擦拭，每天至少一次用 250 ~500 mg/升的含氯消毒剂喷洒宿舍每一个角落。使用酒精时应远离火源，采用擦拭的方法，切勿喷洒；含氯消毒液不能与酒精混用，也不能和酸性物质（如蜡、洁厕灵等）混用。日常使用的手机、ipad、钥匙等可能会频繁接触到的物品，也要每天用酒精消毒棉片擦拭消毒。

b. 避免密切接触。

• 避免前往人群密集的公共场所，尤其是空气流动性差的地方。

• 在教室、图书馆、自习室等校园人口密集场所出入时务必全程佩戴口罩，多人共处一室时，尽量保持距离，与他人谈话时尽量保持 1.5 m 以上安全距离。

• 在食堂要尽量分散就餐，避免面对面就餐，应间隔就座或保持人际间的安全防护距离。

• 必须出门时，尽量不乘坐公共交通工具，建议步行、骑车或乘坐私家车等，如乘坐公共交通工具，务必全程正确佩戴口罩，途中与他人保持一定的距离（条件允许时至少保持 1.5 m），避免近距离谈话，建议佩戴一次性手套、鞋套，尽量避免用手直接接触交通工具内的物品，发现身边出现可疑症状人员，避免与其近距离接触，并及时报告乘务人员。

• 避免接触呼吸道感染发热病人，避免接触可疑症状者的身体分泌物，不要共用个人生活物品，公筷分餐，交流不宜太近，避免握手和拥抱。

• 在宿舍内也应做到不串门、不接触非本宿舍人员。

• 在收取快递或外卖时，尽量选择零接触配送服务，避免与配送人员接触。收到快递或外卖后，先用消毒湿巾或 75% 酒精擦拭外包装再打开，以降低受感染风险。

c. 避免接触野生禽畜。

• 避免接触禽畜、野生动物及其排泄物和分泌物，避免购买活禽和野生动物。

• 避免前往动物农场和屠宰场、活禽动物交易市场或摊位、野生动物栖息地等场所。必须前往时要做好防护，尤其是职业暴露人群。

- 避免食用野生动物。不要食用已经患病的动物及其制品；要从正规渠道购买冰鲜禽肉；食用禽肉蛋奶时要充分煮熟；处理生鲜制品时，切菜板及刀具等器具要生熟分开并及时清洗，避免交叉污染。

d. 增强自身免疫力。提高免疫力以预防新型冠状病毒感染。适当地锻炼身体，选择适合自己的运动，增强体质；养成良好的生活习惯，避免不良嗜好，均衡饮食，不食用生冷油腻和辛辣刺激的食物，多喝水，多吃新鲜蔬果；作息规律，避免长期劳累和熬夜，保证充足的睡眠；保持良好的心情；等等。在居家隔离期间，也要经常开窗通风，呼吸室外新鲜空气。室内可以养殖一些绿色植物、观赏鱼等，也有益于调节心情。

e. 做好健康监测，发现问题及时就医。接触他人请佩戴口罩，避免带病上课、聚会。每日自觉进行健康监测，如有发热、咳嗽、咽痛等可疑症状，应及时报告学校或社区相关人员，做好防护后及时就近就诊。若出现新型冠状病毒性肺炎可疑症状（如发热、咳嗽、咽痛、胸闷、呼吸困难、四肢肌肉酸疼等），应根据病情，及时到医院发热门诊就医，前往医院时，尽量避免乘坐地铁、公共汽车等交通工具，就诊时应主动告知医生类似病人或动物接触史、旅行史，以及发病后的活动轨迹和接触人群，配合医生开展相关调查。

f. 接种疫苗。新型冠状病毒疫苗是针对新型冠状病毒的疫苗，用于临床使用的新冠疫苗安全性与有效性均得到相应的证实。目前，我国有多款疫苗，包括灭活疫苗、重组新型冠状病毒疫苗、重组蛋白疫苗获批了附条件上市或者获准了紧急使用。其他技术路线的疫苗随着研发的进展，也会陆续上市。

规律接种疫苗后产生的抗体可以预防疾病的发生，根据目前国际疫情形势来看，疫情仍将持续较长时间，随时都可能因为传染源的引入而导致新冠疫情在国内流行甚至暴发，建议大家尽快接种疫苗，早日获得免疫力、保护力。另外，较高的接种率可提高人群的免疫屏障，有效预防疾病的暴发。

二、高校突发公共卫生事件

（一） 突发公共卫生事件的概念及特征

突发公共卫生事件是指突然发生，造成或者可能造成社会公众健康严重损害的重大传染病疫情、群体性不明原因疾病、重大食物和职业中毒及其他严重影响公众健康的事件。

突发公共卫生事件的特征主要有：

1. 突发性

突发公共卫生事件是不可预测、不以人的意志为转移的，虽然存在着发生征兆和预警的可能，但往往难以准确地把握事件的起因、规模、事态的变化、发展趋势及影响的深度和广度等。

2. 危害性

突发公共卫生事件直接关系到人类的生存和发展，与人们的利益休戚相关。它不但给人民群众造成身体、经济和精神上的伤害，而且会影响政治局面的稳定，破坏经济建设，危及正常的工作和生活秩序，甚至威胁人类的生存。

3. 复杂性

由于突发公共卫生事件发生突然，时间紧迫，缺乏充足的有效信息，其现场抢救、控制和转运救治、原因调查及善后处理涉及多系统多部门，十分复杂。

4. 紧迫性

突发公共卫生事件发生后，事件发展非常迅速，如果处理不及时，会造成巨大损失。它要求事件的管理者必须在有限的时间里获取充分有价值的信息，分析事件发生的原因、程度、影响，找到有效的应对措施。因此，必须采取一系列应急措施，才能在短期内控制突发事件。

5. 国际互动性

伴随着全球化进程的加快，突发公共卫生事件的发生具有一定的国际互动性。经济全球化在人员、物资大流通的同时，也带来了疫情传播的全球化。一些重大传染病可能通过交通、旅游、运输等各种渠道向国外进行远距离传播，不仅给原发区，也给其他地区或全球带来巨大灾难。

（二） 突发公共卫生事件的影响

突发公共卫生事件可预见性差，波及面广，发病人数多，死亡率高。特别是进入21世纪之后，自然灾害、传染病流行、环境危害、食品药品安全事件引起的各类突发公共卫生事件，不仅对人民的健康和生命安全造成了极大伤害，而且对经济发展和社会稳定构成了巨大的威胁。

突发公共卫生事件造成的间接损失同样不可忽视。例如，事故灾害发生后，有更多的人在各种突发事件中致病、致伤和致残，公众的生活节奏被打乱，公众心理也会受到巨大冲击。另外，由于突发公共卫生事件的发生而产生的救援、灾后恢复等需要大量的物力、人力支持，将会对国家的经济造成一定的影响。

（三） 高校突发公共卫生事件的应对

高校突发公共卫生事件是指在学校内突然发生，造成或者可能造成师生员工身体健康严重伤害的传染病疫情、群体性不明原因疾病、群体性异常反应、食物和职业中毒及其他严重影响师生员工身体健康的公共卫生事件。

各高校均制定了《突发公共卫生事件应急处理预案》，包括公共卫生突发事件等级确认与划分、情况报告与信息发布、应急反应、善后与恢复等内容。一旦遇到校园突发公共卫生事件，学校就会启动突发公共卫生事件应急处理规范程序。

每个学校都有公共卫生管理三级网络，第一级为学校公共卫生管理领导小组，第二级为各院系、各部门的党政领导，第三级为各院系办公室及年级辅导员。所以，学生一旦遇到突发公共卫生事件，要做到以下几点：第一，务必第一时间向院系辅导员报告，这样的话就可以早发现、早隔离、早治疗，及时采取措施，控制事件在校园蔓延；第二，配合学校宣传、普及突发公共卫生事件防治知识，提高全体师生员工的防范意识和校园公共卫生水平，加强日常检测，及时汇报；第三，听从学校统一管理，遵照医务人员要求，不得自作主张；第四，要遵守学校突发公共卫生事件情况汇报和信息发布程序，不得自行向社会发布相关信息。

三、案例与分析

案例一： 2020 年 7 月 17 日，在怀安县某村，16 岁少年李某与家人在家中食用了其父亲在村里的小卖部购买的真空包装鹌鹑蛋、火腿肠、凤爪、小鱼等副食，搭配祖母从另一家小卖部购买的速冻水饺作为晚饭食材。随后一家人相继出现恶心、呕吐、头晕、乏力等症状，李某因病情加重转院至张家口市某医院急救中心，后经抢救无效身亡。7 月 19 日，医院对李某及其家人的血液、呕吐物进行检测，均检测到剧毒 A 型肉毒毒素，诊断为急性重度肉毒毒素中毒（食源性）。

案例分析： 本案例属于肉毒毒素引起的食物中毒，肉毒毒素全称肉毒杆菌素，是肉毒杆菌产生的毒素，具有很强的毒性，极少量就足以致人中毒。一般情况下，肉毒毒素因为厌氧的特点，往往存活于无氧或氧气稀少的状态下。肉毒杆菌能够形成芽孢，在低酸性与中性 pH 下需要超高温瞬时灭菌或者 121℃ 下 20～30 min 才能杀灭。日常生活中接触的如火腿肠、罐头、真空包装食品等“熟食”都是容易含有肉毒杆菌芽孢的食物，如果只是“做熟”而没有经过彻底的加热，那么就可能存在芽孢。大学生平时要注意保持良好的饮食习惯，不吃没熟的食物。此案例中小卖部的食品可能不是来自规范生产的企业。在日常生活中选购食品时，也应选择在保质期内包装合格的正规产品。尤其是中性饮料、包装肉制品、罐头等，一定要从正规渠道购买。因为生产是否规范、杀菌是否完全，从食物外观是看不出来的，只能通过对商家的选择来保护自己。如果食品包装破损或者胀袋，如罐头等食品出现盖子“起包”等现象时，风险就很大，应该果断丢弃。此外，还要养成良好的卫生习惯，饭前便后要勤洗手。同时，学校要加强卫生监管，严格执行消毒制度。

案例二： 2020 年 10 月 15 日，江苏某大学发生肺结核病校园聚集性疫情。该校学生先后出现确诊病例 22 例、疑似病例 43 例。据该校学生反映，学校在 2019 年 8 月 21 日曾发现 1 例肺结核病例。

案例分析： 本案例属于结核病范畴。肺结核病是严重威胁人类健康的慢性传染病，是造成死亡人数最多的单一传染病，且具有一定的潜伏期。在该案例中，在发现第一例病例时，如果能够及时对所有密切接触者都筛查隔离，所有确诊患者都隔离入院治疗，并且做好校园的消毒清洁工作，便不会暴发后续的多人感染。我国是肺结核病发病大国。最近十年，我国肺结核每年新发患者人数超过 80 万。根据国家卫健委披露的全国法定传染病疫情情况中，每年我国新增肺结核患者 100 多万，数量仅次于乙肝患者，传染病防治法已将肺结核病定为乙类传染病。根据国家卫健委、教育部联合印发的《学校结核病防控工作规范（2017 版）》，学校应该将结核病检查项目作为新生入学体检和教职员工常规体检的必查项目，对大学新生采用肺结核可疑症状筛查和胸部 X 光片检查，重点地区和重点学校可开展结核菌素皮肤试验。作为人口聚集区的校园，自然成了肺结核病的高发区。预防和应对肺结核病，大学生应养成勤开窗通风的习惯；保证充足的睡眠，合理膳食，加强体育锻炼，提高抵御疾病的能力；咳嗽、咳痰2周以上，应当怀疑得了肺结核病，要及时就诊；当出现肺结核病可疑症状或被诊断为肺结核病后，应当主动向学校报告，不隐瞒病情、不带病上课，同时注意不随地吐痰，咳嗽、打喷嚏时掩口鼻、戴口罩等，可以减少肺结核病的传播。

第二节 大学生饮食安全

一、饮食安全

俗话说："民以食为天，食以安为先。"食品是人类赖以生存和发展的基本物质，是人类生活中最基本的必需品。随着经济的迅速发展和人们生活水平的不断提高，食品产业获得了空前的发展。在食品的三要素中（安全、营养、食欲），安全无疑是消费者选择食品的首要标准。近些年来，国内层出不穷的食品安全事件，如苏丹红、瘦肉精、三聚氰胺等事件，使得食品安全成为社会关注的热点问题。食品安全不仅关系到广大师生的身体健康和生命安全，而且直接关系到高等院校的学生能否健康地学习、完成学业，也直接关乎高校和社会的稳定。掌握一定的食品安全知识，对于学生的健康成长有着十分重要的意义。

食品安全危害是指饮食对人体健康有潜在的或现实的危害因素，包括生物、化学及物理性的危害，对人体健康和生命安全造成危险。食品安全危害可以发生在食物链的各个环节，其差异较大。传统的食品危害因素主要有以下几种类型。

1. 生物性危害

生物性危害主要指生物（尤其是微生物）本身及其代谢过程、代谢产物（如毒素）对食品原料、加工过程和产品的污染。常见的生物性危害包括细菌、病毒、霉菌危害，还包括某些昆虫、动物、寄生虫危害等。

（1）细菌危害。

细菌危害是指细菌及其毒素产生的生物性危害。按其形态，细菌分为球菌、杆菌和螺形菌；按其致病性，细菌分为致病菌、条件病菌和非致病菌。食品中细菌对食品安全和质量的危害表现在两个方面。

① 引起食品腐败变质。

② 引起食源性疾病。若食品被致病菌污染，将会造成严重的食品安全问题。

食品中常见的致病菌有沙门氏菌、变形杆菌、副溶血性弧菌、致病性大肠杆菌、蜡样芽孢杆菌、肉毒梭状芽孢杆菌、葡萄球菌肠毒素、气单胞菌、肺炎克雷白杆菌及椰毒假单胞菌等。

（2）病毒危害。

病毒非常微小，不仅肉眼看不见，而且在光学显微镜下也看不见，需用电子显微镜才能察觉到。病毒对食品的污染不像细菌那么普遍，但一旦发生污染，产生的后果将非常严重。病毒必须在宿主细胞内才能生长繁殖，在食品中不能繁殖，但食品为病毒提供了良好的保存条件，使病毒能在食品中残存较长时间。病毒一般通过直接或间接的方式由排泄物传染到食物中。携带病毒的食品加工者可导致食品的直接性污染，而污水则常导致食品的间接性污染。食品中常见的病毒有肝炎病毒、诺瓦克病毒及一些与肠炎有关的病毒。

（3）寄生虫危害。

寄生虫是一类专门从寄主体内获取营养的机体。畜禽、水产是许多寄生虫的中间宿主，如果不小心食用了含有寄生虫的畜禽和水产品后，就可能感染寄生虫。例如，吸虫中间宿主是淡水鱼、龙虾等节肢动物，生吃或烹调不适，会使人感染吸虫。食品中常见的寄生虫有囊虫、旋毛虫、弓形虫等。

（4）霉菌危害。

食品中霉菌危害主要包括霉菌及其毒素对食品造成的危害。霉菌可以破坏食品的品质，有的产生毒素，造成严重的食品安全问题。例如，黄曲霉素、杂色曲霉素、赭曲霉素可以导致肝损伤，并具有很强的致病作用。与细菌毒素不同，霉菌毒素可以耐受高温。

生物性危害具有较大的不确定性，难以分析和控制。在我国，食品中微生物危害导致的食品安全问题在总数中占很大比重，是影响食品安全的头号敌人。据卫健委统计，通过突发公共卫生事件网络直报系统收到的全国食物中毒类突发公共卫生事件报告中，因生物性食物中毒导致的中毒人数最多。

2．化学性危害

食品中的化学性危害是指食品在生产、加工、保管过程中由有毒的外来化学物质混入，污染食物而引起的危害。化学性危害能引起急性中毒或慢性积累性伤害，包括天然存在的化学物质、残留的化学物质、加工过程中人为添加的化学物质、偶然污染的化学物质等。化学性危害来源较为复杂，种类繁多，主要有三种来源：一是来自生产、生活和环境中的污染物，包括天然有害化学物质及人工合成有害化学物质；二是天然物质，如河豚毒素、贝毒素及有害重金属等；三是人工合成的有害化学物质，如农药、兽药等。食品中的化学性危害可能对人体造成急性中毒、慢性中毒、过敏，影响身体发育、生育，甚至导致致癌、致畸、致死等后果。

（1）重金属。

重金属如汞、镉、铅、砷等，均为对食品安全有危害的金属元素。食品中的重金属主要来源于三个途径：

① 农用化学物质的使用、工业三废的污染。

② 食品加工过程中使用不符合卫生要求的机械、管道、容器及食品添加剂中含有毒金属。

③ 作为食品的植物在生长过程中从含高金属的地质中吸取了有毒重金属。

（2）自然毒素。

许多食品含有自然毒素，如发芽的马铃薯（土豆）含有大量的龙葵毒素，可引起中毒或致人死亡；鱼胆中的毒素能损害人的肝肾和心脑，造成中毒和死亡；霉变甘蔗中含3－硝基丙酸，可致人死亡。自然毒素有的是食物本身就带有，有的则是细菌或霉菌在食品中繁殖所产生的。

（3）农用化学药物。

食品植物在种植生长过程中，使用了农药杀虫剂、除草剂、抗氧化剂、抗生素、促生长素、抗霉剂及消毒剂等，或畜禽鱼等动物在养殖过程中使用抗生素、合成抗菌药物等，这些化学药物都可能给食物带来危害。世界各国对农用化学药物的品种、使用范围及残留量均做了严格限制。

（4）洗消剂。

洗消剂是一个常被忽视的食品安全危害。主要原因有：

① 使用非食品用的洗消剂，造成对食品及食品用具的污染。

② 不按科学方法使用洗消剂，造成洗消剂在食品及用具中的残留。例如，有些餐馆使用洗衣粉清洗餐具、蔬菜或水果，洗衣粉中的有毒有害物质，如增白剂等，造成对食品及餐具的污染。

（5）滥用食品添加剂。

食品添加剂的超剂量、超范围使用等。

（6）食品包装材料、容器与设备。

塑料、橡胶、涂料、陶瓷、搪瓷及其他材料带来的危害。

（7）食品中的放射性污染。

各种放射性同位素污染食品原料等造成的危害。鱼类等水产品对某些放射性核素有很强的富集作用，因此需特别引起重视。

（8）其他化学性危害。

化学性危害情况比较复杂，污染途径较多，上面讲的是一些常见的、主要的化学性危害，还包括一些其他情况引入的化学性危害，如N-亚硝基化合物、多氯联苯、多环芳族化合物等。

3．物理性危害

物理性危害主要指生产、加工、运输、保管过程中由原材料、包装材料等一些外来物质混入造成的危害，与化学性危害和生物性危害相比，物理性危害往往肉眼看得见。物理性危害包括碎骨头、碎石头、铁屑、木屑、头发、蟑螂等昆虫的残体、碎玻璃及其他可见的异物。物理性危害不仅对食物造成污染，而且也损害身体健康。

二、食物中毒

（一）食物中毒

学校人群密集，是食物中毒的多发地。学校发生食物中毒事故的危害性极大，轻则引起身体不适，重则造成多脏器损害，严重的甚至可危及生命，给学校、社会和家庭造成不可估量的损失。

所谓食物中毒，是指摄入了本身含有生物性、化学性有毒有害物质的食品，或食用了被细菌或其毒素污染的食物，或食用了含有毒化学成分的食物而引起的非传染性的急性中毒性疾病。食用河豚、发芽的土豆、毒蘑菇；食用被葡萄球菌、沙门氏菌、肉毒杆菌、大肠杆菌污染的食物，食用含有三聚氰胺、塑化剂、瘦肉精等的食物，都容易引起食物中毒。

食物中毒一年四季都可能发生，但我国的食物中毒事件具有明显的季节性。夏季和秋季多于冬季和春季，夏秋两季气温较高，湿度较大，微生物繁殖快，食物容易变质，为食物中毒事件的高发期。发生食物中毒事件时，应立即诊治并报告当地疾病预防控制中心进行调查，防止再发生此类事件。高校有关部门必须注意食物新鲜，合理保存，烧熟煮透，避免交叉污染，加强食具消毒、环境卫生及炊事人员的安全防护意识和个人卫生等，并做好广大师生的卫生宣传教育工作，有效地预防各类食物中毒事件的发生。

（二） 食物中毒的标准及主要特征

（1）中毒病人在相近的时间内均食用过同一种食物或在共同的地点进餐，有共同的进餐史。

（2）短时间内大量出现相同或相似症状的病人，发病急剧，呈暴发性，病程较短。

（3）不吃这种食物不发病，停止供应该种食物后中毒症状不再出现。

（4）没有人与人之间的传染过程。

食物中毒一般在用餐后 4 ~ 10 h 发病，高峰期出现在用餐后 6 h 左右。食物中毒后的第一反应往往是腹部不适，中毒者首先会感觉到腹胀，一些患者还会出现腹痛症状，个别的还会发生急性腹泻。与腹部不适伴发的还有恶心，随后会发生呕吐并有急性胃肠炎的症状。

（三） 食物中毒的原因及分类

1. 食物中毒的原因

引起食物中毒的主要原因有：制作食品的原料质量低劣；生产、加工、储存、运输、销售及烹调等各个环节把关不严，使食物受到各种有害因素的严重污染；食品加工从业人员本身带菌，或个人卫生习惯不好，造成对食品的污染；有毒化学物质混入食品中并达到中毒剂量；等等。人们进食以上食品后，都会引起食物中毒。

此外，误食有毒动植物也是引起食物中毒比较多见的原因，如将砒霜、碳酸钡、氟硅酸钠等误当成碱面（碳酸氢钠）做面食，将亚硝酸盐错当作食盐，等等。

2. 食物中毒的类型

依据病原学分类法，食物中毒大致分为细菌性食物中毒、有毒动植物食物中毒、化学性食物中毒、真菌毒素和霉变食物中毒四种类型。

（1）细菌性食物中毒。这是指由各种病原体污染食品而引起的食物中毒。此类能引起食物中毒的病原体（细菌）主要有：

① 沙门菌属，包括猪霍乱沙门菌、鼠伤寒沙门菌、肠炎沙门菌等。该菌为革兰氏阴性杆菌，需氧，不产生芽孢，无荚膜，绝大多数有鞭毛，能运动。对外界的抵抗力较强，在水和土壤中能活数月，粪便中能活 1 ~ 2 个月，在冰冻土壤中能越冬。不耐热，在 55℃ 温度下 1 h 或在 60℃ 温度下 10 ~ 20 min 即死亡，用 5% 石炭酸或 1∶500 浓度的汞 5 min 内即可将其杀灭。可污染的食品包括肉类、蛋类、奶类和豆类，水产品和其他食品也可被污染。

② 致病性大肠杆菌。大肠杆菌一般不致病，只有少量菌株具有致病性。该菌体外抵抗力较强，在室温下可生存数周，在土壤和水中可存活数月。各类食品均可受其污染，多由于加热不彻底或生熟交叉感染而引起中毒。这类食物中毒常发生在卫生较差的食堂和家庭。

③ 副溶血性弧菌（嗜盐菌）。该菌不耐热，在56℃温度下5 min即可杀死，在90℃温度下1 min灭活。对酸敏感，食醋中3 min即被杀死。无盐条件下不生长，故又称嗜盐菌。受污染的食品多为鱼、虾、蟹、贝类等海产品或咸菜，尤以生食海产品引起中毒者较为多见。

④ 葡萄球菌。引起食物中毒的多为金黄色葡萄球菌。在乳类及乳制品、含乳冷饮、肉类食物中极易繁殖，在剩饭菜中亦易生长，在30℃温度下经1 h后即可产生耐热性很强的外毒素。此菌污染食物后，在37℃温度下经6 ~ 12 h繁殖而产生肠毒素。此毒素对热的抵抗力很强，经加热煮沸30 min仍能致病。常因带菌炊事人员的鼻咽部黏膜或手指污染食物致病。

⑤ 肉毒杆菌。该菌广泛存在于土壤、淤泥、尘土和动物粪便中。受污染的食品主要为臭豆腐、豆酱、豆豉、面酱等。其他罐头瓶装食品、腊肉、酱菜和凉拌菜等也可能被污染。

除肉毒杆菌引起的细菌性食物中毒临床表现为神经系统症状（如头痛、头晕、乏力、走路不稳、视力模糊、语言不清、吞咽困难、声音嘶哑等）外，其他4类细菌引起的食物中毒都为消化系统的临床症状和体征，包括恶心呕吐、腹痛腹泻，大便大部分为水样，有的伴有黏液或脓血，体温有的可升高。这些症状和体征虽然不是确诊细菌性食物中毒的特异性依据，但结合实验室检查则不难确诊。

（2）有毒动植物食物中毒。这是指食用了河豚、动物甲状腺、鱼类组胺、毒蕈、木薯、发芽马铃薯等所引起的食物中毒。最常见的有毒动物中毒为河豚中毒。最常见的有毒植物中毒为毒蕈中毒。我国已知食用蕈300多种，毒蕈100余种。常见的毒蕈有毒伞、白毒伞等。毒蕈中毒后有些人表现为恶心呕吐、腹痛腹泻等消化系统症状；有些人出现流涎、多汗、脉缓、瞳孔缩小等神经系统症状；有些人出现黄疸、血尿、贫血等溶血症状；有些人出现肝功能异常、肝萎缩、肝昏迷、肾肿大、肾坏死等肝肾功能损害的症状。

除此之外，食用含氰甙的果仁、鲜黄花菜、未煮熟的四季豆、未去皮壳的白果、粗制棉籽油等都会引发食物中毒。

（3）化学性食物中毒。这是指食用了某些重金属、类金属化学物或亚硝酸盐、农药等引起的食物中毒。常引起化学性食物中毒的原因有：食品在生产、加工、运输、储存、销售过程中受到这些化学性毒物的污染；环境中的化学污染物通过食物链和生物富集作用而转移到作为食品的动物体内；误服，如错将砷化物、亚硝酸盐当作食盐，将钡盐当作明矾；等等。化学性食物中毒的发生多属偶然或缺乏基本的化学常识，虽然在高校中比较少见，但少数精神病患者和心理不健康的大学生会用之服毒自杀。故应加强对大学生的心理健康教育，严格规范有毒化学物的管理，防止此类食物中毒的发生。

（4）真菌毒素和霉变食物中毒。这是指因摄入含有大量霉菌毒素污染的食物而引起的食物中毒。引起此类食物中毒常见的霉变食物主要有赤霉病麦、霉变甘蔗、黑斑病甘薯等。

近年来，食物中毒在我国呈现多发态势。据国家卫健委统计。2017 年以来，在我国食物中毒的致病因素中，细菌性食物中毒的事件数和中毒人数最多，占食物中毒事件总数和中毒总人数的 30% 和 60% 左右，致病因素主要为沙门氏菌、副溶血性弧菌、金黄色葡萄球菌等，这三种致病因素引起食物中毒的事件数和中毒人数占细菌性食物中毒的 70% 和 75% 左右。真菌性食物中毒引起死亡人数最多，占死亡总人数的 60% 左右。

植物性食物中毒中四季豆引起的食物中毒事件数及中毒人数最多，分别占植物性食物中毒事件总数及中毒总人数的 35% 和 75%。化学性食物中毒事件中亚硝酸盐引起的食物中毒事件数及中毒人数最多，占化学性食物中毒事件总数及中毒总人数的 50% 左右。

在我国高校内部发生的食物中毒中，以细菌性食物中毒占绝大多数，其中又以沙门菌属引起者为多。

（四） 大学生预防食物中毒的举措

对每个大学生来说，加强个人的卫生防疫意识，养成良好的个人卫生习惯，是预防食物中毒的最佳途径和有效方法。要有效地预防食物中毒，大学生必须做到“六要”“六不要”。

1. 预防食物中毒的六要举措

（1）良好的卫生习惯对预防食物中毒很重要，做到饭前便后要洗手。

（2）公用餐具要消毒，聚餐时实行分餐制。

（3）自己的食品要看好。

（4）选择新鲜安全的食品，购买食品要查证。

（5）生吃蔬菜水果要清洗干净，必要时可以削皮。

（6）搭配饮食要合理。

2. 预防食物中毒的“六不要”举措

（1）不要吃含毒食品。

（2）不要吃太多的腌制食品。

（3）不要吃海鱼内脏。

（4）不要吃不认识或来源不明的食物。

（5）不要吃剩饭菜、剩牛奶及隔夜凉茶。

（6）不要吃不卫生的饭店或摊点的食物。

3. 购买食品时的注意事项

大学生购买食品时要做到“五注意”。

（1）注意看经营者是否有营业执照，其主体资格是否合法。

（2）注意看食品包装标志是否齐全，注意看食品外包装是否标明商品名称、配料表、净含量、厂名、厂址、电话、生产日期、保质期、产品标准号等内容，不能买没有厂名、厂址等无卫生保证的产品。

（3）注意查看销售环境是否干净整洁。尤其在购买直接入口类散装食品时，要仔细查看经营户是否具有符合卫生要求的洗涤、消毒、储存和温度调节等设施设备。对于生产经营环境狭小、混乱，无法保障食品安全的场所，消费者要慎重选择。

(4) 注意看经营者操作是否规范。《中华人民共和国食品安全法》明确规定，食品从业人员必须持有效健康证明，经营直接入口食品和无须清洗即可加工的散装食品的销售人员操作时须戴口罩、手套和帽子。

(5) 注意保留好购物时的发票凭证。在采购时应当向商家索要并妥善保存购货凭证，一旦发生食品安全问题，可以凭此证来进行合理维权。

（五） 食物中毒的急救措施

据统计，食物中毒绝大多数发生在每年的7月、8月、9月三个月份。临床上表现为以上吐、下泻、腹痛为主的急性胃肠炎症状，严重者可因脱水、休克、循环衰竭而危及生命。因此，一旦发生食物中毒，千万不能惊慌失措，应冷静地分析发病的原因，针对引起中毒的食物及服用的时间长短，及时采取如下应急措施：

1. 催吐

如果服用时间在1～2 h内，可使用催吐的方法。立即取食盐20 g加开水200 mL溶化，冷却后一次喝下，如果不吐，可多喝几次，以迅速促进呕吐。也可用鲜生姜10 g捣碎取汁用200 mL温水冲服。如果吃下去的是变质的荤食品，则可服用十滴水迅速促进呕吐。有的患者还可用筷子、手指或鹅毛等刺激咽喉，引发呕吐。

2. 导泻

如果病人服用食物时间较长，已超过3 h，而且精神较好，则可服用些泻药，促使有毒食物尽快排出体外。一般用大黄30 g一次煎服，老年患者可选用元明粉20 g开水冲服，即可缓泻。对老年体质较好者，也可采用番泻叶15 g一次煎服，或用开水冲服，这样也能达到导泻的目的。

3. 解毒

如果是由于吃了变质的鱼、虾、蟹等引起的食物中毒，可取食醋10 mL加水200 mL，稀释后一次服下。此外，还可采用紫苏30 g、生甘草10 g一次煎服。若误食了变质的饮料或防腐剂，最好的急救方法是灌服鲜牛奶或其他含蛋白的饮料。

如果经上述急救，症状未见好转，或病人中毒较严重，应尽快送医院治疗。在治疗过程中，要给病人以良好的护理，尽量使其安静，避免精神紧张，注意休息，防止受凉，同时补充足量的淡盐开水。

三、酗酒

（一） 过量饮酒的危害

据测定，饮下白酒约5 min后，酒精就会进入血液，随血液在全身流动，人的组织器官和各个系统都会受到酒精的毒害。过量饮酒会造成大脑、肝脏、神经系统和消化系统的损伤。短时间大量饮酒，可导致酒精中毒，中毒后首先影响大脑皮质，使神经有一个短暂的兴奋期，喝醉的人往往胡言乱语；继之大脑皮质处于麻醉状态，其言行失常，昏昏沉沉不省人事；若进一步发展，生命中枢麻痹，心跳、呼吸停止以致死亡。

研究表明，平均每天饮白酒10 g，有75%的人在15年内会出现严重的肝脏损害，还会诱发急性胆囊炎和急性胰腺炎。大量饮酒会使心率增快，血压急剧上升，极易诱发脑卒中。长期饮酒还会使肝脏发生脂肪变性，严重影响肝脏的正常功能。

长期酗酒还会导致心血管疾病，造成身体营养失调和引起多种维生素缺乏症。因为酒精中不含营养素，经常饮酒者会食欲下降，进食减少，势必造成多种营养素的缺乏，特别是维生素 B1、B2、B12 的缺乏，还影响叶酸的吸收。酗酒的人饮食习惯不好，会导致多余的脂肪增加，形成啤酒肚，影响身体健康。长期酗酒还会导致线粒体（线粒体能为细胞的生命活动提供场所，是细胞内氧化磷酸化和形成 ATP 酶的主要场所，有细胞“动力工厂”之称）无法自我修复，影响肌肉的再生能力，最终导致肌肉无力。

酗酒对社会也具有极大的危害，因为酗酒是一种病态或异常行为，可构成严重的社会问题。酗酒者通常把酗酒行为作为一种因内心冲突、心理矛盾造成的强烈心理势能发泄出来的重要方式和途径。酗酒者常常期望通过酗酒来消除烦恼，减轻空虚、胆怯、内疚、失败等心理感受。如果全社会对酗酒现象熟视无睹，不采取有效措施加以规劝，酗酒者就可能危害社会治安，如偷盗、杀人、家庭暴力等。这并非耸人听闻，我国每年因酗酒肇事立案的高达 400 万起，全国每年有 10 万人死于车祸，而 1/3 以上的交通事故与酗酒及酒后驾车有关。全世界每年有超过 230 万人因酗酒而死亡，酗酒是导致人类死亡的第五大杀手。

酒精在人体内的分解代谢主要靠两种酶，一种是乙醇脱氢酶，另一种是乙醛脱氢酶。乙醇脱氢酶能把酒精分子中的两个氢原子脱掉，使乙醇分解成乙醛。而乙醛脱氢酶则能把乙醛中的两个氢原子脱掉，使乙醛分解成乙酸，乙酸再分解成二氧化碳和水。人体内若具备这两种酶，就能较快地分解酒精，中枢神经就较少受到酒精的作用。在一般人体中，都存在乙醇脱氢酶，而且数量基本上是相等的。大多数人缺少乙醛脱氢酶。因乙醛脱氢酶的缺少，使酒精不能完全分解成无害的乙酸，而是以乙醛的形态继续留在体内，人就会产生恶心欲吐、昏迷不适等醉酒症状。因此，酒量小者，即属于乙醛脱氢酶数量不足或完全缺乏的人。酒量较大者，如果饮酒过多、过快，超过了两种酶的分解能力，也会发生醉酒。

（二） 饮酒问题上的不当观念和错误做法

引起人们酗酒的原因是多方面的，对于一个大学生来说，要特别注意以下不当观念和错误做法的出现：

（1）“今朝有酒今朝醉”“借酒消愁”。其实质是逃避现实、自暴自弃。药能医病，但酒不能解愁。

（2）片面理解“酒逢知己千杯少”，认为交朋友离不开饮酒作乐。事实上“酒肉之交”未必靠得住。

（3）错误地认为“男子汉天生应当会喝酒”。其实，用这种标准来衡量“男子汉”未免有失偏颇。

（4）为达到预定目的而特地设酒摆宴，饮酒为名，交易是实。

（5）逢场作戏，为“助兴”而即席端杯，或出于好奇而涉足，这种人容易成为被摆弄的对象。

(6) 硬着头皮充好汉，在酒桌上，“舍命陪君子”“一醉方休”。这种人大多酒量并不大，总想博取他人的心悦诚服，而最终往往授人以笑柄。凡此种种，不一而足。其中不乏陈腐观念和陈规陋习，有些则是嗜酒者自欺欺人贪杯的借口。

（三） 学会拒绝别人劝酒和预防酗酒

1. 学会拒绝别人劝酒

不要把不会喝酒当作一种遗憾，人群中滴酒不沾者毕竟占大多数。要做到始终如一地禁酒，尤其在亲朋相聚、朋友相约的场合。不要被一些“这是难得的聚会”“今天不同寻常”之类的言语所打动。这时最好要注意几点：第一，开席即声明自己不会喝酒；第二，拒绝要有礼貌，但是态度要坚决，不要给人以“假客气”的错觉；第三，主动倒上一杯饮料或茶水作陪；第四，不喝酒是一种权利，态度要大方。

2. 预防酗酒

无论是自斟自饮还是群饮，都不要忘了“节制”“适度”，同时要注意几个细节问题：第一，饮酒之前先吃点东西，空腹酣饮最容易醉倒；第二，“干杯”本是礼节性的辞令，演化到“一饮而尽”，当属误用，应避免“干杯”，低酌浅饮最有风度；第三，量力而行，适可而止，记住自己的酒量；第四，喝酒已感到不适，产生反应时，想象一下自己和他人醉酒后的难堪情景。

3. 了解醉酒过程，群饮时做到相互关照

多人在一起喝酒，最容易发生酗酒和醉酒。醉酒往往有一个过程，从语言上看，大体经历如下四个阶段：

第一阶段，直言快语。相互之间，好言劝酒，也有怀抱某种目的，选中某个特定对象甜言蜜语集中相劝。

第二阶段，豪言壮语。酒过数巡，有了几分醉意，往往出言不逊，漫天夸海口，大话不绝于耳。有此征兆，明智的选择是停止饮下去。

第三阶段，胡言乱语。当酒量过度，不胜酒力者酒性开始发作，神志不清，思维紊乱，语无伦次。然而，无休止“再干最后一杯”的情景恰巧在这个时候最容易出现，此时的鼓动行为无异于落井下石。

第四阶段，不言不语。这是醉酒后无可奈何、身不由己的一种表现形式，情况严重的，必须采取治疗救护措施。

应该指出的是，一个真诚的人是不忍看到自己的同窗好友酒后出洋相的。同学之间应该相互关照，知己知彼，当止则止，己所不欲勿施于人，以免失节、失当、失度，产生不应有的后果。

（四） 酒精中毒的救护措施

酒精（乙醇）中毒又称醉酒，是由于一次性饮用大量的酒引起的中枢神经系统的兴奋或抑制状态。表现为眼部充血，面部潮红或苍白、眩晕、呕吐；言语增多，语无伦次，含糊不清；动作笨拙，步态蹒跚；严重者可出现昏迷、大小便失禁、呼吸衰竭甚至死亡。酒精中毒的救护措施包括：

(1) 轻度中毒者只需卧床休息，注意保暖。

(2) 对呕吐者，使其侧卧，防止呕吐物进入呼吸道引起窒息。

(3) 对严重者，要及时拨打“120”电话，并报告老师。

(4) 对呼吸、心跳停止者，立即进行心肺复苏。

四、科学饮食的注意事项

1. 吃饭不要太快

良好的饮食习惯与健康的身体之间存在直接关系。现代社会，由于生活工作节奏过快，很多人逐渐养成“风卷残云”般进食的习惯。吃东西太快，消化道负担过重，也容易引发口腔、食道烫伤和刮伤，因此，吃东西太快是不可取的进食方式。

2. 饮食有度，不暴饮暴食

饮食要定量，不能吃得过饱，特别是过节期间容易吃撑，造成肠胃不适。暴饮暴食不仅会破坏胃肠道的消化、吸收功能，甚至会引起急性胃肠炎、急性胃扩张和急性胰腺炎，而且由于膈肌上升，影响心脏活动，还可诱发心脏病等，如果抢救不及时，会危及生命，所以最好的预防办法就是自我节制，饮食有度，使胃肠道有规律地蠕动和休息，从而增加食物的消化和吸收率，使胃肠道的功能保持良好状态，减少胃肠疾病的发生。

3. 饮食有规律

要注意按时按点吃饭，不要因为贪玩、贪睡，扰乱正常的饮食规律，使肠胃不适应而造成消化功能紊乱。节假日和节假日过后，常出现消化不良、身心疲惫等现象，饮食不规律是主要原因。

4. 饮食宜清淡，多食用新鲜蔬菜和水果

随着人们生活水平的提高，餐桌上有鱼有肉已经司空见惯，摄入过多的肉类会为身体提供大量蛋白质，加重胆囊、胰腺等消化器官的负担，容易诱发胆囊炎、胰腺炎。如在节假日期间活动量减少，多吃少动会使肥胖、高血压、糖尿病等疾病的发病率升高。

新鲜的蔬菜和水果可以为人体提供丰富的维生素和无机盐等营养素，蔬菜、水果中含有的丰富膳食纤维，通过胃肠道的刺激吸水膨胀，在预防和治疗便秘方面作用非常明显。多吃蔬菜水果还能让情绪变得更加稳定。

5. 主食不可忘

主食是我们能量的主要来源，它主要是碳水化合物，特别是淀粉。现在的主食有五大类，分为米、面、杂粮、豆类、薯类，谷类及米是中国人的主要能量来源，而糙米、全麦、玉米、大黄米、燕麦、大麦、高粱等粗杂粮也是我们常见的主食之一。另外，绿豆、小豆、扁豆、芸豆、蚕豆等杂豆也在主食的范围之内，它们的蛋白质是普通粮食的两到三倍。薯类，包括马铃薯、甘薯、木薯、芋头、山药等也可以作为主食来食用。除了米、面、杂粮、豆类、薯类之外，有一些含淀粉的坚果和种子，如莲子、薏米、栗子等也可作为主食。世界卫生组织推荐适宜的膳食能量结构是碳水化合物55%～65%、脂肪20%～30%、蛋白质11%～15%。运动的时候，机体主要靠碳水化合物来供能，并且为肌肉和大脑提供能量，但是碳水化合物和蛋白质、脂肪不同，它在身体里的储备非常有限，如果运动的时候得不到充足的碳水化合物供应，将会出现肌肉疲劳、无动力等症

状。不仅如此，如果膳食中长期缺乏主食，还会导致血糖含量过低，产生头晕、心悸、脑功能障碍等问题，严重者甚至会出现由低血糖导致的昏迷，所以长期不吃主食是不行的。

6．不吃久存变质及腌制的食品

腐败变质的食品中常含有细菌分泌的毒素和食品腐败产物，会干扰人体的新陈代谢，影响人体组织的正常功能。如果食物出现了变质的情况，那就不要再吃了，否则会影响身体健康，得不偿失。例如，食用油久存易被黄曲霉菌污染，蔬菜保管不好会长白霉菌，腐烂水果中的展青毒素会使神经麻痹，还是肾功能衰竭的诱发因素，促人早衰。有些霉变食品产生的毒素甚至有致癌作用，如黄曲霉素等就属于此类。

各种腌制食物也是我们生活中常见的，如腌制腊肉、腌制腊肠、腌制酸菜、腌制咸鱼、腌制生姜等。腌制食品含硝酸盐和亚硝酸盐，硝酸盐可还原成亚硝酸盐。腌制食品主要有如下危害：

（1）加重肝脏、肾脏负担。

腌制食品大多为高钠食品，大量进食可导致盐分摄入过多，影响身体的水平衡，造成血压波动及肝肾功能损害。

（2）诱发溃疡和发炎。

腌制的食品，维生素 C 被大量破坏，其成分几乎为零。如果大量进食，就会导致人体维生素 C 缺乏，进而导致抵抗力下降，引起各种炎症和溃疡，甚至很容易引起各种疾病。

（3）易中毒。

腌制食物在腌制过程中，常被微生物污染，如果加入的食盐量小于 15%，蔬菜中的硝酸盐可被微生物还原成亚硝酸盐，人若进食了含有亚硝酸盐的腌制品后，会引起中毒。其症状为皮肤黏膜呈青紫色，口唇和指甲床发青，重者还会伴有头晕、头痛、心率加快等症状，甚至昏迷。

（4）易结石。

腌制类的蔬菜含有较多的草酸和钙，由于草酸酸度高，食用后不易在肠道内形成草酸钙被排出体外，反而会被大量吸收，草酸钙就会结晶沉积在泌尿系统中，形成结石。

（5）易致癌。

食品在腌制过程中可产生大量的致癌物质亚硝胺，人若大量食用腌制食品，提高了鼻咽癌、食道癌等恶性肿瘤的发病风险。此外，由于高浓度的盐分可严重损害胃肠道黏膜，喜欢食用腌制食品的人，胃肠炎症和溃疡的发病率较高。

五、海姆立克急救法

食物、异物卡喉常见于进食或口含异物时嬉笑、打闹或啼哭而发生，由于气道被堵塞后患者无法进行呼吸，造成病人窒息或严重呼吸困难，表现为突然呛咳、不能发音、呼吸急促，严重者可迅速出现意识丧失，甚至人因缺氧而意外死亡。一旦发生这种情况，千万不要叩击病人的背部，或将手指伸进口腔取异物，应迅速与医院联系并在将病人转运医院的同时，立刻使用海姆立克急救法对其进行现场急救。

海姆立克急救法也称为海氏手技，是美国医生海姆立克先生发明的。1974 年他首先应用该法成功抢救了一名因食物堵塞了呼吸道而发生窒息的患者，从此该法在全世界被广泛应用，拯救了无数患者，人们也将其称为“生命的拥抱”，是目前世界上比较公认的有效治疗急性呼吸道阻塞的急救法。

海姆立克急救法常采用站位法。急救者首先以前腿弓、后腿蹬的姿势站稳，然后使患者坐在自己弓起的大腿上，并让其身体略前倾。然后将双臂分别从患者两腋下前伸并环抱患者。左手握拳，右手从前方握住左手手腕，使左拳虎口贴在患者胸部下方、肚脐上方的上腹部中央，形成“合围”之势，然后突然用力收紧双臂，用左拳虎口向患者上腹部内上方猛烈施压，迫使其上腹部下陷。由于腹部下陷，腹腔内容上移，迫使膈肌上升而挤压肺及支气管，这样反复有节奏、有力地进行，形成的气流将异物从气管内冲出。施压完毕后立即放松手臂，然后再重复操作，直到异物被排出。病人应配合，头部略低，嘴要张开，以便异物吐出。

发生急性呼吸道异物阻塞时如果身边无人，患者也可以自己实施腹部冲击，手法相同，或将上腹部压向任何坚硬、突出的物体上（如沙发、椅子靠背），并且反复实施。

对于极度肥胖者，若发生呼吸道异物堵塞，应当采用胸部冲击法，姿势不变，只是将左手的虎口贴在患者胸骨下端即可，注意不要偏离胸骨，以免造成肋骨骨折。

对于意识不清的患者，急救者可以先使患者成仰卧位，然后骑跨在患者大腿上或在患者两边，双手两掌重叠置于患者肚脐上方，用掌根向前下方突然施压，反复进行。

如果患者已经发生心搏停止，此时应按照心肺复苏的常规步骤为患者实施心肺复苏，直到医务人员到来。

据不完全统计，我国每年因吞咽异物或气管异物阻塞等引起意外窒息而死亡的儿童有近 3 000 名。2018 年 7 月，江苏无锡一儿童被一粒葡萄卡住喉咙导致窒息，家长束手无策，医生立即用海姆立克急救法进行急救，反复几次，孩子吐出一颗完整的葡萄，并很快神志清醒，转危为安。被噎住之后的 3 min 之内是抢救的黄金时间。如果大家懂得一点急救常识，能在第一时间做出反应，或许就不会出现这么多的悲剧。

六、案例与分析

案例一： 2020 年 10 月 5 日，黑龙江省鸡西市某社区居民王某及其亲属在家中聚餐，食用了自制酸汤子（用玉米水磨发酵后做的一种粗面条样的主食），引发中毒，造成 9 人死亡。调查得知，该酸汤子食材已在冰箱冷冻一年，经过流行病学调查和疾控中心采样检测后，在玉米面中检出高浓度米酵菌酸，同时在患者胃液中亦有检出，初步定性为由椰毒假单胞菌污染产生米酵菌酸引起的食物中毒。

案例分析： 本案例属于细菌性食物中毒范畴。椰毒假单胞菌是一种存在于酵米面、变质鲜银耳及其他淀粉类发酵食品中的食源性致病菌，可产生毒黄素和米酵酸两种毒素，毒性极强，病死率达 40% ~100%，是致死率相当高的细菌毒素，其特点是烧不死、煮不灭。食物一旦被污染，120℃下处理 1 h 仍可保持毒性，且没有特效解毒药。如果病人中毒剂量大，只能靠透析解毒。银耳、木耳泡发时间不宜过长，湿米粉尽快吃完，变质的食品尽早丢掉。一定要到正规渠道购买食材，并查看产品原包装上的生产日期、保质期和储存方式。如果吃饭过程中或饭后出现不舒服的症状（肚子不舒服、恶心呕吐、头晕、无力等），怀疑发生食物中毒，立即停止进食，尽快就医。学校在食品的采购、加工过程应该严格按照规程办事，在操作过程中生熟食物要分开加工，同时要注意水源。

案例二：2017 年 1 月 15 日晚，在参加完导师组织的聚餐后，26 岁的硕士研究生史某倒在宿舍里，当晚他被送医，经抢救无效后死亡。而在一个多月前，他刚被保送该校的博士生。记者获得的聚餐菜单显示，5 桌师生共计消费 5 630 元，含 18 瓶酒（白酒 13 瓶、黄酒 5 瓶）。参加聚餐的师生近 50 人，男女不详，包括史某的导师在内，共有 4 名老师在场。

案例分析：这是一起因饮酒过度引发猝死的事件。聚餐本是一件无可非议的事，聚餐为大家提供了广泛交流的机会。但同时，“无酒不成席”的观念也在大学生中根深蒂固，大学生聚餐时，往往三杯两盏下肚，就演变为以酒会友，一醉方休。过度饮酒已成为影响大学生身心健康的一大威胁。殊不知健康、和谐的人际关系，并非建立在你来我往、觥筹交错的餐桌上、酒桌上，靠的还是学业、工作、感情上的密切交流，日常生活中的尊重包容和互帮互助。史某事件令人惋惜，发人深省。

第四章 >>>

大学生人身财产安全

第一节 预防财物被盗

一、校园财物盗窃案件的特点

大学生由于社会经验不足，往往不善于保管自己的钱物，且他们集体生活，给不法分子实施犯罪提供了可乘之机，因此大学生的财产就成了不法分子侵害的重点对象。

（一） 大学盗窃案件的主要形式

1. 内盗

内盗是指盗窃作案分子为学校内部人员，在校园内实施的盗窃行为。据有关资料统计，在高校发生的盗窃案中，内盗案件就占一半以上。作案分子利用自己熟悉盗窃目标的优势，寻找最佳作案时机，因而易于得手。这类案件具有隐蔽性和伪装性。

2. 外盗

外盗是相对于内盗而言的，是指盗窃作案分子为校外社会人员，在校园内实施的盗窃行为。他们冒充学校人员或以找人为名进入校园内，盗取学校资产或师生财物。这类人员作案时往往携带作案工具，如螺丝刀、钳子等，作案时不留情面。

3. 内外勾结盗窃

内外勾结盗窃即学校内部人员与校外社会人员相互勾结，在校园内实施的盗窃行为。这类案件内部主体的社会交往关系比较复杂，与外部人员有一定的利害关系，往往结成团伙，形成盗、运、销一条龙。

（二） 大学盗窃案件的主要特征

一般盗窃案件都有以下共同点：实施盗窃前有预谋准备的窥测过程；盗窃现场通常遗留痕迹、指纹、脚印、物证等；盗窃手段和方法常带有习惯性；有被盗窃的赃款、赃物可查。基于客观场所和作案主体的特殊性，高校盗窃案件还有以下特征：

1. 时间的选择性

盗窃作案分子为了减少违法犯罪风险，在作案时间上往往进行了充分的考虑，因而其作案时间大多选在无人的空隙时段，如上课时间、学生夜间熟睡后或学校举办大型活动期间等。

2. 目标的明确性

高校盗窃案件特别是内盗案件中，盗窃作案分子的盗窃目标比较明确。大家每天都生活、学习在同一个空间，加上同学间互不存在戒备心理，贵重物品随便放置，作案分子盗窃时很容易得手。

3. 技术的先进性

在高校盗窃案件中，作案主体具有特殊性，高智商的人较多，有些盗窃作案分子就是大学生。在实施盗窃过程中，他们对技术运用的程度较高，自制的作案工具独特先进，其盗窃技能明显高于一般盗窃作案人员。

4. 作案的连续性

“首战告捷”以后，盗窃作案分子往往存在侥幸心理，加之报案的滞后和破案的延迟，作案分子极易屡屡作案而形成一定的连续性。

5. 动机的复杂性

（1）追求享乐摆阔气。少数学生受“金钱至上”等价值观的影响，贪图虚荣，比享受，花钱如流水，以至见钱眼开，见利忘义，久而久之，他们便不择手段，打起了行窃的歪主意。

（2）经济透支无来源。有少数学生本来经济条件不好，加之花销大，债台高筑，又没有新的经济来源支持，个别学生开始行窃，逐步滑向犯罪的深渊。

（3）寻求报复泄私愤。这类盗窃作案分子仅仅是出于对他人或对集体的一种报复。有的是出于变态的不平衡心理，看不惯有钱的学生大大方方地花钱而进行偷盗；有的则因为与同学有其他矛盾转而去偷他的钱物，并加以损毁，从中获得快意。

（4）心理扭曲变态。这类作案分子心理扭曲变态，患有盗窃癖，偷盗只是为了得到心理上的满足。

（三） 大学盗窃案件的主要手段

盗窃作案分子往往针对不同环境和地点，选择对自己较为有利的作案手段，以获得更大的利益。

1. 顺手牵羊

盗窃作案分子趁人不备将放在桌椅、床铺等处的钱物信手拈来，占为己有。

2. 乘虚而入

盗窃作案分子趁主人不在、房门抽屉未锁之机行窃。较之“顺手牵羊”，其手段更为毒辣，行窃胃口更大，造成的损失往往更惨重。

3. 窗外钓鱼

盗窃作案分子用竹竿、铁丝等工具，在窗外或阳台处将室内衣物、书包钩出，有的甚至利用钩到的钥匙开门入室，进行盗窃。

4. 翻窗入室

盗窃作案分子利用房屋水管等设施翻越窗户入室行窃。作案分子窃得钱物后，往往堂而皇之地从大门离去。

5. 撬门扭锁

盗窃作案分子利用专用工具将门上的锁具撬开或强行扭开入室行窃。入室后，盗窃作案分子又用同样的方法撬开抽屉、箱柜等。这是外盗分子惯用的主要手段。他们下手毒辣，毫不留情，不放过任何值钱的东西。

6. 盗取密码

盗窃作案分子有意获取他人存折与信用卡密码并伺机到银行盗取现金。这类手法常见于内盗案件，并且以关系较好的同室或“朋友”作案较多。

7. 偷配同学的钥匙

盗窃作案分子用同学随手乱放的钥匙，秘密配置相同的钥匙，伺机作案行窃。有的甚至直接用同学的钥匙打开橱柜，窃得财物。被盗同学不良的生活习惯给了盗窃作案分子以可乘之机。

（四） 易发生盗窃案的时间、地点和物品

1. 易发生盗窃案的时间

（1）新生入学期间。由于新生刚入校，人生地不熟，加之防范意识较差，偶尔有陌生人到寝室来也误认为是其同学的老乡或熟人，不加盘问，从家里带来的现金和贵重物品未能及时妥善管理好而被窃贼盯上，造成财物丢失。尤其军训期间，宿舍长时间无人，容易被盗。

（2）开学期间。开学初是案件的高发时段，同学们返校后大多忙于课程，且从家里带来的财物较多，常因保管不善造成财物被窃。

（3）临近放假期间。这个时段学生因忙于考试和准备回家，很多人警惕性不高，给窃贼提供了可乘之机。

（4）毕业离校期间。毕业生由于很快就要离开母校，走上工作岗位，心情非常舒畅，加上繁杂事务牵扯精力，放松了警惕，让犯罪分子有机可乘。

（5）上午一、二节课期间和晚自习时。由于学校在这个时间段安排的通常是主要课程，绝大多数学生都要去上课，寝室里无人，窃贼很容易下手。同时，调查也表明，这个时间段主要以内部人员作案为主。上晚自习时，如相连的几个寝室人走空，也可能被盗。

（6）晚上学生睡觉期间。由于一些寝室的学生思想麻痹大意，安全防范意识差，晚上睡觉不关门或寝室门虚掩，极易引发盗窃案件。凌晨2点至4点学生熟睡时是盗窃案的高发时间。

其他时间还有：学校在组织运动会等大型活动时，学生宿舍人员少，易被盗；校园发生和处置突发事件时，人们的注意力往往集中到某一点上而无暇顾及其他，盗窃分子往往会乘虚而入，浑水摸鱼。

2. 易发生盗窃案的地点和物品

据调查，高校失窃案件有一个特点，那就是专门在高校作案的团伙都有固定的“地盘”，而且多是多次重复作案的惯犯。很多专偷高校的小偷都是从顺手牵羊逐渐发展到进入宿舍盗窃大宗财物的。高校失窃的地点主要集中在五个场所：食堂、宿舍、教室、图书馆、运动场。每个场所容易被盗窃的物品不尽相同，教室和运动场最容易丢的是手机、钱包和书包；图书馆、食堂最容易丢的是书包、笔记本电脑（占座）；宿舍被小偷偷走

的东西则多是贵重物品，如现金、笔记本电脑、照相机、手机等。

（五） 易发生盗窃案的主要原因

1. 大学生安全防范意识差

大多数大学生在短暂外出时不关门，对现金、手机、电脑等贵重物品保管不严，随处乱放，门锁坏了也不及时修理，门窗不牢，钥匙保管不当，对外来人员不闻不问。统计资料显示，高校的盗窃案件有 80% 以上是由于没有做好防范工作造成的。

2. 大学生法制观念淡薄，缺乏自制力

有些大学生不学法，不懂法，更谈不上守法，甚至把违法犯罪视为一般的道德问题。法制观念淡薄、道德水准低下的大学生极易走上犯罪的道路。

3. 高校体制改革中出现的新情况

(1) 随着高等教育的不断发展，每年的高考录取率不断提高，学生素质差距较大，层次也更复杂，并且相互交叉，流动性大，再加上学校的教育管理一时跟不上，以致学生成为高校盗窃案件的多发群体。

(2) 高校的后续管理功能相对落后，特别是治安管理机制不健全，防范措施不到位，最终导致盗窃案件的发生。

(3) 校园建设增多，涌进大量外来人员，这些人员素质各异，来源复杂，一些犯罪分子混杂其中，给校园治安管理增加了难度。

师生员工群防群治意识差。有些师生员工认为学校的安全工作与自己无关，在这种思想的支配下，很难参与到学校的治安防范工作中去。

二、校园财物盗窃案件的防范与措施

（一） 居安思危，提高自我防范意识

一般防盗的基本方法是意防、人防、物防和技防等。其中意防（即意识防范）是预防和制止盗窃犯罪可靠、有效的方法。对大学生而言，提高防范意识，做好防盗工作，这不仅是个人的事，也是全校师生共同关心的大事。只有人人参与其中，群防群治，才能真正有效地控制和防范盗窃案的发生。事实上，发生在大学生周围的盗窃案件大部分是由大学生自身的防范意识淡薄而引起的，大学生不注意对自身财物的保管，给盗窃作案分子以可乘之机。

在日常学习和生活中，大学生应从以下几个环节上加强安全意识培养，提高防盗能力。一是大额现金不要随意放在身边，应就近存入银行，同时办理加密业务，将存折和印鉴、密码、身份证分开存放，最好不将自己的生日、手机或家庭电话号码、学号作为自己的存折或信用卡的密码，防止被他人轻易破解。二是贵重物品（如电脑、照相机等）不用时最好锁起来，以防被顺手牵羊者盗走。三是不要怕麻烦，随手关窗锁门。四是相互关照，勤查勤问，对陌生人要多留一个心眼。五是积极参与安全值班，共同维护集体利益。

（二） 遵守纪律，落实学校的安全规定

为营造一个安全的学习环境，学校有关部门制定了相关的管理制度来规范大家的日常行为，但有些同学常常为了自己的一时之便，置学校的纪律于不顾，违反规定，结果给自己和他人造成财物损失。

（1）不随意留宿他人。大学生因在宿舍违规留宿造成被盗的例子很多，应该从中吸取教训。日常生活中，同学、老乡、朋友来访本是很正常的，但有些同学对来访的人并不十分了解，又碍于情面，宁可违反学校的有关规定，也不做对不起朋友、老乡的事。江湖义气实不可取。同时，也要谨慎交友，勿讲哥们义气，少交酒肉朋友，防止引狼入室，更不能同流合污，成为盗贼的帮凶。

（2）爱护公共财物，保护门窗和室内设施完好无损。有些同学在平时忘带钥匙后，为图省事，毁锁开门，还有部分学生将衣柜、书桌的锁具损坏。这些公物损坏后又不及时报修，致使寝室的门、柜形同虚设，起不到任何保护财物的作用。

（三） 提高修养，养成良好的生活习惯

据有关调查研究表明，盗窃作案分子的盗窃欲望在许多情况下是受到盗窃目标的诱惑与刺激而产生的，大学生们日常生活中的不良习惯也给盗窃作案分子提供了机会。如大额现金有意无意在别人面前显现，价值贵重的手机、计算机、照相机等随意摆放在室内，等等，这些都是盗窃案件易于发生的原因。因此，加强自身财物保管是减少被盗的有效途径。同时，要养成良好的行为习惯，注重宿舍内物品的有序存放，在教室、图书馆、操场及外出时不随便放置自己的物品，防止因“粗心”而遗漏。

（四） 发现被盗窃时的应对措施

（1）立即报告学校保卫部门，同时封锁和保护现场，不准任何人进入。不得翻动现场的物品，不可急于查看自己的物品是否丢失。这些对公安人员准确分析案情、正确判断侦察范围和收集罪证有十分重要的意义。

（2）发现嫌疑人，应立即报告学校保卫部门或直接拨打“110”电话报警，条件许可时组织同学进行尾随跟踪。

（3）配合调查，实事求是地回答公安部门和保卫人员提出的问题，积极主动地提供线索，不隐瞒。知情人员应当积极配合公安保卫部门的调查取证工作。有些大学生对身边发生的案件采取事不关己、高高挂起的态度；有些大学生在调查人员询问时不敢提供有关情况，怕别人打击报复，怕影响同学的关系；等等。这些做法都是错误的。学校保卫部门和公安机关有义务、有责任为提供线索的学生保密。

（4）如果发现银行卡（存折）被窃或遗失，应当第一时间挂失处理。

三、案例与分析

案例： 周六下午 2 点左右，大二学生李某一个人在宿舍睡午觉，醒来后，到隔壁宿舍溜达聊天，没有关门。十几分钟后回到宿舍，发现放在书桌上的手机、钱包（内有现金、银行卡、身份证等）不见了。李某及时报告了学校保卫部门。保卫部门调看了该同学宿舍附近的监控录像，发现在失窃的这段时间内，有一名形迹可疑的年轻人走进该宿舍楼层，并在李某报案、正在调取监控录像时走出了校门口。得知学生钱包里面还有身份证、银行卡后，学校保卫人员提醒李某挂失银行卡。等到李某查询并准备挂失银行卡

时，发现卡上的钱已经被取走了。学校保卫部门随即拨打“110”电话报警。几天后，盗窃作案分子被抓获。

案例分析：这是一起典型的宿舍外盗案例。发生盗窃的直接原因是：大学生没有随手关门，给了盗窃分子“乘虚而入”实施盗窃的机会；大学生没有妥善保管好自己的物品，贵重物品（手机、钱包等）随处放置在很显眼的位置，并长时间脱离自己的视线，盗窃分子“顺手牵羊”。据事后调查，李某被盗后，银行卡上的钱之所以被迅速取走，是因为他使用了自己身份证上的出生日期作为银行卡密码，盗窃分子盗走身份证和银行卡以后，尝试使用出生日期作为取款密码，结果取到了钱。这个案例警示我们：

第一，大学生要具有强烈的安全防范意识，不论何时何地都要注意保管好自己的贵重物品，无论是在学校的教室、图书馆、餐厅，还是在运动场，都要清楚地知道，学校里也会出现“贼”，你稍不注意，就有可能被盗。在学校新生报到、毕业生离校、学校举办大型活动等期间，当活动现场人员较多、比较杂乱的时候，就可能会有一些不法分子浑水摸鱼，实施盗窃。

第二，大学生要养成良好的学习和生活习惯，进出宿舍要及时关门。特别是住在一楼的同学，外出时要关闭门窗，防止被“窗外钓鱼”，盗走宿舍内物品。特别在夏天，有些同学图凉快，晚上睡觉时经常不关门，给了一些不法分子可乘之机。

第三，大学生要妥善保管好自己的银行卡、网银等密码。不要把银行卡与身份证放在一起，不要用自己的出生日期、学号等作为密码，否则很容易被别人破解并利用。即使在宿舍内部的同学之间，也不要随意泄露自己的银行卡和密码，以防被别有用心的人听到并利用。

第二节　预防财物被抢

大学生涉世不深，缺乏社会经验，遇险被抢后大多数人不敢反抗，因此，大学生往往成为犯罪分子选择的对象。在一定情况下，有时抢劫、抢夺案例转化为凶杀、伤害、强奸等恶性案件，给被害人精神造成很大伤害，严重影响大学生正常的学习和生活。

一、大学生预防抢劫、抢夺案件的措施

预防抢劫、抢夺案件的发生，要从思想上引起高度的重视，严格遵守学校制定的有关安全管理规定，并自觉落实到具体的行动中，不给犯罪分子以可乘之机。

（一）校纪校规要记牢

为确保大学生们的安全，高校都有相应的纪律规定。例如，不得擅自在外租房，要按时就寝，不得晚归，等等。但总有一部分学生经常晚归或夜不归宿，这就给犯罪分子作案提供了机会。

（二）外出结伴不独行

犯罪分子对大学生实施抢劫、抢夺，被抢对象多为单行者。因此，为了保护自身安

全，大学生外出务必结伴而行，晚上最好不外出。

（三） 仪表风度不装酷

少数大学生喜欢刻意装酷，这往往也给自己埋下祸根。

（四） 携带现金不要多

现金是犯罪分子抢劫的最主要的目标，大学生常由于携带现金且保管不慎而易被抢劫，因此务必引起高度警惕和注意。一定要将多余的现金及时存入银行，学费最好通过银行汇兑，平时只带少量的零花钱。

（五） 偏僻小道不能走

根据高校抢劫案的特点，大学生遭到抢劫多发生在比较偏僻、阴暗的地方。因而，为避免受到不法侵害，大学生应该选择校园内的大道走，特别在夜间，莫贪近路走一些偏僻小道。

（六） 校外网吧要少进

大学生不要光顾校外网吧，因为一些不法分子在手头较紧时，往往对经常出入网吧的大学生实施抢劫、抢夺或者敲诈勒索。这类案件在校园周围治安环境较差的地方常有发生。

二、大学生遭遇抢劫、抢夺时的应对措施

（一） 沉着冷静不恐慌

大学生无论何时遭抢劫，首先要保持镇定，克服畏惧、恐慌情绪；其次要有正义必然战胜邪恶的信念。只有这样，才能从精神和心理上压倒对方，继而以灵活的方式战胜对手。

（二） 力量悬殊不蛮干

犯罪分子实施抢劫作案，一般都做了相应的准备，要么人多势众，要么以凶器相逼。有的学生由于生性刚烈，往往鲁莽行事，易被犯罪分子伤害。

（三） 快速撤离不犹豫

俗话说，“三十六计走为上”。大学生若遇到抢劫，当对比双方力量，感到无法抗衡时，可看准时机向有灯光或人员集中的地方快速奔跑。犯罪分子由于心虚，一般不会穷追不舍，从而可有效避免抢劫案的发生。

（四） 巧妙周旋不畏缩

当大学生已处于犯罪分子的控制之下无法反抗时，可先交出部分财物，缓和气氛，再理直气壮地向作案人进行法制宣传教育或晓以利害，使犯罪分子心理上产生恐慌而终止作案，或在犯罪分子心理开始动摇、放松警惕时，看准机会反抗或逃脱。

（五） 留下印记不放过

大学生一旦遭遇抢劫，要注意观察作案人，尽量准确地记下其特征，如身高、年龄、

发型、体态、衣着、胡须、特殊疤痕、语言及行为等，还可趁其不注意，在作案人身上留下暗记，如在其衣服上擦墨水等，便于为公安机关侦破案件提供线索。

（六）大声呼救不胆怯

犯罪分子有其胆大妄为和凶悍的一面，更有其心虚的一面，只要大学生把握机会，及时呼救，一些抢劫案便可以得到有效的遏制。

三、案例与分析

案例：夜晚，某高校两名男女大学生在校外的一条僻静的林荫小道上散步，突然，一群小流氓围上来要强行搜身抢劫。女生吓得发抖，男生则镇定自若，掏出香烟和数百元钱，谎称自己也是道上混的，愿意和他们交个朋友。小流氓见他“爽快”，没有为难他们，拿了钱扬长而去。等他们走后，男生立即吩咐女生报案，自己悄悄尾随其后。不久，正在说笑分享“战果”的小流氓全部落入法网。

案例分析：这是一起典型的抢劫案例。发生抢劫的原因在于受害人只有一两个人，抢劫团伙却有好几个人，而且抢劫地点发生于偏僻、行人稀少的地方及夜晚的时候。两个大学生被抢劫后没有发生其他危及人身安全的情况，在于他们的冷静应对。所以，在遇到类似情况时，要做到以下两点：一方面，大学生遭到抢劫多发生在比较偏僻、阴暗、人员稀少的地方。因而，为避免受到不法分子的侵害，大学生应该选择校园内或公共场所活动，特别在夜间，莫贪近路走一些偏僻小道，或在校外活动很晚，迟迟不返回学校甚至夜不归宿。同时，学生外出不要携带贵重物品或佩戴贵重饰品，不携带较大金额的现金，更不要在外炫富。另一方面，遇到抢劫时，要保持冷静，巧妙周旋，尽快脱身，向人员密集的地方奔跑。当双方力量悬殊、难以脱身时，不冲动、不莽干，冷静思考，以保证自身人身安全为第一原则，同时注意观察作案人，尽量准确地记下作案分子的相关特征，以备事后报案，配合公安机关破案。

第三节　大学生意外伤害事故赔偿

一、高校与大学生的法律关系

法律关系是指法律在调整人们行为的过程中形成的特殊的权利和义务关系。或者说，法律关系是指被法律规范所调整的权利和义务关系。法律关系是以法律为前提而产生的社会关系，没有法律的规定，就不可能形成相应的法律关系。法律关系是以国家强制力作为保障的社会关系，当法律关系受到破坏时，国家会动用强制力进行矫正或恢复。

法律关系由三要素构成，即法律关系的主体、法律关系的客体和法律关系的内容。

在认定大学生伤害事故责任时，就必须弄清高校与大学生之间的法律关系。目前对于高校与大学生的法律关系，学界主要有监护转移说、特别权利关系说、合同关系说、教育与管理及保护说等。例如，教育与管理及保护说，《学生意外伤害事故处理办法》

中明确规定了高校负有的教育、管理、保护学生方面的义务和责任，《中华人民共和国教育法》《中华人民共和国高等教育法》等法律规定，高校具有组织实施教育教学活动等办学自主权和颁发学位学历证书及对受教育者实施奖励和处分等管理权利，《中华人民共和国教育法》同时也明确规定，学校负有“保护学生合法权利不受侵犯的义务”，高校对大学生具有教育、管理及保护关系。

二、大学生意外伤害事故的处置

（1）及时救助和告知义务：发生学生伤害事故，学校应当及时救助受伤害学生，并应当及时告知未成年学生的监护人；有条件的，应当采取紧急救援等方式救助。

（2）事故报告义务：发生学生伤害事故，情形严重的，学校应当及时向主管教育行政部门及有关部门报告；属于重大伤亡事故的，教育行政部门应当按照有关规定及时向同级人民政府和上一级教育行政部门报告。

（3）主管教育行政部门对事故处理的指导和协助：主管教育行政部门应学校要求或者认为有必要，可以指导、协助学校进行事故的处理工作，尽快恢复学校正常的教育教学秩序。

（4）受害人救济途径：发生学生伤害事故，学校与受伤害学生或者学生家长可以通过协商方式解决；双方自愿，可以书面请求主管教育行政部门进行调解。成年学生或者未成年学生的监护人也可以依法直接提起诉讼。

（5）调解时限：主管教育行政部门收到调解申请，认为必要的，可以指定专门人员进行调解，并应当在受理申请之日起60日内完成调解。

（6）调解处理方式：经主管教育行政部门调解，双方就事故处理达成一致意见的，应当在调解人员的见证下签订调解协议，结束调解；在调解期限内，双方不能达成一致意见，或者调解过程中一方提起诉讼，人民法院已经受理的，应当终止调解。调解结束或者终止，主管教育行政部门应当书面通知当事人。

（7）诉讼：对经调解达成的协议，一方当事人不履行或者反悔的，双方可以依法提起诉讼。

（8）事故处理报告：事故处理结束，学校应当将事故处理结果书面报告主管教育行政部门；对重大伤亡事故的处理结果，主管教育行政部门应当向同级人民政府和上一级主管教育行政部门报告。

三、案例与分析

案例：原告冯某与第一被告葛某是山西某大学同学，经常在宿舍一起用酒精炉等炊具做饭。6月的一天下午，被告葛某提议用酒精炉煮方便面，原告冯某决定帮葛某打鸡蛋。正在原告往方便面里打鸡蛋时，酒精炉中无酒精了，被告葛某在没有确认完全熄火的情况下，直接加入酒精，火迅速烧起来，致使旁边的冯某颈部至胸部烧伤，同宿舍其他同学随即将其送至医院治疗。后在校方主持下，原告冯某与被告葛某达成一次性赔偿协议，被告葛某支付冯某5万元，并将此事了结，互不纠缠，协议中承认事故与学校无关。协议履行完毕后半年，原告冯某向法院起诉，要求第一被告葛某与第二被告学校承担人身损害各项费用，共计约95万元，并认为第二被告学校管理不善，与第一被告葛某构成共同侵权人，要求根据《中华人民共和国民法通则》第一百三十条的规定，判决学校承担连带责任。

案例分析：本案中，冯某与葛某两人均为完全民事行为能力人，他们应该对自己的行为和后果有足够的判断能力、自我保护能力和承担能力，即便如此，高校仍然应该对学生尽到教育、管理、保护的责任。该案中，高校为了保证学生安全，制定了明确合理的教学生活规章制度（学生手册、公寓管理制度等），并对学生进行了必要的安全教育和法制教育（入学教育），为此还组织了考试，原告与第一被告均取得了良好的成绩，这说明高校尽到了教育职责，大学生对学校规章制度做到了明知。同时，针对大学生中存在违规使用电饭锅等物品可能导致的危害后果，高校设置了电流过载保护装置，并且不定期检查宿舍，以避免大学生违规使用不当物品造成危害，应该说学校完全尽到了合理注意义务，对原告造成的伤害没有过错。本案发生后，受害人由其他同学送至医院并陪护，直到多日后，原告亲属找到学校，学校才得知此事故的发生，这只能说明该高校学生管理工作有一定疏忽，但与原告的烧伤损害结果的发生没有因果关系，所以学校对此不承担民事责任。造成原告伤害的原因是：原告与第一被告葛某作为完全民事行为能力人，在学校明令禁止在宿舍使用酒精炉的情况下，仍然违反学校的有关规章制度，违规操作使用酒精炉，两人的行为直接结合，造成了原告烧伤的同一损害后果，他们的行为才构成共同侵权行为，原告本人和第一被告应该对这一伤害后果承担全部责任，并且是连带责任，而学校并没有实施直接的侵权行为，即使存在管理上的过错，也不是造成原告冯某伤害的直接原因，原告烧伤这一损害后果与学校管理的瑕疵并没有因果关系，学校与两学生的行为不属于共同侵权，学校不承担连带责任与按份责任。

由此可见，高校学生伤害事故中，由于学生是成年人，只有高校违反了对学生的安全保障义务，没有尽到合理注意义务，存在过错，才承担法律责任。在确定高校法律责任时，应以过错责任原则为主，由学生举证证明高校对学生伤害事故的发生有过错，在特殊情形下，适用过错推定原则，但排除适用无过错责任原则。这样才能真正兼顾高校和学生两者的利益，维护双方的合法权益。

第五章 大学生消防安全

火给人类带来了光明和温暖，火使人类的物质文明和精神文明得以不断发展，古人说得好，火“善用之则为福，不善用之则为祸”，一场无情的火灾，会顷刻间烧毁成千上万财物乃至残酷地摧残、夺去人们宝贵的生命。在社会生活中，火灾是威胁公共安全、危害人们生命财产的灾害之一。在大学校园里，火灾是威胁师生安全的重要因素。据有关统计资料表明，大学校园里火灾比盗窃所造成的经济损失要高出数倍。许多学校发生过火灾，有的学校甚至烧毁了实验楼或教学楼，严重影响了学校正常的生活、教学和科研秩序。至于发生在学生宿舍、学生食堂等区域的小火灾和火险，更是每年多达上千起，烧毁学生财物、烧伤学生的事例也屡见不鲜。因此，在校大学生应积极参与消防安全方面的教育，学习《中华人民共和国消防法》，不做挪用、私自移动和破坏消防设施、消防器材等违法的事情，了解必要的消防知识，掌握基本的防火与灭火技能，增强自我防范意识和自我保护能力，以预防和避免火灾事故的发生，切实维护国家、学校和个人财产及人身安全。火灾事故的严重性，在于它不发生则已，一旦发生，极有可能演变成不同于一般灾害的恶性灾难。

第一节 火灾防范措施

一、火灾防范措施

（一） 高校发生火灾的原因

历年来高校发生的火灾，大体上可分为以下几种：

1. 使用明火不慎，引起火灾

（1）违章点蜡烛。

蜡烛作为一种可以移动的火源，稍不小心，就可能烧熔、流淌或者倒下，遇可燃物容易引起火灾。正因为其具有火灾危险性，蜡烛已被许多高校禁止使用。但少数同学置若罔闻，最终酿成悲剧。

（2）违章点蚊香。

蚊香具有很强的阴燃能力，点燃后没有火焰，但能长时间持续燃烧，蚊香中心温度高达700℃，超过了多数可燃物的燃点，蚊香一旦接触到可燃物就会引起燃烧，甚至扩大成火灾。

（3）违章吸烟。

烟头表面温度达200℃～300℃，中心温度可达700℃～800℃，超过了棉、麻、毛织物、纸张、家具等可燃物的燃点，许多人对其“威力”认识不足，乱扔烟头，一旦烟头与可燃物接触就容易引起燃烧，甚至酿成火灾。

（4）违章使用灶具。

高校宿舍是同学们学习和休息的地方，但有的同学图方便常在宿舍里煮面条，还有的同学为了庆祝同学的生日，在寝室里吃火锅，等等。凡此种种，无一不给校园安全造成隐患，对同学们生命和财产构成威胁。

（5）违章烧废物。

使用明火，最易发生火灾，一旦其失去控制，马上便会转化为火灾。有的同学常常不以为然，随意在宿舍内焚烧废弃物。若靠近蚊帐、衣被等可燃物或火未彻底熄灭，人就离开，火星飞到这些可燃物上也能引起火灾。最终不仅自食苦果，还殃及他人。

（6）树林、草坪违章用火。

在树林或草坪吸烟、玩火、野炊、烧荒，都能引发火灾。因树林中有较多落叶、松子球和枯草，冬季草坪枯萎，特别在天气干燥时一遇火种，极易引发火灾。如某高校新校区树林发生火灾，过火面积近10亩。

2．电气火灾

电气火灾，除少数是设备上的原因外，大多数是由人为因素造成的。高校引起电气火灾的原因主要有如下几种：

（1）违章用电。

高校建筑物里的供电线路、供电设备都是按照实际使用情况设计的，在宿舍内使用大功率电器，如电炉、电饭锅、电吹风、电热水瓶等，容易使供电线路过载发热，加速线路老化而起火。例如，某高校一名学生在宿舍内使用电热杯，电源线拖在被子上，这时正好有同学找他有事，人就离开了宿舍，过了一段时间，发现宿舍往窗外冒烟，原因是用电超负荷，线路发热，绝缘层熔化，造成线路短路起火，低燃点的被子靠近线路，助长了燃烧。

违章加粗保险丝或用铁丝、铜丝代替保险丝，会造成线路超负荷，电器短路时保险丝不能熔断，引起线路燃烧；违章乱拉、乱接电线，容易损伤线路绝缘层，引起线路短路和触电事故。因此，大学生要遵守学校规定，不在学生宿舍使用大功率电器、加粗保险丝、乱拉乱接等，避免火灾的发生。

（2）使用电器不当。

严格按照电器使用说明书使用电器，否则极易诱发火情和火灾。例如，将60瓦以上的灯泡靠近纸等可燃物，长时间烘烤易起火；充电器长时间充电，又被衣被覆盖，散热不良，也能引起燃烧；使用电器不当也能引起火灾。例如，某学生使用电吹风时，突然停电，电源插头未拔，就离开宿舍，来电时又没有回宿舍，电吹风长时间工作，引起火灾。因此，大学生在电器使用完毕或停电时，都必须切断电源。

3．自燃现象及其他原因造成的火灾

在消防工作中，通常把可燃物质在空气中不经明火点燃就自动燃烧的现象，叫作自燃。要发生自燃必须有自燃物质，即指那些容易氧化或容易分解，并且它们在氧化和分解时会产生大量反应热的物质，自燃往往由它所处的环境条件决定。有了自燃物质，还得有自燃条件。物质要自燃，首先是氧化分解时，发生大量的反应热，而且必须处于蓄积热的状态，一般如果内部不蓄积热，其内部温度就不会上升，就不会发生自燃，因此热的积蓄是重要条件。

一些高大建筑物或配电间没有避雷装置，遭雷击后，强大的电流击穿建筑，引起可燃物着火。雷击破坏的形式有直接雷击、间接雷击和沿架空线引来的危险电位。

（二） 高校易发生火灾场所的火灾预防

防止火灾发生的关键，是做好火灾的预防。各级政府、各部门制定的消防法规和消防安全管理制度，以及单位制定的防火规定，都是在火灾事故教训的基础上总结出来的有效预防措施，大学生要认真贯彻执行消防法规，自觉遵守安全管理规定，预防火灾的发生。

1．学生宿舍防火

在宿舍，学生应自觉遵守宿舍安全管理规定，做到不乱拉、乱接电线；不使用电炉、电热杯、热得快、电饭煲等大功率电器；使用台灯、充电器、计算机等电器要注意发热部位的散热；室内无人时，应关掉电器和电源开关；不在宿舍内使用明火；不将易燃易爆物带进宿舍；不在宿舍内焚烧物品；发现安全隐患及时向管理人员或有关部门报告；爱护消防设施，不将灭火器材随意移动或挪作他用；等等。

2．实验室、研究室防火

在实验室、研究室学习或做实验时，一定要严格遵守实验室、研究室各项安全管理规定、安全操作规程和有关制度。使用仪器设备前，应认真检查电源、管线、火源、辅助仪器设备等情况。仪器放置位置应妥当，对操作过程应清楚，做好准备工作以后再进行操作。使用完毕应认真进行清理，关闭电源、火源、气源、水源等，还应清除杂物和垃圾。尤其涉及使用易燃易爆危险品时，一定要注意防火安全规定，按照规定一丝不苟地进行操作，对用剩的化学试剂，应送至规定的安全地点存放。

3．公共场所防火

车站、剧院、商场、歌厅等是人群密集的场所，近年来，多数公共场所都进行了不同程度的改造、装修，采用了大量的可燃材料，如幕布、垂帐、护墙板和木质柜台等。公共场所的舞台布景多是高分子泡沫材料，易燃且能产生有毒气体；加上电气设备多，用电量大，多条电线在舞台上移动，一旦发生火灾，后果不堪设想。因而公共场所火灾的预防尤为重要。在公共场所，要遵守消防安全制度和有关规定，做到不携带易燃易爆品如汽油、酒精等去公共场所；不吸烟或随地丢弃烟头、火种；不使用明火照明；不随便接触公共场所的电气设备开关；不玩弄电线，以免触电或引起短路；遵守公共场所秩序，不随意乱跑，不随意到放映室、舞台或柜台内触摸开关、按钮；等等。

4．树林草坪防火

校园内的树林、草坪等植被，不仅能美化环境、净化空气，还能起到防风固沙、涵养水源、调节气候和维持生态平衡等作用。枯草等地被植物及落到地上的枯枝、残叶、树皮和球果等都可成为引火物。一些树种如油松、侧柏、落叶松和桦树等树皮中含有油脂，大都容易燃烧，一旦发生火灾，很快就会蔓延开来，常常会带来巨大损失。所以在树林、草坪上开展活动时更要注意防火，要遵守有关消防法规，做到不使用明火，严禁做容易引起火灾的游戏；严禁在树林、草坪中吸烟；一旦发现火灾隐患，要及时向有关部门报告；秋冬季节及干旱天气时尤其要注意防火。

二、初起火灾的扑救与处置

初起火灾又称初期火灾，是火灾发生的初始阶段，一般在起火后的十几分钟内。在火灾的初起阶段物质燃烧的速度比较缓慢，火焰温度不高，燃烧放出的辐射热能较低，燃烧面积不大。在场人员如能采取正确的方法，利用简易的灭火器材，就能迅速地将火扑灭，但如果采取措施不当，就会造成火势扩大，增大火灾损失。

初起火灾的扑救通常指的是发生火灾以后专职消防队未到达火场以前对刚发生的火灾事故所采取的处理措施。无论是义务消防队人员，还是专职消防人员或一般居民群众，扑救初起火灾的基本对策与原则是一致的。在扑救初起火灾时，必须遵循“先控制后消灭、先重点后一般”的原则。

（一） 先控制后消灭

这是指对于不能立即扑救的火灾，要首先控制火势的继续蔓延和扩大，在具备扑灭火灾的条件时，展开灭火的扑救。对密闭条件较好的室内火灾，在未做好灭火准备之前，必须关闭门窗，以减缓火势蔓延。此外，还可采取断绝可燃物的方法控制火势的蔓延和扩大。如将附近的可燃物及时移至安全地点，对不能搬动的物体，采用不燃材料隔挡；对易燃、可燃气体，可关闭阀门，切断可燃物的供给；对于流淌的可燃液体，可用泥土、黄沙筑堤等方法，阻止其流向易燃、可燃物存放处。

（二） 救人

救人是指火场上如果有人受到火势的围困时，应急人员或消防人员首要的任务就是把受困的人员从火场中抢救出来。在运用这一原则时可根据情况，救人与救火同时进行，以救火保证救人的展开，通过灭火，从而更好地救人脱险。

（三） 抢救物资

抢救物资是指在扑救初起火灾时，要了解并认真分析火场情况，区别重点与一般，对事关全局或生命安全的物资要优先抢救，之后再抢救一般物资。

（四） 初起火灾的处置

对于电气线路、电器设备发生的火灾，首先应切断电源，然后用二氧化碳灭火器或干粉灭火剂灭火。只有当确定电路无电时，才可用水扑救。在没有采取断电措施时，千万不能用水或泡沫灭火剂灭火。

对于卧具、沙发等一般可燃物起火，可直接用水或灭火器进行扑救，也可采用湿棉被等覆盖在起火物品上扑救。

室内墙上消火栓箱内装有消防卷盘的（或称消防水喉），在使用时应先将其开关打开，将水喉拉至需灭火部位，然后再打开水喉喷头实施扑救。

发现起火后，无论火势大小，都应及时拨打“119”电话，向消防部门报警。火灾的发展难以预料，即使火势较小，若对起火物质的性质不了解，使用灭火器材不当或者灭火器材失效，扑救不力，均会造成火势越来越大。若等到火焰越来越大才报火警，将会由于错过了火灾初起阶段，导致火灾难以扑救，即使扑灭了也会造成重大财产损失。

同时，有些人存在错误的观念，在发生火灾时不及时报警。例如，错误地认为消防队灭火会收费，以及存在侥幸心理，以为自己能扑灭；发生火灾后，怕影响评先进、扣奖金，怕消防队来了影响不好、怕消防队批评、怕追究责任；有的单位甚至错误地规定报警需经领导批准才行。上述因素的存在严重延误了报警时间，往往使火灾不能得到及时控制，最终酿成重大和特大火灾，造成无可挽回的损失。所以说，“报警早，损失小”是无数次教训的总结，及时报警是起火后的首要行动之一。

三、案例与分析

案例一：某高校男生宿舍楼402室发生火灾，所幸无人员伤亡。

案例分析：经调查发现这次火灾是由烟头引起的，系该室一名男生7时40分起床后，点燃了一支烟，只吸了一半，发现上课时间快到了，就把吸了一半的烟放在床头的架子上，赶紧洗漱，然后关门去教室上课，完全忘记了点燃的烟头还放在床头。当烟头掉在被子上，经一定时间的阴燃后，引起了火灾。因此，大学生在宿舍、教室、实验室、图书馆等消防安全重点部位及其他公共场所都不要吸烟。

案例二：2008年3月19日下午4点左右，南京某高校3号男生宿舍楼突然起火，猛烈的大火很快将整间宿舍烧个精光，所幸没有人员受伤。据调查，这个宿舍存在私拉电线的现象，当天下午宿舍内的计算机一直没关，计算机发热引发了火灾。因此，大学生要遵守学校规定，不乱拉、乱接电源线，坚决避免因乱拉、乱接电线而引发火灾。

案例分析：学校对学生宿舍管理松懈、不规范，宿舍管理人员没有及时发现学生宿舍内存在的安全隐患；学生消防意识淡薄，违规用电导致火灾；在宿舍内私拉、乱接电线，让电器长时间运转，超负荷工作，且无人看管这些电器，为火灾发生埋下了“祸根”。大学宿舍都有较为完善的管理制度，如果学生能够严格遵守学校宿舍管理制度，这场火灾就可避免。

案例三：2018年3月22日，无锡某高校男生宿舍楼寝室突发火情，烧毁了该寝室内笔记本电脑1台，衣服、棉被、书籍等物品。经调查，起火原因是手机充电宝在无人时长时间给电池充电，充电宝发热引发火灾。

案例分析：学生宿舍内大量的易燃物品是潜在的危险，宿舍管理员责任意识差、安全意识淡薄，未能及时排查出这些隐患，或明知道这是隐患却视而不见，听之任之，最后酿成严重后果；违规使用电器，使用充电器时间过长，造成充电器过热，引燃物品，发生火灾。

案例四：2010年3月29日上午9点左右，沈阳某学校男生宿舍楼3楼突然起火，所幸及时扑灭，没有人员受伤。据调查，起火原因是私拉电线插板横穿被褥引发火灾。

案例分析：学校对学生进行消防安全教育宣传不到位，学生手册上明文禁止私拉、乱接电线，但依然有学生我行我素，这说明他们对消防安全知识了解得不够深刻，没有意识到后果的严重性。

案例五：2015 年 10 月，无锡某高校因电气故障引发车棚发生火灾，排除遗留火种、外来火种、雷击等可能外，无法排除电气故障引起的火灾，从而引燃该电动车和附近的电动车及其他易燃物，整个车棚和车棚内的电动车全被烧毁。

案例分析：由于电动车构件中使用了大量易燃的高分子材料，加上电动车长时间充电，引发电气故障造成火灾，而起火的原因不外乎是电线短路、接触电阻过大、过负荷及电池发热爆炸起火等。

第二节　逃生与自救

一、火场逃生的基本方法

在火灾中，被困人员应保持镇静，不要惊慌，不盲目地行动，选择正确的逃生方法。必须注意的是，火灾现场的温度一般十分惊人，而且烟雾会挡住视线。当我们在电影和电视里看到火灾场面时，一切都非常清晰，那是在浓烟以外的地方拍摄的。而火灾现场的能见度非常低，甚至在最熟悉的环境里也会搞不清楚窗户和门的位置，在这种情况下，更需要保持镇静，不能惊慌。

如果不幸被困火灾中，应当利用周围一切可利用的条件逃生。可以利用消防电梯、室内楼梯进行逃生，千万不能乘坐普通电梯逃生，因为普通电梯极易断电，没有防烟功效，火灾发生时被卡在空中的可能性极大。也可以利用阳台、过道及建筑物外墙的水管进行逃生。

发生火灾后，会产生浓烟，在浓烟中应采取低姿势爬行。火灾中热空气上升，大量的浓烟漂浮在上层，离地面较低的空间应该还有空气，应尽量采取低姿势爬行，头部尽量贴近地面。

在浓烟中逃生时，如果防护不当，容易吸入浓烟，导致昏厥或窒息，同时眼睛也会因受到烟的刺激而睁不开。此时，可以选用大型的塑料袋，将整个头罩住。如果没有大型塑料袋，也可用小型塑料袋遮住口鼻部分，供给逃生需要的空气。使用塑料袋时，一定要充分将其张开，但千万别用嘴吹开，因为吹进去的气体都是二氧化碳，效果适得其反。

如果晚上遇到火警，首先用手背去接触房门，试一试房门是否已变热，如果房门变热，不能打开房门，否则烟和火就会冲进房间；如果房门不热，火势可能还不大，通过正常的途径逃离还是有可能的。离开房间以后，一定要随手关好身后的房门，以防火势蔓延。

每个人都祈求平安，但天有不测风云，人有旦夕祸福。一旦火灾降临，在浓烟、毒气和烈焰包围下，不少人葬身火海，也有人死里逃生，幸免于难。面对滚滚浓烟和熊熊烈焰，只要冷静机智，运用火场自救与逃生知识，就有极大可能拯救自己。因此，多掌握一些火场自救的要诀，困境中也许就能获得第二次生命。

（一） 熟悉环境，暗记出口

当你处在陌生的环境中时，为了自身安全，务必留心疏散通道、安全出口及楼梯方位等，以便关键时候能尽快逃离现场。请记住：在安全无事时，一定要居安思危，给自己预留一条通路。

（二） 通道出口，保持畅通无阻

楼梯、通道、安全出口等是火灾发生时最重要的逃生之路，应保证畅通无阻，切不可堆放杂物或设闸上锁，以便紧急时能安全迅速地通过。请记住：自断后路，必死无疑。

（三） 扑灭小火，惠及他人

当发生火灾，如果发现火势并不大，尚未对人造成很大威胁，且周围有足够的消防器材（如灭火器、消防栓等）时，应奋力将小火控制、扑灭。千万不要惊慌失措地乱叫乱串，置小火于不顾而酿成大灾。请记住：争分夺秒，扑灭“初期火灾”。

（四） 保持镇静，明辨方向，迅速撤离

突遇火灾，面对浓烟和烈火，首先要强令自己保持镇静，迅速判断危险地点和安全地点，决定逃生的办法，尽快撤离险地。千万不要盲目地跟从人流和相互拥挤、乱冲乱串。撤离时要注意，朝外面空旷地方跑，要尽量往楼层下面跑，若通道已被烟火封阻，则应背向烟火方向离开，通过阳台、气窗、天台等往室外逃生。请记住：人只有沉着镇静，才能想出好办法。

（五） 不入险地，不贪财物

身处险境，应尽快撤离，不要因害羞或顾及贵重物品，而把逃生时间浪费在穿戴、搬离贵重物品上。已经逃离险境的人员，切莫重返险地，自投罗网。请记住：留得青山在，不怕没柴烧。

（六） 简易防护，蒙鼻匍匐

逃生时经过充满烟雾的路线时，要防止烟雾中毒和窒息。为了防止火场浓烟呛人，可用湿毛巾、口罩蒙蔽，匍匐撤离的办法。烟气较空气轻而飘于上部，贴近地面撤离是避免吸入烟气的最佳方法。穿过烟火封锁区，应佩戴防毒面具、头盔、阻燃隔热服等护具，如果没有这些护具，可向头部、身上浇冷水或用湿毛巾、湿棉被、湿毯子等将头、身裹好，再冲出去。请记住：多件防护工具在手，总比赤手空拳好。

（七） 善用通道，莫入电梯

按规范标准设计建造的建筑物都会有两条以上逃生楼梯、通道或安全出口。发生火灾时，要根据情况选择进入相对较为安全的楼梯通道。除可以利用楼梯外，还可以利用建筑物的阳台、窗台、屋顶等攀爬到周围的安全地点，沿着落水管、避雷线等建筑结构中的突出物滑下楼也可脱险。在高层建筑中，电梯的供电系统在发生火灾时随时会断电，因热的作用，电梯容易变形，导致人被困在电梯内。同时由于电梯井犹如贯通的烟囱般直通各楼层，有毒的烟雾可直接威胁被困人员的生命。请记住：逃生的时候，乘电梯极危险。

（八）缓降逃生，滑绳自救

高层、多层公共建筑内一般都设有高空缓降器或救生绳，被困人员可以通过这些设施安全地离开危险的楼层。如果没有这些专门设施，而安全通道又被堵，在救援人员不能及时赶到的情况下，可以迅速利用身边的绳索或床单、窗帘、衣服等自制简易救生绳，并用水打湿，从窗台或阳台顺着绳子缓慢下滑到下面楼层或地面，安全逃生。请记住：胆大心细，救命绳就在身边。

（九）避难场所，固守待援

假如用手摸房门已感到烫手，此时一旦开门，火焰与浓烟势必迎面扑来。逃生通道被切断且短时间内无人救援时，可创造避难场所、固守待援。首先应关紧迎火的门窗，打开背火的门窗，用湿毛巾、湿布塞堵门缝，或用水浸湿棉被蒙上门窗，然后不停用水淋透房间，防止烟火渗入，固守在房内，直到救援人员到达。请记住：坚盾何惧利矛。

（十）缓晃轻抛，寻求援助

被烟火围困暂时无法逃离的人员，应尽量待在阳台、窗口等易于被人发现和能避免烟火近身的地方。在白天可以向窗外晃动鲜艳衣物，或外抛轻型晃眼的东西；在晚上可以用手电筒不停地在窗口闪动或者敲击东西，及时发出有效的求救信号，以引起救援者的注意。请记住：充分暴露自己，才能争取时间有效地拯救自己。

（十一）火已及身，切勿惊跑

火场上的人如果发现身上着了火，千万不可惊跑或用手拍打。当身上衣服着火时，应赶紧设法脱掉衣服或就地打滚，压灭火苗；或及时跳进水中或向身上浇水、喷灭火剂。请记住：就地打滚虽狼狈，烈火焚身可免除。

（十二）跳楼有术，小损求生

跳楼逃生，也是一个逃生办法，但应该注意的是：只有在消防队员准备好救生气垫并指挥跳楼时，或楼层不高（一般4层以下），非跳楼即烧死的情况下，才采取跳楼的方法。跳楼也要讲技巧，跳楼时应尽量往救生气垫中部跳或选择有水池、软雨篷、草地等的方向跳；如有可能，要尽量抱些棉被、沙发垫等松软物品或打开大雨伞跳下，以减缓冲击力或减缓下落速度。如果徒手跳楼，一定要先扒住窗台或阳台，使身体自然下垂跳下，以尽量降低垂直距离，落地前要双手抱紧头部，身体弯曲，卷成一团，以减少伤害。请记住：跳楼不等于自杀，关键是要有办法。

（十三）身处险境，自救莫忘救他人

任何人发现火灾，都应尽快拨打“119”电话呼救，及时向消防队报火警。火场中的儿童和老弱病残者，他们本人不具备或者丧失了自救能力，在场的其他人除自救外，还应当积极救助他们尽快逃离险境。

每个人对自己工作、学习或居住所在的建筑物的结构及逃生路径要做到了然于胸，必要时可集中组织开展应急逃生演练，使大家熟悉建筑物内的消防设施及自救逃生的方法。经过演练，当火灾发生时，就不会觉得走投无路了。

二、火灾逃生易犯错误

高校人员相对集中，若火灾突然降临，会让火灾现场被困人员感到大难临头、惊慌失措、争相逃命、互相拥挤，从而造成大量人员伤亡。因此，在火灾发生初期，组织人员采取有效措施疏散被困师生，至关重要。

（一） 错误地冒险跳楼逃生

发生火灾时，当选择的逃生路线被大火封死，火势愈来愈大、烟雾愈来愈浓时，人们就很容易失去理智。此时，切记不要轻易跳楼、跳窗，而应另谋生路，万万不可盲目采取冒险行为。

当突遇火灾时，人们总是习惯向着有光、明亮的方向逃生。而这时的火场中，光亮之地正是火魔肆无忌惮地逞威之处。当人突然面临火灾威胁时，极易因惊慌失措而失去正常的思维判断能力。常见的盲目追随行为有跳窗、跳楼，逃（躲）进厕所、浴室、门角等。克服盲目追随的方法是：平时要多了解与掌握一定的消防自救与逃生知识，避免事到临头没有主见。

（二） 错误地从进来的原路逃生

这是许多人在火灾中逃生时会发生的行为。因为大多数建筑物内部的道路出口一般不为人们所熟悉，一旦发生火灾时，人们总是习惯沿着进来的出入口和楼道进行逃生，当发现此路被封死时，已失去最佳逃生时间。因此，当进入一幢新的大楼或宾馆等场所时，一定要对周围的环境和出入口进行必要的了解，查看消防逃生疏散图，以防万一。

三、火灾自救常识

（一） 人员密集场所失火自救

酒店、影剧院、超市、体育馆、教学楼和学生宿舍楼等人员密集场所一旦发生火灾，常因人员慌乱、拥挤而阻塞通道，发生互相踩踏的惨剧，或由于逃生方法不当，造成人员伤亡。发生火灾时应该注意：

（1）发现初期火灾，应利用楼层内的消防器材及时扑灭。

（2）要保持头脑清醒，千万不要惊慌失措、盲目乱跑。

（3）火势蔓延时，应用衣服遮掩口鼻，放低身体姿势，浅呼吸，快速、有序地向安全出口撤离。尽量避免大声呼喊，防止有毒烟雾进入呼吸道。

（4）离开房间后，应关紧房门，将火焰和浓烟控制在一定的空间内。

（5）利用建筑物阳台，避难层，室内设置的缓降器、救生袋、应急逃生绳等进行逃生，或将被单、台布结成牢固的绳索，牢固地系在窗栏上顺绳滑至安全楼层。

（6）逃生无路时，应靠近窗户或阳台，关紧迎火门窗，向外呼救。

要点提示

① 人员密集场所的安全门或非常用出入口都有明显标志，平时应多加留心。

② 千万不要乘电梯逃生。

③ 轻易不要跳楼，除非火灾已危及生命。

④ 下榻宾馆、酒店后，应特别留心服务方提供的火灾逃生通道图，或自行了解安全出口的方位。

⑤ 逃生时千万不要拥挤。

（二） 高楼失火自救

高层建筑楼道狭窄、楼层高，发生火灾不容易逃生，救援困难，而且常因人员拥挤阻塞通道，造成互相踩踏的惨剧。高楼发生火灾时应该注意：

（1）及时扑救。可利用各楼层的消防器材扑灭初期火灾。

（2）向下不向上。因火势向上蔓延，应用湿棉被等物作掩护快速向楼下有序撤离。

（3）关紧房门。离开房间以后，一定要随手关门，将火焰、浓烟控制在一定的空间内。

（4）注意防烟。用湿毛巾等物掩住口鼻，保持低姿势前进，呼吸动作要小而浅。带婴儿逃离时，可用湿布轻轻蒙在婴儿脸上。

（5）理性逃生。也可将被单、台布结成牢固的绳索，牢固地系在窗栏上，顺绳滑至安全楼层。

（6）等待救援。当通道被火封住，欲逃无路时，可靠近窗户或阳台呼救，同时关紧迎火门窗，用湿毛巾、湿布堵塞门缝，用水淋透房门，防止烟火侵入。

（7）靠墙躲避。因为消防人员进入室内救援时，大都是沿墙壁摸索行进。

要点提示

① 火场能见度非常低，保持镇静、不盲目行动是安全逃生的重要前提。

② 因供电系统随时会断电，千万不要乘电梯逃生。

③ 等待救援时应尽量在阳台、窗口等易被发现的地方等待。

④ 不要轻易跳楼。只有在消防队员准备好救生气垫或楼层不高的情况下，或者如不跳楼就会丧命的情况下，才能采取此方法。

⑤ 平时不要在公共通道堆放杂物，否则既容易引起火灾，也会妨碍火灾时的逃生及救援。

（三） 家庭失火自救

家庭火灾一般是由人们的疏忽大意造成的，常常事发突然，令人猝不及防，后果很严重。发生家庭火灾时应该注意：

（1）炒菜油锅着火时，应迅速盖上锅盖灭火。如没有锅盖，可将切好的蔬菜倒入锅内灭火。切忌用水浇，以防燃着的油溅出来，引燃厨房中的其他可燃物。

（2）电器起火时，先切断电源，再用湿棉被或湿衣物将火压灭。电视机起火时，要特别注意从侧面靠近电视机灭火，以防电视机爆炸伤人。

（3）往酒精火锅添加酒精时突然起火，千万不能用嘴吹，可用茶杯盖或小菜碟等盖在酒精罐上灭火。

（4）液化气罐着火，除可用浸湿的被褥、衣物等捂压外，还可将干粉或苏打粉用力撒向火焰根部，在火熄灭的同时关闭阀门。

（5）逃生时，应用湿毛巾捂住口鼻，背向烟火方向迅速离开。经过烟雾区时弯腰或爬行，如有可能，将一件针织衣服浸湿后套在头上，可以成为一个简单的防毒面具。用牙膏涂在暴露在外面的皮肤上，可以防止烫伤。身上着火，千万不能奔跑，因为奔跑时会形成一股小风，并带来大量新鲜空气，火会越烧越旺；这时应该把衣服脱掉或撕掉，如果来不及脱，就在地上打滚，将火苗弄灭。另外，身上带着火到处跑还会扩大着火的面积。

（6）逃生通道被切断、短时间内无人救援时，应关紧迎火门窗，用湿毛巾、湿布堵塞门缝，用水淋透房门，防止烟火侵入。

要点提示

① 不要围观火场，以免妨碍救援工作，或因爆炸等原因受到伤害。

② 家中无人时，应切断电源、关闭燃气阀门。

③ 不要卧床吸烟，乱扔烟头。

④ 家庭应备火灾逃生“四件宝”：家用灭火器、应急逃生绳、简易防烟面具、手电筒。将它们放在随手可取的位置，危急关头便能派上大用场。

（四） 汽车失火自救

汽车失火不仅威胁司乘人员的生命安全，毁损车辆，而且会严重影响交通秩序。公共汽车失火时，司乘人员要果断采取自救、防护和逃生措施，保障生命和财产安全。汽车失火时应该注意：

（1）汽车发动机起火：迅速停车，切断电源，用随车灭火器对准着火部位灭火。

（2）车厢货物起火：立即将汽车驶离重点要害地区或人员集中场所，并迅速报警。同时，用随车灭火器扑救。周围群众应远离现场，以免发生爆炸，受到伤害。

（3）汽车加油过程中起火：立即停止加油，疏散人员，并迅速将车开出加油站（库），用灭火器及灭火毯等将油箱上的火焰扑灭。地面如有流洒的燃料着火，立即用库区灭火器或沙土将其扑灭。

（4）汽车在修理中起火：应迅速切断电源，及时灭火。

（5）汽车被撞后起火：先设法救人，再进行灭火。

（6）公共汽车在运营中起火：立即开启所有车门，让乘客有秩序地下车，然后迅速用随车灭火器扑灭火焰。若火焰封住了车门，乘客可用衣服蒙住头部，从车门冲下。或者打碎车窗玻璃，从车窗逃生。

要点提示

① 不准携带易燃、易爆等危险品乘坐公共交通工具。

② 应随车配备灭火器，并学会正确使用。

（五） 山林火灾救助

(1) 发现或发生森林火灾时，应该及时拨打“119”火警电话，拨通后，要准确报告起火单位或具体方位、火场的燃烧面积及燃烧的植被种类。

(2) 如果被大火围困在半山腰，要快速向山下跑，切记不能往山上跑。

(3) 当发现自己处在森林火场中央时，要保持头脑清醒，选择向火已经烧过或杂草稀疏、地势平坦的地段转移，如附近有水，可把身上的衣服浸湿，穿越火线时，用衣服蒙住头部，快速向逆风的方向冲越火线，切记不能顺风在火线前方逃跑。

(4) 陷入危险环境无法突围火圈时，应该选择植被少、火焰低的地区，扒开浮土，直到看见湿土，把脸放进小坑里面，用衣服包住头，双手放在身体正面，避开火头。

四、案例与分析

案例一：2008 年 11 月 14 日早晨 6 时 10 分左右，上海某校徐汇校区一学生宿舍楼发生火灾，火势迅速蔓延导致烟火过大，其中 4 名女生在消防队员赶到之前从 6 楼宿舍阳台跳楼逃生，不幸全部遇难。火灾事故初步判断原因是：学生晚上使用“热得快”时正好停电，忘记拔下插头，第二天早晨宿舍来电后热得快过热，将周围可燃物引燃。这是一起严重的校园火灾事故，事故造成了重大人员伤亡和财产损失，教训深刻，发人深省。

案例分析：学生的消防安全意识差，在学校明令禁止的情况下，仍偷偷使用“热得快”，这是火灾发生的直接原因；宿舍内易燃物品过多，造成火势迅速蔓延；学生的施救能力差，火灾发生后，未及时处置，错失最佳扑救期，造成火势迅速蔓延；学生的自救能力差，未进行科学自救，在消防员未到的情况下，擅自从 6 楼跳下，造成 4 人死亡。这起事件表明，这些学生很少或从未接受过消防安全演练，心理素质不过硬，无法沉着应对突发事件，其他学生未能及时伸出援助之手，只顾自己逃命，造成火势迅速蔓延，如果隔壁宿舍的学生能及时帮助施救，结果可能不会这样糟糕。

案例二：2014 年 11 月 15 日凌晨 0 时 20 分左右，河南省新乡市某 KTV 发生火灾。接到火灾报警后，当地出动 9 辆消防车、52 名消防官兵赶赴现场，火灾于 1 时 05 分被扑灭。消防官兵搜救出 35 人，其中 4 人当场死亡，7 人送医救治无效死亡，24 人受伤（13 人重伤，4 人中度伤，7 人轻伤）。

案例分析：一楼 KTV 吧台收银员使用电暖器取暖不当，烤炸空气清新喷雾剂，引发火灾。一楼大厅正门被大火封了，小门没人知道，后门被堵死，窗户被堵上，浓烟往上直串，导致楼口很多人被熏死。着火的范围并不大，只有1 m^2，过火面积不超过30 m^2，却造成了巨大的人员伤亡。员工守着灭火器，却不知道怎么灭火。被困浓烟中不知道如何逃生，甚至当时竟然不知道报警，以致浓烟迅速顺着大厅的休闲区向过道内的包间弥漫，不幸遇难的11人全部因浓烟窒息而死，并无明显烧伤。

案例三：2016年5月21日11时许，大连市某街道发生火灾，位于一家商店二楼的补习班着火，造成三名六年级学生死亡。

案例分析：公安消防部门初步认定的起火部位位于某商店一楼东侧的厨房内，烧饭时使用电炒锅，对其加热，油温过高着火，后因处置不当，致使油洒落、引燃周围可燃物，进而发生火灾。

第三节 火场常用急救方法

火灾事故现场中常见的病症有烧（灼）伤、休克、失（出）血、骨折等。

一、烧伤的急救

烧伤亦被称为灼伤，生活中比较常见。它是由火焰、沸水、热油、电流、热蒸气、辐射、化学物质（强酸、强碱）等引起的。烧伤会造成局部组织损伤，轻者损伤皮肤，出现肿胀、水泡、疼痛；重者皮肤烧焦，甚至血管、神经、肌腱等同时受损，呼吸道也可被烧伤。烧伤会引起剧痛，甚至会导致休克，晚期还会出现感染、败血症等并发症，进而危及生命。

（一）症状

烧伤对人体组织的损伤程度一般分为三度，可按三度四分法进行分类，如表5-1所示。

表5-1 烧伤三度四分法

烧伤程度		症状
Ⅰ度		轻度红、肿、痛、热，感觉过敏；表面干燥无水泡，称为红斑性烧伤
Ⅱ度	浅Ⅱ度	剧痛、感觉过敏、有水泡；泡皮剥落后，可见创面均匀发红，水肿明显。Ⅱ度烧伤又被称为水泡性烧伤
	深Ⅱ度	感觉迟钝，有或无水泡，基底苍白，间有红色斑点，创面潮湿
Ⅲ度		皮肤疼痛消失，无弹性，干燥无水泡，皮肤呈皮革状、蜡状、焦黄或炭化；严重时可伤及肌肉、神经、血管、骨骼和内脏

1. 烧伤面积的估计

不规则或小面积烧伤，可用手掌粗算。五指并拢，一掌面积约等于体表面积的1%。中国新九分法为我国成人烧伤面积估算的一种方法：头颈部为9%（发部3%，面部3%，颈部 3%），双上肢为 18%（双手 5%，双前臂 6%，双上臂 7%），躯干为 27%（前部 13%，后部 13%，会阴部 1%），双下肢为 46%（双臀 5%，双足 7%，双小腿 13%，双大腿 21%），总计为 100%。

2. 烧伤休克

烧伤休克大多表现为：烦渴、烦躁不安、尿少、脉快而细、血压即将下降、四肢厥冷、发绀、苍白、呼吸增快等。

（二）现场救护方法

烧伤的急救主要是制止烧伤面积继续扩大和创面逐步加深，防止休克和感染。烧伤现场急救的原则是先除去伤因，脱离现场，保护创面，维护呼吸道畅通，再转送医院进行治疗。针对烧伤的原因，可分别采取如下措施：

（1）用冷清水冲洗或浸泡伤处，以降低表面温度。

（2）脱掉受伤处的饰物。

（3）对Ⅰ度烧伤，可涂外用烧烫伤膏药，一般 3 ~7 日治愈。

（4）对Ⅱ度烧伤，不要刺破表皮水泡，不要在创面上涂任何油脂或药膏，应用干净的敷料或就便器材如方巾、床单等覆盖伤部，保护创面，防止污染。

（5）严重口渴者，可口服少量淡盐水，如条件许可，服用烧伤饮料。

（6）对呼吸窒息者，行人工呼吸；对伴有外伤大出血者，给予止血；对骨折者，应做临时骨折固定。

（7）对大面积烧伤或严重烧伤者，应尽快组织转送医院治疗。

二、强酸、强碱烧伤的急救

强酸、强碱属于化学腐蚀品，其对人体有腐蚀作用，易造成化学灼伤。化学灼伤与一般火灾的烧伤、烫伤不同，故这里单独介绍。它对组织细胞的损伤与酸类、碱类的浓度，接触时间的长短，接触量的多少有关。强酸对组织的局部损害为强烈的刺激性腐蚀，不仅创面被烧，并能向深层侵蚀。但由于局部组织细胞蛋白被凝结，从而能够阻止烧伤的继续发展。碱性物质更能渗透到组织深层，日后形成的瘢痕较深。

常见强酸有硫酸、硝酸、盐酸等，强碱有氢氧化钾等。

（一）症状

硫酸烧伤的伤口呈棕褐色，盐酸、石炭酸烧伤的伤口呈白色或灰黄色，硝酸烧伤的伤口呈黄色。

烧伤局部疼痛剧烈，皮肤组织溃烂。如果酸、碱类通过口腔进入胃肠道，则会腐蚀口腔、食道、胃黏膜，造成这些组织器官糜烂、溃疡出血、黏膜水肿，甚至发生食道壁穿孔和胃壁穿孔，严重烧伤病人可引起休克。

（二）现场救护方法

（1）被少量强酸、强碱烧伤，立即用纸巾、毛巾等蘸吸，并用大量的流动清水冲洗烧伤局部，冲洗时间应在 15 min 以上。

（2）被大量强酸、强碱烧伤，立即用大量的清水冲洗烧伤局部，冲洗时间应在20 min以上，冲洗时将病人被污染的衣物脱去。

（3）如口服强酸、强碱的病人，则可服用蛋清、牛奶、面糊、稠米汤或服用氢氧化铝凝胶保护口腔、食道、胃黏膜。

（4）如眼部被化学药品灼伤，在送医院途中仍要为病人冲洗受伤眼部。目前常用的消毒剂如过氧乙酸，未经稀释高浓度使用可对组织造成损伤，应用大量流动清水冲洗。

三、休克的急救

休克是全身有效循环血量急剧减少，引起组织器官灌注量明显下降，导致组织细胞缺氧及器官功能障碍的病理生理过程。火场休克是因严重创伤、烧伤、触电、骨折的剧痛和大量出血等因素引起的，具有相同或相似临床表现的一组临床综合征，严重者可导致死亡，所以必须予以及时抢救。

（一） 休克类型

（一） 症状

虽然导致休克的病因不尽相同，但休克的症状仍有一些共同之处。

（1）自感头晕不适或精神紧张，过度换气。

（2）血压下降，成人肱动脉收缩压低于90 mmHg。

（3）肢端湿冷，皮肤苍白或发绀，有时伴有大汗。

（4）脉搏搏动未扪及或细弱。

（5）烦躁不安，易激惹或神智淡漠，嗜睡，昏迷。

（6）尿量减少或无尿。

不同类型的休克，临床过程有不同的特点。根据休克的病程演变，休克可分为两个阶段，即休克代偿期和休克抑制期，或称休克前和休克期。

（二） 现场救护方法

休克的救护应在尽早去除休克病因的同时，尽快恢复有效循环血量，纠正微循环障碍，纠正组织缺氧和氧债，防止发生多脏器功能衰退。

（1）病人应取平卧位，下肢略抬高，以利于静脉血回流。如有呼吸困难者，可将头部和躯干部适当抬高，以利呼吸。

（2）保持呼吸道通畅，尤其是休克伴昏迷者。方法是：将病人颈部垫高，下颌抬起，使其头部最大限度地后仰，同时头偏向一侧，以免病人的呕吐、分泌物误吸入呼吸道。

（3）注意给体温过低的休克病人保暖，盖上被毯。但伴高热的感染性休克病人应予降湿。

（4）注意病人生命体征变化。应密切观察病人呼吸、心率、血压、尿量等情况。

（5）若有条件，应予以吸氧。

（6）对病人因外伤出血引起的出血性休克，应采取适当方法止血。

四、复合伤的急救

人体同时或相继受到不同性质的两种及两种以上致伤因素的作用而发生两种或两种以上不同的损伤，称为复合伤。

（一）病因

1．各类爆炸事故

火药或弹药、汽油、瓦斯、蒸气锅炉、沼气及其他一些化学易燃易爆物引发爆炸事故时，可发生严重火灾，形成强大冲击、爆震波，可能发生烧伤与冲击伤或其他创伤的复合伤。

2．严重交通事故

驾驶员和乘员发生撞击伤等创伤，随之发生油箱爆炸或起火及腐蚀性或有毒物质泄漏，又造成烧伤、中毒等，从而发生复合伤。

3．严重自然灾害

自然灾害可产生不同的致伤因素。例如，地震可产生直接灾害，又可产生地震水灾、地震火灾、地基失效（如山崩）、房屋倒塌而引起压伤和石头砸伤，如同时破坏炉灶、煤气，可引起火灾而造成烧伤，从而发生创伤与烧伤的复合伤。

（二）临床特点

1．常以一种创伤为主

复合伤中的两种或更多的致伤因素中，就伤情严重程度而言，常以一种损伤为主，其他为次要损伤。这是由于致伤时不同致伤因素的强度往往不一致的缘故。主要损伤常决定复合伤的基本性质、伤情特点、病程经过、救治重点，影响预后及转归。

2．伤情可被掩盖

复合伤常涉及全身各个部位、多个脏器，但有些损伤显露于外，易于发现；有些损伤隐发于内，难以发现。而表露的伤情常掩盖隐发的伤情，或转移医生及伤员本人的注意力，从而造成漏诊、误诊，有时带来致命性的后果。因此，在诊治时，必须根据伤员致伤情况，充分考虑到发生复合伤的可能，必须对伤员进行全面的观察，特别注意内脏的隐发损伤。

（三）救治基本要求

迅速扑灭伤员身上的火焰，对大面积烧伤应另用衣物遮盖创面，迅速撤离受伤现场。优先抢救出血、窒息、昏迷、休克等伤员。清除伤员口、鼻、耳道的粉尘和异物，保持呼吸道通畅，对窒息者行环甲膜穿刺。迅速包扎伤口、止血、固定，对气胸、休克者等做急救处理。

五、止血

在各种突发创伤中，常有外伤大出血的紧张场面。出血是指皮肤、肌肉、血管受损破裂，血液从血管等不断外流的现象，是创伤的突出表现。采取有效的止血方法可减少出血，保存有效血容量，防止休克的发生。因此，及时有效的止血是创伤现场救护的基本任务，是挽救生命、降低死亡率、为病人赢得进一步治疗时间的重要治疗技术。然而，由于现场救护条件较差，要想做到既能有效止血，又能因地制宜、就地取材，而且使用的止血方法又不会伤及肢体，则平时就必须学习相关的医疗救护知识和技能，只有这样，才能在火灾现场井井有条地实施救护工作。

（一） 失（出）血类型

根据出血部位的不同，出血类型可分为皮下出血、内出血、外出血。火场出血大多见于外出血。

皮下出血大多因跌、撞、挤、挫伤，造成皮下软组织内出血，形成血肿、瘀斑，可短期自愈。

内出血是深部组织和内脏损伤，血液流入组织内或体内，形成脏器血肿或积血，从外表看不见，只能根据伤病人的全身或局部症状来判断，如面色苍白、吐血、腹部疼痛、便血、脉搏快而弱等来判断胃肠道等重要脏器有无出血。内出血对伤病人的健康和生命威胁很大，必须密切注意。

外出血是人体受到外伤后血管破裂，血液从伤口流出体外。

（二） 失血症状

无论是外出血还是内出血，当失血量较多时，伤病人面色苍白、口渴、冷汗淋漓、手足发凉、软弱无力、呼吸紧迫、心慌气短。检查时，脉搏快而弱以至摸不到，血压下降，表情淡漠，甚至神志不清。

（三） 止血材料

常用的止血材料有无菌敷料、粘贴创可贴、气囊止血带、表带止血带。也可就地取材，如用三角巾、毛巾、手绢、布料、衣物等，将之折成三指宽的宽带以应急需。禁止用电线、铁丝、绳子等替代止血带。

无菌敷料用来覆盖伤口。其种类有纱布垫、创可贴、创伤敷料等。如没有无菌敷料，可以用干净的毛巾、衣物、布、餐巾纸等替代。目的是控制出血，吸收血液并引流液体，保护伤口，预防感染。

（四） 止血方法

常用的止血方法有包扎止血、加压包扎止血、指压止血、加垫屈肢止血、填塞止血、止血带止血等。一般的出血可以使用包扎止血或加压包扎止血。四肢的动、静脉出血，如使用其他的止血法能止血的，就不用止血带止血。人体主要的止血点如图 5-1 所示。

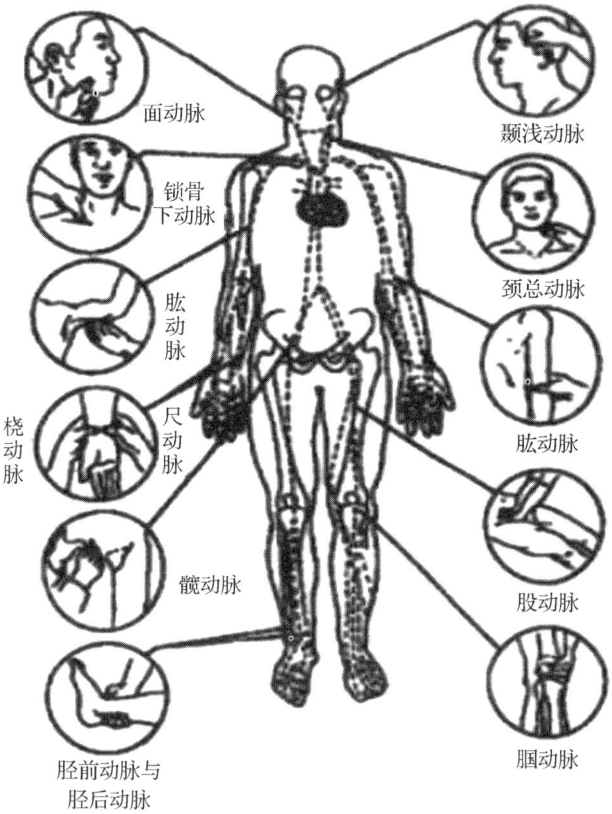

图5-1 人体主要止血点

1. 包扎止血

包扎止血适用于浅表伤口出血，如小血管和毛细血管出血。

（1）粘贴创可贴止血。

将创可贴自粘贴的一边先粘贴在伤口的一侧，然后向对侧拉紧粘贴另一侧。

（2）敷料包扎。

将敷料、纱布覆盖在伤口上，敷料、纱布要有足够的厚度，覆盖面要超过伤口至少3 cm。可选用不粘伤口、吸收性强的敷料。

（3）就地取材，选用三角巾、手帕、纸巾、清洁布料等包扎止血。

2. 加压包扎止血

加压包扎止血适用于全身各部位的小动脉、静脉、毛细血管的出血。

用敷料或其他洁净的毛巾、手绢、三角巾等覆盖伤口，加压包扎，以达到止血的目的。

（1）直接压法。

通过直接压迫出血部位而达到止血目的。伤病人取卧位，抬高伤肢（骨折除外）。检查伤口有无异物，如无异物，用敷料覆盖伤口，敷料要超过伤口至少3 cm，如果敷料已被血液浸湿，再加上另一敷料，用手施加压力直接压迫，用绷带、三角巾等包扎。

（2）间接压法。

伤病人取卧位，伤口如有扎入身体导致外伤出血的剪刀、小刀、玻璃片等异物，则保留异物，并在伤口边缘将异物固定，然后用带子加压包扎。

3．指压止血法

用手指压迫伤口近心端的动脉，阻断动脉血运，能有效地达到快速止血的目的。指压止血法大多用于出血多的伤口。

准确掌握动脉压迫点，压迫力度要适中，以伤口不出血为准。压迫 10～15 min，仅起短时急救止血，保持伤处肢体抬高。

常用指压止血部位：颞浅动脉压迫点，肱动脉压迫点，桡、尺动脉压迫点，股动脉压迫点。

4．加垫屈肢止血法

对于外伤出血量较大、肢体无骨折损伤者，用此法。注意肢体的血液循环，每隔 50 min缓慢松开 3～5 min，防止肢体坏死。

5．填塞止血法

此法适用于伤口较深较大、出血多、组织损伤大的应急现场救治。具体做法是：用消毒纱布、敷料（如无，用干净的布料替代）填塞在伤口内，再用加压包扎法包扎。

6．止血带止血法

当四肢有大血管损伤，或伤口大、出血量多，采用以上止血方法仍不能止血时，可选用止血带止血的方法。

肢体上的止血带部位要正确，止血带适当拉长，绕肢体几周，在外侧打结固定。上止血带部位要有敷料、衣服等衬垫，记住上止血带时间，每隔 50 min 要放松 3～5 min，以暂时改善血液循环。放松止血带期间，要用指压法、直接压迫法止血，以减少出血。

六、包　扎

快速、准确地将伤口包扎，是外伤救护的重要一环。包扎的目的是为了快速止血、保护伤口，以防止进一步污染，减少感染机会，减少出血，减轻疼痛，预防休克；保护内脏和血管、神经、肌腱等重要解剖结构，有利于转运和进一步治疗。

伤口是细菌侵入人体的门户，如果伤口被细菌污染，就可能引起化脓或并发败血症、气性坏疽、破伤风，严重损害健康，甚至危及生命。

因此，受伤以后，如果没有条件做到清创手术，在现场应先进行包扎。

（一） 伤口种类

1．割伤

组织被刀、玻璃等锋利的物品整齐切开，如伤及大血管，伤口会大量出血。

2．瘀伤

由于受硬物撞击或压伤、钝物击伤，使皮肤内层组织受损，伤处瘀肿。

3．刺伤

被尖锐的小刀、针、钉子等扎伤，伤口小而深，易引起内层组织受损。

4．挫裂伤

伤口表面参差不齐，血管撕裂出血，并黏附污物。

（二）包扎材料

常用的包扎材料有创可贴、尼龙网套、三角巾、弹力带、纱布带和胶条及就便器材如毛巾、头巾和衣服等。

（三）包扎方法

包扎伤口动作要快、准、轻、牢。包扎时部位要准确、严密，不遗漏伤口；包扎动作要轻，不要碰撞伤口，以免增加伤病人的疼痛和出血；包扎要牢靠，但不宜过紧，以免妨碍血液流通和压迫神经。

尽可能带上医用手套，如无医用敷料，可用干净布片、料袋、餐巾纸为隔离层，脱去或剪开衣服，暴露伤口，检查伤情，要严密封住伤口，防止污染伤口。不要用水冲洗伤口（化学伤除外），不要对嵌有异物或骨折断端外露的伤口直接包扎，不要在伤口上用消毒剂或消炎粉。如必须用裸露的手处理伤口，要先用肥皂洗手。手足绷带包扎法如图 5-2 所示，足部三角巾包扎法如图 5-3 所示，头部三角巾包扎法如图 5-4 所示。

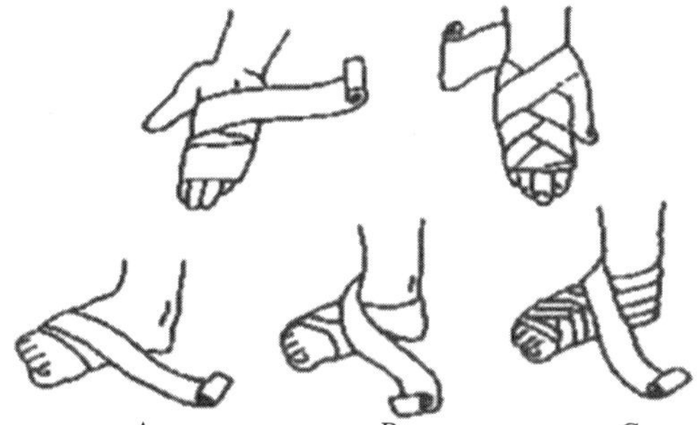

A　　B　　C

图 5-2　手足绷带包扎法

图 5-3　足部三角巾包扎法

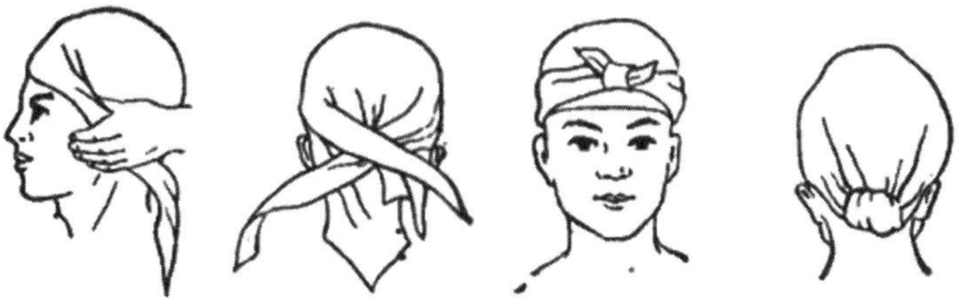

图 5-4　头部三角巾包扎法

七、固定方法

骨骼由于受外力的撞击、扭曲、过分的牵拉、机械性的碾伤、肌肉拉力受损等原因，直接或间接遭受破坏，发生骨骼破裂、折断、粉碎，称为骨折。为了使断骨伤情不再加重，必须对骨折进行正确及时的急救，即将它“捆绑”起来，这种方法叫作固定。

对骨折进行固定的目的是为了减少伤病人的疼痛，避免损伤周围组织、血管、神经，减少出血和肿胀，防止闭合性骨折转化为开放性骨折，便于搬动病人，有利于转运后的进一步治疗。如不固定，在搬动过程中骨折端会刺破周围的血管、神经，甚至造成脊髓损伤、截瘫等严重后果。

（一） 骨折类型

骨折类型包括闭合性骨折、开放性骨折。

骨折的程度分为完全性骨折、不完全性骨折、嵌顿性骨折。

骨折的临床症状主要表现为疼痛、肿胀、畸形、功能障碍。

（二） 骨折判定方法

要弄清是不是骨折，其判断方法如下：

（1）受伤部位和伤肢明显变形，伤肢弯曲且比健肢短，或手脚转向异常方向，便可判定是骨折。

（2）受伤部位明显肿胀，疼痛加剧，不能活动，可判定是骨折。

（3）用手轻轻按摸受伤部位时疼痛加剧，有时可摸到骨折线，搬移时疼痛更加剧烈，可判定是骨折。

（4）患者无异常活动，骨折处有压痛，则是不完全性骨折。对这种骨折进行外固定，以防搬移时完全断离。

（5）骨折端穿破软组织，与外界相通，可以直接判定是开放性骨折。

（三） 常见的固定器材

1. 脊柱部位固定

常运用颈托、铝芯塑型夹板、脊柱板、头部固定器、躯干夹板等专业器材固定。如无此类器材，可现场制作。如将报纸、毛巾、衣物等卷成卷，从颈后向前围于颈部。颈套粗细以围于颈部后限制下颌活动为宜。

2. 肢体固定

将受伤上肢固定在胸廓上，将受伤下肢固定于健肢。常运用充气式夹板、铝芯塑型夹板、锁骨固定带、小夹板等固定。如无合适器材，也可现场制作，利用杂志、硬纸板、木板块、折叠的毯子、树枝、雨伞等作为临时夹板。

（四） 固定方法

根据现场条件和骨折部位，可采取不同的固定方式。固定要牢固，不能过松或过紧。在骨折和关节突出处要加衬垫，以加强固定和防止皮肤压伤。根据伤情，选择固定器材，如以上提到的一些器材，也可根据现场条件就地取材。颈椎骨折固定见图 5-5，股骨骨折固定见图 5-6。

图 5-5　颈椎骨折固定

图 5-6　股骨骨折固定

置伤病人于适当位置，就地施救，夹板与皮肤、关节、骨突出部位之间加衬垫，固定时操作要轻。先固定骨折的上端，再固定下端，绑带不要系在骨折处。对前臂、小腿部位的骨折，尽可能在损伤位的两侧放置夹板固定，以防止肢体旋转及避免骨折断端相互接触。固定后，上肢为屈肘位，下肢呈伸直位。

注意事项：开放性骨折禁止用水冲洗，不涂药物，保持伤口清洁；肢体如有畸形，可按畸形位置固定；固定的作用只是制动，严禁当场整复。

八、搬运

近 20 年来，搬运护送的方法及工具有了很大的改变。装备精良、性能良好的救护车和艇船及直升救护机、轻型喷气式救护飞机等已构成医疗运输的重要运输工具。但是，无论怎样的进步，病人从发病现场到搬运到担架、救护车、飞机等过程，都要求救护人员掌握正确的救护搬运知识和技能。

火场搬运伤员的目的：一是使火场受伤病人脱离危险区，防止在火场上再次受伤，并实施现场救护；二是尽快使伤病人获得专业医疗；三是防止损伤加重；四是最大限度地挽救生命，减轻伤残。

（一）搬运器材

火场上最常用的搬运病人的工具是担架。

1. 担架器材

（1）折叠楼梯担架：便于在狭窄的走廊、曲折的楼梯搬运。

（2）折叠铲式担架：为医用专业担架，担架双侧均可打开，将病人铲入担架，常用于脊柱损伤病人的现场搬运。

（3）真空固定垫：可以自动（或打气）成型，并根据病人的身体形状将伤病人固定在垫中，用担架搬运。

（4）漂浮式吊篮担架：海上救护，将病人固定于垂直的位置保证头部完全露出水面。

(5) 脊椎固定板。

(6) 帆布担架：适用于内科系列的病人。对怀疑有脊柱损伤的病人禁用。

2. 自制担架

(1) 木板担架。

(2) 毛毯担架：在伤病人无骨折的情况下运用。毛毯也可用床单、被罩、雨衣等替代。

(3) 简易担架：在户外现场应用中要慎重，尽可能用木板担架。对于无骨折的病人，病情严重时急用。

(4) 绳索担架：用木棒两根，将坚实绳索交叉缠绕在两根木棒之间，端头打结系牢。

(5) 衣物担架：将大衣袖翻向内成两管，木棍插入内，衣身整理平整。

(二) 搬运护送要求

(1) 迅速观察受伤现场和判断伤情。

(2) 做好伤病人现场的救护，先救命后治伤。

(3) 应先止血、包扎、固定后再搬运。

(4) 伤病人体位要适宜。

(5) 不要无目的地移动伤病人。

(6) 保持脊柱及肢体在一条轴线上，防止损伤加重。

(7) 动作要轻巧、迅速，避免不必要的震动。

(8) 注意伤情变化，并及时处理。

(三) 搬运方法

正确的搬运方法能减少病人的痛苦，防止损伤加重；错误的搬运方法不仅会加重伤病人的痛苦，还会加重损伤。因此，正确的搬运在现场救护中显得尤为重要。

现场救护后，要根据伤病人的伤情轻重和特点分别采取搀扶、背运、双人搬运等措施。疑有脊柱、骨盆、双下肢骨折时，不要让伤病人试行站立；疑有肋骨骨折的伤病人不能采取背运的方法。伤势较重，有昏迷、内脏损伤、脊柱或骨盆骨折、双下肢骨折的伤病人应采取担架器材搬运方法，现场如无担架，制作简易担架，并注意禁忌事项。

1. 徒手搬运

对于转运路程较近、病情较轻、无骨折的病人可采用徒手搬运。徒手搬运包括拖行法、扶行法、抱持法、爬行法、杠轿法等。

2. 担架搬运

担架是现场救护搬运中最方便的用具。配备有2~4名人员，救护人按救护搬运的正确方法将伤病人轻轻移上担架，需要的话，做好固定。

将病人固定于担架上，病人的头部向后，足部向前，以便后面抬担架的救护人观察伤病人的变化，抬担架人的脚步、行动要一致。向高处抬时，前面人要将担架放低，后面人要抬高，以使病人保持水平状态；向低处抬时则相反。一般情况下伤病人多采取平卧位，有昏迷时头部应偏于一侧，有脑脊液耳漏、鼻漏时头部应抬高30°，防止脑液逆流和窒息。

3. 伤病人的紧急移动

（1）从驾驶室搬出。

一人双手掌抱于伤病人头部两侧，轴向牵引颈部。可能的话带上颈托，另一人双手轻轻轴向牵引伤病人的双踝部，使双下肢伸直。第三、第四人双手托伤病人肩背部及腰臀部，保持脊柱为一条直线，平稳地将伤病人搬出。

（2）从倒塌物下搬出。

迅速清除压在伤病人身上的泥土、砖块、水泥板等倒塌物，清除伤病人口腔、鼻腔中的泥土及脱落的牙齿，保持呼吸道通畅。一人双手抱于伤病人头部两侧牵引颈部，另一人双手牵引伤病人双踝，使双下肢伸直，第三、第四人双手平托伤病人肩背部和腰臀部，四人同时用力，保持脊柱轴位，平稳地将伤病人移出现场。

（3）从狭窄坑道将伤病人搬出。

一人双手抱于伤病人头部两侧牵引颈部，另一人双手牵引伤病人双踝，使双下肢伸直，第三、第四人双手平托伤病人肩背部和腰臀部，将伤病人托出坑道，交于坑道外人员，从而将伤病人搬出。

（4）脊柱骨折移动。

一人在伤病人的头部，双手掌抱于头部两侧轴向牵引颈部，另外三人在伤病人的同一侧（一般为右侧），分别在伤病人的肩背部、腰臀部、膝踝部，双手掌平伸到伤病人的对侧，四人均单膝跪地，同时用力，保持脊柱为一轴线，平稳地将伤病人抬起，放于脊柱板上，上颈托。若无颈托，在颈部两侧用沙袋或衣物等固定。

（5）骨盆骨折移动。

伤病人骨盆固定，三人位于伤病人的一侧，一人位于伤病人的胸部，将伤病人的手臂抬起置于救护人的肩上，一人位于腿部，一人专门保护骨盆，三人双手平伸，同时用力，抬起伤病人并放于硬板担架，如有骨盆骨折，骨盆两侧用沙袋或衣物等固定，防止途中晃动，如上臂有骨折，固定后上臂用衣物垫起，与胸部相平行，肘部屈曲90°放于腹部。头部、双肩、骨盆、膝部用宽布带固定于担架上。防止途中颠簸和转动。

（四）现场搬运注意事项

（1）搬动要平稳，避免强拉硬拽，防止损伤加重。

（2）特别要保持脊柱轴位，防止脊髓损伤。

（3）疑有脊柱骨折时禁忌一人抬肩、一人抱腿的错误方法。

（4）转运途中要密切观察伤病人的呼吸、脉搏变化，并随时调整止血带和固定物的松紧度，防止皮肤压伤和缺血坏死。

（5）要将伤病人妥善固定在担架上，防止头部扭动和过度颠簸。

第六章 >>>

大学生交通安全

随着科技的进步、经济的发展，现代交通运输日益发达，构成了水、陆、空等立体的交通网络，人们的出行方式也日趋多元化。但这也带来了不容忽视的一个重大问题——交通安全问题。据统计，地球上平均每63 s就有1人死于道路交通事故，每3 s就有1人因道路交通事故而受伤，道路交通事故已被称为“全球第一公害”。2017年国家安全监管总局和交通运输部首次联合发布《道路交通运输安全发展报告》，报告显示：2016年共接报道路交通事故864.3万起，同比增加65.9万起，上升16.5%。其中，涉及人员伤亡的道路交通事故212 846起，造成63 093人死亡、226 430人受伤，相当于每8 min就有1人丧生车轮，每2 min就有1人因交通事故伤残，直接财产损失12.1亿元。目前，我国道路交通事故年死亡人数仍高居世界前几位。

道路交通事故频发，给人们造成了巨大的生命和财产损失，引起了世界各国的高度重视。专家指出，通过安全教育，提高自我保护能力，80%的交通意外伤害事故是可以避免的。因此，我国从2012年起，将每年的12月2日设立为“全国交通安全日”。

第一节　交通安全基本常识

交通安全是指交通参与者严格遵守交通法规，提高警惕，安全行车、走路，避免发生人身伤亡或财物损失，不因麻痹大意而发生交通事故。大学生交通安全是指大学生在校园内外的道路行走、乘坐交通工具时的人身安全。只要有行人、车辆、道路这三个交通安全要素存在，就有交通安全问题，也许一个小小的意外就会造成严重后果，断送美好的前程甚至生命。

一、道路交通安全基础常识

高校学生非正常死亡人数中，交通事故死亡占有一定的比例。由学生违法造成的交通死亡事故中，以穿越道路最为严重，占责任事故的85%。因此，了解和掌握道路交通常识是大学生学习交通安全知识的基础。

1. 道路交通系统的三要素

道路交通系统的基本要素是人（包括驾驶员、行人、乘客及居民）、车（包括客车、货车、非机动车等）、路（包括公路、城市道路、出入口道路及其相关设施）。在三要素中，驾驶员是环境的理解者和指令的发出和操作者，是系统的核心，路和车的因素必须通过人才能起作用。只有三要素协调运行，才能实现道路交通系统的安全性要求。

2. 各种车辆的安全运行要求

车辆的安全运行要求包括客货运输车辆、特种车辆或特殊用途车辆和超限运输车辆的安全运行要求。客货运输车辆的安全运行要求又分为车辆、旅客、货物和客货运输车辆驾驶员的安全运行要求。

运输车辆满足安全行驶要求，是减少交通事故的必要前提。行驶安全性包括主动安全性和被动安全性。主动安全性指机动车本身防止或减少交通事故的能力，它主要与车辆的制动性、动力性、操纵稳定性、舒适性、结构尺寸、视野和灯光等因素有关；被动安全性是指发生车祸后，车辆本身所具有的减少人员伤亡、货物受损的能力。提高机动车被动安全性的措施有：配置安全带、安全气囊，安装安全玻璃，设置安全门，配备灭火器，等等。

3. 交通安全设施

交通安全设施对于保障行车安全、减轻潜在事故程度起着重要的作用。良好的安全设施系统应具有交通管理、安全防护、交通诱导、隔离封闭、防止眩光等多种功能。道路交通安全设施包括交通标志、路面标线、安全护栏、隔离栅、道路照明、视线诱导标、防眩设施等。

（1）交通标志。交通标志是具有一定的形状、颜色，由各种符号组成的标志牌，它们被埋设于道路两边，或架设于道路上空，向车辆驾驶员和行人传递道路或交通管理信息。设置交通标志的目的是给道路通行人员提供确切的信息，保证交通安全畅通，我们理解了它们的意思，就能明白道路或交通的有关情况。高速公路上车速快，车道数多，标志尺寸比一般道路上的大得多。交通标志主要有以下几种：

① 禁令标志：是禁止或限制车辆、行人交通行为的标志。其颜色除个别标志外，大多数标志为白底、红圈、黑图案、图案压红杠，形状有圆形、八角形和顶角朝下的等边三角形。

② 警告标志：是警告车辆、行人注意前方危险地点的标志。其颜色为黄底、黑边、黑图案，形状为等边三角形，其顶角向上。

③ 指示标志：是指示车辆、行人行进的标志。其颜色为蓝底、白图案，形状有圆形、长方形和正方形。

④ 指路标志：是传递道路方向、地点、距离信息的标志。其颜色除个别标志外，一般道路为蓝底白图案，高速公路为绿底白图案，形状通常为长方形和正方形。

（2）路面标线。有禁止标线、指示标线、警告标线，是直接在路面上用漆类喷刷或用混凝土预制块等铺列成线条、符号，与道路标志配合的交通管制设施。路面标线种类较多，有行车道中线、停车线、路缘石标线等。标线有连续线、间断线、箭头指示线等，多使用白色或黄色漆。路面标线和交通标志一样，被人们称为“无声的交警”，在交通管理中起着重要作用。我们应该理解路面标线的含义并遵守标线的规定，这对维护交通秩序、保证交通安全具有十分重要的意义。

（3）安全护栏。其作用是既要阻止车辆越出路外，防止车辆穿越中央分隔带闯入对向车道，同时还能诱导驾驶员的视线。

（4）隔离栅。隔离栅是高速公路的基础设施之一，它使高速公路全封闭得以实现，并阻止人、畜进入高速公路。它可有效地排除横向干扰，避免由此产生的交通延误或交通事故，保障高速公路效能的发挥。隔离栅按其使用材料的不同，可分为金属网、钢板网、刺铁丝和常青绿篱几大类。

（5）道路照明。主要是为保证夜间交通的安全与畅通，大致分为连续照明、局部照明及隧道照明。照明条件对道路交通安全有着很大的影响。

（6）视线诱导标。一般沿车道两侧设置，具有明示道路线形、诱导驾驶员视线等用途。对有必要在夜间进行视线诱导的路段，设置反光式视线诱导标。

（7）防眩设施。其用途是遮挡对向车前照灯的眩光，分防眩网和防眩板两种。防眩网通过网股的宽度和厚度阻挡光线穿过，减少光束强度，达到防止对向车前照灯炫目的目的；防眩板是通过其宽度部分阻挡对向车前照灯的光束。

二、道路交通安全法规常识

为了维护道路交通秩序，预防和减少交通事故，保护人身安全，保护公民、法人和其他组织的财产安全及其他合法权益，提高通行效率，国家制定了《中华人民共和国道路交通安全法》《中华人民共和国道路交通安全法实施条例》。这两部法律、法规是车辆驾驶人、行人、乘车人及与道路交通活动有关的单位和个人必须遵守的基本法律，对于保护道路交通参与人的合法权益，增强公民的守法意识，保障道路交通的有序、安全和畅通起到十分重要的作用。

（一） 道路通行条件

（1）交通信号灯分为机动车信号灯、非机动车信号灯、人行横道信号灯、车道信号灯、方向指示信号灯、闪光警告信号灯、道路与铁路平面交叉道口信号灯。

（2）交通标志分为指示标志、警告标志、禁令标志、指路标志、旅游区标识、道路施工安全标志和辅助标识。

（3）道路交通标线分为指示标线、警告标线、禁止标线。

（4）交通警察的指挥分为手势信号和使用器具的交通指挥信号。

（5）在道路交叉路口和行人横过道路较为集中的路段，应当设置人行横道、过街天桥或者过街地下通道。

（6）在盲人通行较为集中的路段，人行横道信号灯应当设置声响提示装置。

（7）道路养护施工单位在道路上进行养护、维修时，应当按照规定设置规范的安全警示标志和安全防护设施。道路养护施工作业车辆、机械应当安装示警灯，喷涂明显的标志图案，作业时应当开启示警灯和危险报警闪光灯。对未中断交通的施工作业道路，公安机关交通管理部门应当加强交通安全监督检查。发生交通阻塞时，及时做好分流、疏导，维护交通秩序。

（8）因道路施工需要车辆绕行的，施工单位应当在绕行处设置标志；不能绕行的，应当修建临时通道，保证车辆和行人通行。需要封闭道路中断交通的，除紧急情况外，应当提前5日向社会公告。

（二） 道路通行规定

1. 机动车信号灯和非机动车信号灯表示

（1）绿灯亮时，准许车辆通行，但转弯的车辆不得妨碍被放行的直行车辆、行人通行。

（2）黄灯亮时，已越过停止线的车辆可以继续通行。

（3）红灯亮时，禁止车辆通行。

在未设置非机动车信号灯和人行横道信号灯的路口，非机动车和行人应当按照机动车信号灯的表示通行。红灯亮时，右转弯的车辆在不妨碍被放行的车辆、行人通行的情况下可以通行。

2. 人行横道信号灯表示

（1）绿灯亮时，准许行人通过人行横道。

（2）红灯亮时，禁止行人进入人行横道，但是已经进入人行横道的，可以继续通过或者在道路中心线处停留等候。

3. 车道信号灯表示

（1）绿色箭头灯亮时，准许本车道车辆按指示方向通行。

（2）红色叉形灯或者箭头灯亮时，禁止本车道车辆通行。

（3）方向指示信号灯的箭头方向向左、向上、向右分别表示左转、直行、右转。

（4）闪光警告信号灯为持续闪烁的黄灯，提示车辆、行人通行时注意瞭望，确认安全后通过。

（5）道路与铁路平面交叉道口有两个红灯交替闪烁或者一个红灯亮时，表示禁止车辆、行人通行；红灯熄灭时，表示允许车辆、行人通行。

4. 非机动车通行规定

非机动车通过有交通信号灯控制的交叉路口，应当按照下列规定通行：

① 转弯的非机动车让直行的车辆、行人优先通行。

② 遇有前方路口交通阻塞时，不得进入路口。

③ 向左转弯时，靠路口中心点的右侧转弯。

④ 遇有停止信号时，应当依次停在路口停止线以外。没有停止线的，停在路口以外。

⑤ 向右转弯遇有同方向前车正在等候放行信号时，在本车道内能够转弯的，可以通行；不能转弯的，依次等候。

非机动车通过没有交通信号灯控制也没有交通警察指挥的交叉路口，除应当遵守前款①项、②项和③项的规定外，还应当遵守下列规定：

① 有交通标志、标线控制的，让优先通行的一方先行。

② 没有交通标志、标线控制的，在路口外慢行或者停车瞭望，让右方道路的来车先行。

③ 相对方向行驶的右转弯的非机动车让左转弯的车辆先行。

④ 驾驶自行车、电动自行车、三轮车在路段上横过机动车道，应当下车推行，有人行横道或者行人过街设施的，应当从人行横道或者行人过街设施通过；没有人行横道、行人过街设施或者不便使用行人过街设施的，在确认安全后直行通过。

⑤ 因非机动车道被占用无法在本车道内行驶的非机动车，可以在受阻的路段借用相邻的机动车道行驶，并在驶过被占用路段后迅速驶回非机动车道。机动车遇此情况应当减速让行。

5. 非机动车载物规定

（1）自行车、电动自行车、残疾人机动轮椅车载物，高度从地面起不得超过 1.5 m，宽度左右各不得超出车把 0.15 m，长度前端不得超出车轮，后端不得超出车身 0.3 m。

（2）三轮车、人力车载物，高度从地面起不得超过 2 m，宽度左右各不得超出车身 0.2 m，长度不得超出车身 1 m。

6. 在道路上驾驶自行车、三轮车、电动自行车、残疾人机动轮椅车应当遵守的规定

（1）驾驶自行车、三轮车必须年满 12 周岁。

（2）驾驶电动自行车和残疾人机动轮椅车必须年满 16 周岁。

（3）非下肢残疾的人不得驾驶残疾人机动轮椅车。

（4）自行车、三轮车不得加装动力装置。

（5）不得在道路上学习驾驶非机动车。

7. 行人和乘车人通行规定

（1）行人不得有下列妨碍道路交通安全的行为：在道路上使用滑板、旱冰鞋等滑行工具；在车行道内坐卧、停留、嬉闹；追车、抛物击车；等等。行人横过机动车道，应当从行人过街设施通过；没有行人过街设施的，应当从人行横道通过；没有人行横道的，应当观察来往车辆的情况，确认安全后直行通过，不得在车辆临近时突然加速横穿或者中途倒退、折返。行人列队在道路上通行，每横列不得超过 2 人，但在已经实行交通管制的路段不受限制。

（2）乘坐机动车应当遵守下列规定：不得在机动车道上拦乘机动车；在机动车道上不得从机动车左侧上下车；开关车门不得妨碍其他车辆和行人通行；机动车在行驶中，乘车人不得干扰驾驶，不得将身体任何部分伸出车外，不得跳车；乘坐两轮摩托车应当正向骑坐。

第二节　交通事故的预防与处置

随着高校改革的不断深入，高校与社会的交往越来越频繁，校园内人流量、车流量急剧增加。高校教职工拥有私家车数量猛增，学生骑自行车、电动车的较多，开汽车上学也已不再是新闻。校园交通环境日益复杂，校园道路建设、校园交通管理滞后于高校的发展，学校内外交通事故屡有发生，轻者造成人身财产损失，重者酿成车毁人亡。事故给个人和家庭带来了极大的痛苦，给学校带来了巨大的压力，也给社会带来了极大的危害。预防交通事故，保证校园及周边交通安全，是广大师生员工共同的愿望。

一、培养规范的交通安全行为

过去大学生外出时主要通过步行、骑行和乘坐公共交通工具，随着社会的发展和人民生活水平的提高，大学生驾驶机动车辆的情况屡见不鲜，因此，需要特别注意交通安全和人身安全，养成良好的交通行为习惯，懂得并牢记步行、骑行、乘车和驾驶机动车等基本常识，严格遵守交通规则。

（一） 步行时的安全规范

（1）应熟悉和遵守道路交通规则，遵守交通信号灯的指引。

（2）横过行车道时须走人行横道线，不要斜穿，不要抄近道跨越隔离护栏。没有人行横道的，应当观察来往车辆的情况，遵守靠右通行的原则，确认安全后尽量靠边直行通过，不得在车辆临近时突然加速横穿或者中途倒退、折返。有人行过街天桥或地道的，须走人行过街天桥或地道。

（3）列队通行道路时，每横列不准超过 2 人，且须紧靠车行道右侧行进。

（4）夜间行路要选择有路灯的地方，小心路边无盖排水井口、沟渠和路牙。

（5）雨天、雾天或雪天行路时尽量穿鲜艳的衣服或雨衣，以便他人和机动车驾驶员能及早发现。行走时步伐要小一些，注意别让伞遮住视线，要注意避让来往车辆。

（二） 骑行非机动车时的安全规范

（1）非机动车应办理牌照，手续齐备、车况正常才能出门。

（2）转弯前必须减速慢行，向后观望，伸手示意，不准突然猛拐。

（3）中速行驶，注意观察，不要抢道通行，尤其不能与机动车抢道。

（4）通过陡坡、横过四条以上机动车道或途中车闸失效时，须下车推行。下车前须伸手上下摆动示意，不准妨碍后面车辆行驶。

（5）超越前车时，不准妨碍被超车的正常行驶。

（6）双手不准离把或手中持物，不得攀扶其他车辆，不准牵引车辆，不得骑车逆行，不得骑车带人，不得骑车打伞，不在人行道上骑车，不准扶身并行、互相追逐或曲折竞驶。

（7）路途中遇到尘土飞扬时应坚持在右侧骑行，不得因躲避扬尘而左右猛拐，防止被后方车辆伤害。

（8）在通过没有交通信号或交通标志控制的交叉道口时，支路车让干路车先行；支、干道不分的，非机动车让机动车先行，转弯车辆让直行车辆先行。

（9）防止机动车、其他非机动车或行人的违章行为可能发生的事故。从停着的汽车旁通过时，应十分留神，要按铃降低车速，发现情况及时刹车。

（10）骑车前切忌饮酒，因酒后骑车发生事故致伤、致残、致死者已不鲜见。

（11）骑车时建议戴防护头盔，穿醒目的服装以引起人们的注意，及时避让，减少车祸的发生。

（三） 驾驶机动车时的安全规范

（1）驾驶车辆时，必须携带驾驶证和行驶证；不准转借、涂改或伪造驾驶证。

（2）要遵守交通信号，听从交通警察的指挥。

（3）不准将车辆交给没有驾驶证的人驾驶。

（4）不准驾驶与驾驶证准驾车型不相符合的车辆。

（5）未按规定审验或审验不合格的，不准继续驾驶车辆。

（6）饮酒后严禁驾驶车辆。

（7）不准驾驶安全设备不全或机件失灵的车辆。

（8）不准驾驶不符合装载规定的车辆。

（9）在患有妨碍安全行车的疾病或过度疲劳时，不准驾驶车辆。

（10）文明驾车，礼让行人。

（11）车门、车厢没有关好时，不准行车。

（12）不准穿拖鞋驾驶车辆。

（13）不准在驾驶车辆时吸烟、饮食、闲谈、使用手机通话。

（14）在发生交通事故后，要立即停车，开启危险报警闪光灯；在来车方向设置警示标志，并全力抢救受伤人员。

（四） 乘坐汽车时的安全规范

（1）乘坐公共汽车时须在站台或指定地点依次候车，待车停稳后，先下后上。下车后应走人行道。

（2）文明乘车，不向车内外吐痰和抛杂物，遇有老、幼、病、残、孕妇及怀抱婴儿者，要主动让座。

（3）乘坐出租车或轿车下车时应观察后面有无来车（包括非机动车），再开右侧车门。在机动车道上不得从机动车左侧上下车，如果确需开左侧门，应在确信无来车情况下开车门下车，并迅速、安全地向人行道方向走，不要在车辆前面横穿。

（4）严禁携带易燃、易爆物等危险物品乘坐公共汽车、电车和出租车等交通工具。

（5）乘车人不要与司机攀谈，不应催司机开快车，或用其他方式妨碍司机正常驾驶。车辆行进中，不要将身体的任何部位伸出车外，不能跳车。

（6）在车辆行驶过程中不可随意触摸车上控制器，如车门锁等，并要系好安全带。

（7）需要搭乘出租车时，不要在车道上招呼拦搭。车未停稳不要上车。

（8）搭乘公共交通工具时，若人多拥挤，应随时注意故意推挤、借机靠近之人，以防遭盗窃和猥亵。遇有以上情形，应大声呼叫求援。

（9）下车时要注意拿好自己的东西，检查座位上是否有遗漏物品。出租车离去时要索取发票，万一遗漏物品在车上也方便联系寻找。

（10）不要乘坐非法运营车辆（俗称“黑车”），因为这些车辆安全没有保障。

有下列情况不应乘车，以免发生危险。

① 发现车辆破损，声音异常时；发现驾驶员精神状态不佳、酒后驾车时；发现车辆不正常运行、客货混载、违章超载时；发现客车有其他违反操作规程时。

② 遇恶劣天气如大风、大雨、大雾、大雪时，不应坐汽车长途跋涉。

③ 病中无人陪伴不要乘车。

（五） 乘坐火车时的安全规范

（1）当旅客进站上车时，应该走规定的检票口，通过天桥或地道，不可穿行铁路、钻车或跳车。还要特别注意严禁携带易燃、易爆等危险品上车。

（2）当列车进站时，旅客和送旅客的人都应退离站台安全线以外，防止被卷入站台下发生危险。列车停稳后应该有序地先下后上。

（3）列车开动时，送行者不得越过站台的安全线，不可与车上的亲友握手或递东西。

（4）列车开动行进中不得把手、脚、头部伸到车窗外，以防刮伤。行李架上的物品要放牢，避免坠落伤人。睡在卧铺车厢上铺时，要将车上的安全带挂好，防止睡觉时坠落摔伤。在列车上不宜饮酒，因为喝酒过量，头脑失控，不利于财产的保管，也容易碰伤摔伤，甚至造成伤亡事故。

（5）列车运行时，要特别注意防范犯罪嫌疑人盗窃行李、财物等。冬、夏季乘坐空调火车时，还应注意根据车厢温度加减衣物，防止因过热或过凉而生病。

（6）购买学生票时应注意购票的时间段和可购票的区间。不要通过“黄牛”购票，以免上当。

（7）车上若遇陌生人搭讪，应避免谈论家中经济、财务状况及生活作息等私密之事。

（六） 乘坐船舶时的安全规范

（1）不乘坐超载的船只，不乘坐无证船只。天气恶劣时，如遇大风、大浪、浓雾等，应尽量避免乘船。上下船要排队按次序进行，不得拥挤、争抢，以免造成挤伤、落水等事故。

（2）不在船头、甲板等处打闹、追逐，以防落水。不拥挤在船的一侧，以防船体倾斜，发生事故。夜间航行，不要用手电筒向水面、岸边乱照，以免引起误会或使驾驶员产生错觉而发生危险。

（3）船上的许多设备都与行驶安全有关，不要乱动，以免影响正常航行。

（4）登船后，应了解自己和船上备用的救生衣存放的位置、出入口及通往甲板的最近的逃生口，以便在紧急情况下能够迅速地逃离危险的地方。

（七） 乘坐飞机时的安全规范

（1）要按所购机票的机舱类别、座号就座，除上厕所等必要的活动外，一般不要随便走动。不要串舱，更不要接近驾驶舱。

（2）乘坐国内班机，在机舱内一律不允许吸烟；乘坐国际班机，旅客只能在指定吸烟处吸烟，烟头必须掐灭后放进烟盒内，禁止在飞机内的厕所里吸烟。

（3）熟记空中乘务员做的飞行安全示范。各种飞机机型都有紧急出口，乘客应仔细聆听乘务员讲解的飞行安全须知，熟悉紧急出口的位置及其他安全避险措施，以免遇到紧急情况时手足无措。

（4）大件行李切勿随身携带上飞机。因发生紧急事故时，座位上方的“物柜”往往会因承受不了重量而裂开，导致大件行李掉落，从而危及乘客的安全。

（5）在飞机起飞、降落和飞行颠簸时要系好安全带。身体不适时，应及时与乘务员联系，可请乘务员帮助调整座位和座椅靠背，闭目休息。机上备有常用的急救药品，乘务员会在必要时向你提供。

（6）机舱内配有救生设施、灭火设备、氧气设备及紧急出口设施，飞经海上的飞机还有救生衣。这些设施只能在发生紧急情况时使用，乘务员会将这些设施的使用方法向乘客介绍和示范，在发生紧急情况时，由机组人员组织乘客使用。未经机组人员的许可，任何人都不可随意动用。当面临紧急情况时，乘客应保持镇定，必须听从机组人员的指挥。

（7）乘飞机时要尽量穿棉质的衣服，最好不要穿容易燃烧的化纤衣服。不喝酒及含酒精的饮料。

（8）不得携带枪支、弹药、凶器和易燃、易爆、腐蚀性、放射性物品及其他危害民航安全的危险品登机。

（9）飞机最容易发生危险的时候是起飞和降落时，这时要系好安全带，仔细听乘务员讲解怎样应对紧急事故。

（八） 乘坐地铁时的安全规范

（1）留意车站及列车导向标志，留意车站通告及广播，并遵守指示。

（2）正确使用进、出站闸机，待前面的乘客通过及闸门关闭后方可使用，不得翻越闸机和栏杆。

（3）在安全线以外候车，车到后先下后上，上下车时不要拥挤。

（4）给有需要的乘客让座，小心照顾同行的小孩和老人。

（5）留意列车广播，提前做好下车准备。

（6）不得在站台奔跑、嬉戏，不得进入地铁隧道、高架线路等非公众区域。

（7）不得在站内和车厢里吸烟。

（8）不得携带过大的物件或货物、宠物及其他禽畜上车，不得携带危险品上车。

（9）按照提示，正确使用安全及紧急设施。一旦发生紧急情况，立即通知车站工作人员。

二、正确、有效地处理交通事故

无论是在校外还是在校内，一旦发生交通事故后要及时报案，以有利于事故的公正处理。可以拨打“110”“122”报警电话，准确报出事故发生的地点及人员、车辆伤损情况。若有人受伤，要及时拨打“120”急救电话。除及时报案外，还应该及时与学校取得联系，由学校出面协助处理有关事宜。

（一） 交通事故现场处置

1. 发生交通事故后当事人现场处置步骤

（1）要立即停车，保护现场。若事故造成人员伤亡，要迅速抢救伤者。应仔细检查伤亡情况，拦截过往车辆将伤者送往就近医院抢救，如无过往车辆而情况又特别紧急，可以自己开事故车直接送伤者到医院，以争取时间。但是，必须标明伤者位置和车体位置，用石头或树叶等东西把主要部分围起来，禁止车辆或行人进入现场，防止事故现场被破坏。

（2）要赶快检查和救护受损车辆，消除危险，减少损失，防止着火、爆炸、腐蚀等引发的次生灾害。

（3）要及时报案，防止因报案不及时而承担不必要的事故责任，先报交警，再报学校老师和有关单位（如保险）。

（4）要委托证人证明，防止与证人失去联系。发生严重交通事故后，驾驶人员应及时注意收集事故现场的证人和证据，记下证人的姓名、性别、单位、住址、电话等。

2. 发生交通事故后当事人现场的不当表现

（1）突然发生交通事故时，由于没有思想准备，面对惨不忍睹的伤亡现场和众多的围观者，许多当事司机束手无策，延误了抢救时机，加重了不应有的损失。

（2）当事人不知如何保护原始现场，使有些本来事实很清楚的情况由于现场被破坏或改变而无法说清楚。

（3）由于私心严重和缺乏法制观念，有些肇事者故意破坏、伪造现场，毁灭证据，嫁祸于人。

（4）双方当事人对重大事故做“私了”处理。

（5）事故发生后，为逃避法律责任，故意逃离事故现场。

（6）双方当事人在事发现场争吵，甚至发生斗殴。

上述这些不良表现，会给自己、他人和社会带来不应有的损失和危害，造成不良的影响。

（二） 交通事故后续处置

一旦发生道路交通事故，一定要冷静应对。要区别情况，选择解决事故的方法，或自行协商解决，或报警解决。

1. 道路交通事故的解决方法

（1）当机动车与机动车、非机动车、行人在道路上发生未造成人身伤亡的交通事故时，当事人对事实及成因无争议的，可先用手机对事发现场进行拍照，在记录交通事故时间、地点、对方当事人的姓名和联系方式、机动车车牌号、驾驶证号、保险凭证号、碰撞部位并共同签名后，双方可撤离现场，自行协商损害赔偿事宜。如果当事人对交通事故及成因有争议，则不能撤离现场，应当迅速报警。

（2）当在道路上发生造成人身伤亡的交通事故时，车辆驾驶人应当立即抢救受伤人员，并迅速报警。

（3）非机动车与非机动车或者行人在道路上发生交通事故，未造成人身伤亡，而且基本事实及成因清楚的，当事人应当先撤离现场，再自行协商处理损害赔偿事宜。如果当事人对交通事故事实及成因有争议，则应当迅速报警。

（4）控制肇事者。若肇事者想逃脱，一定要设法控制。自己不能控制的，可以发动周围的人帮助控制；若实在无法控制，也要记住肇事车辆的车型、号牌、颜色等特征。

2. 道路交通事故现场的保护

交通事故当事人应当保护交通事故现场。交通事故现场是指发生交通事故的车辆与事故有关的物体、痕迹和伤亡人员及其所在地点。现场情况是了解和判断事故发生过程、原因、责任及正确处理事故的重要依据。发生交通事故后，当事人故意破坏、伪造现场及毁灭证据的，承担全部责任。

保护交通事故现场，就是保护交通事故发生时的原始现场，车辆、物品、伤亡人员及痕迹都不能变动。为了解决抢救受伤人员与保护现场的矛盾，在抢救受伤人员需要变动现场时，应当标明位置。

3．道路交通事故的损害赔偿

在道路上发生交通事故后，当事人不能自行协商处理的，应报警，由交通警察到现场进行勘验、检查，搜集证据，制作交通事故认定书，作为处理交通事故的证据。当事人收到交通事故认定书后，对交通事故损害赔偿的争议，有两条途径可以选择，即请求公安交通管理部门调解，或直接向人民法院提起民事诉讼。交通事故损害赔偿项目和标准依照有关法律的规定执行。

4．发生在高校内部的交通事故的处置

校园内道路允许社会车辆进入和停放，故校园道路应是社会道路的延伸。高校内发生交通事故，当事人可以根据情况自行协商解决，也可以向公安机关交通管理部门报案并向学校保卫部门报告。

三、交通遇险自救方法

交通事故不是天灾，而是人祸。因为交通事故是车辆在道路上因过错或者意外造成的人身伤亡或财产损失的事件，而车辆又是由人驾驶的。纵观伤亡惨重的重特大交通事故，虽然它们的前因、后果充满着各种偶然和变数，作为个人很难在主观上预见到它们即将在下一刻发生。但在发生事故的一刹那，掌握正确的自救方法，积极应对处置，使身处困境的自己由被动变为主动，对减少人身伤亡和财产损失起着至关重要的作用。

（一） 陆上交通遇险自救

1．事故自救常识

每个人都不愿意发生交通事故，可是，天有不测风云，人有旦夕祸福。一旦发生交通事故该怎样处理呢？下面讲述十二种处置法。

（1）车祸发生时，驾乘者应沉着冷静，保持清醒的头脑，千万不要惊慌失措。

（2）驾驶人要迅速辨明情况，按照“先救人、后顾车；先断电路，后断油路”的原则，把事故损失降到最低。

（3）发生翻车事故时，驾驶人应紧紧抓住方向盘，两脚钩住离合器踏板或油门踏板，尽量使身体固定，防止在驾驶室内翻滚、碰撞而导致伤害。如果驾驶室是敞开式的，翻车时驾驶人应尽量缩小身体往下躲，或者设法跳车。

乘客应迅速趴到座椅上，紧紧抓住前排座椅或扶杆、把手等固定物，低下头，利用前排座椅靠背或手臂保护头部；若遇翻车或坠车，应迅速蹲下身子，紧紧抓住前排座位的椅脚，身体尽量固定在两排座椅之间，随车翻转；车辆在行驶中发生事故时，乘客不要盲目跳车，应在车辆停下后再陆续撤离。

（4）万一人被抛出驾驶室或车厢，应迅速抱住头，并缩成球状就势翻滚，其目的是减小落地时的反作用力，减轻头部、胸部的损伤，同时尽量远离危险区域。

（5）当翻车已不可避免，需要跳车时，应用力蹬双脚，增大向外抛出的力量和距离，不能顺着翻车的方向跳车，以防跳出后又被车辆重新压上。

（6）在撞车事故中，巨大的撞击力常常对人造成重大伤害。为此，搭乘人员应紧握扶手或靠背，同时双脚稍微弯曲用力向前蹬，使撞击力尽量消耗在自己的手腕和腿弯之间，以减缓身体向前冲的速度和力量。

（7）驾驶人在寻找自救方法的同时，要兼顾别人的安全，并减少货物、财产的损失。

（8）在公路上发生车祸时，要注意保护好现场，及时救护伤员，尽快报警，争取得到交警的帮助，防止造成交通堵塞。

（9）在车祸中，如果人的头颅、胸部和腹部受到撞击或挤压，即便隐隐作痛，也要警惕内脏出血，应及时到医院诊治，千万不可掉以轻心，不要执意回家，防止内出血突然加剧而导致死亡。

（10）车辆意外失火时，应破窗脱身打滚灭火。行车途中汽车突然起火，驾驶人应立即熄火、切断油路和电源，设法组织车内人员迅速离开车体。若因车辆碰撞变形、车门无法打开，可从前后挡风玻璃或车窗处脱身。

（11）车辆落水时，保持头脑清醒，迅速解开安全带，如果车门中控落锁，把中控拔起。第一时间尝试能否打开车门，可以的话立刻开门逃生。如果打不开，先按车窗升降器，降下车窗逃生。如果车窗无法降下，用安全锤、车座头枕（有金属插棒）、金属皮带扣等尖锐物品，敲砸侧面玻璃四角。如果仍无法逃生，水慢慢涌入，保持稳定状态，当水深度接近头部时，车内外水压接近，此时车门比较容易打开，深吸一口气，潜水开门逃生。

（12）当车辆迎面碰撞时，两脚踏直，身体后倾。一旦遇有事故发生，当迎面碰撞的主要方位不在司机一侧时，司机应紧握方向盘，两腿向前蹬直，身体后倾，保持身体平衡。迎面碰撞的主要方位在临近驾驶人座位或者撞击力度大时，驾驶人应迅速躲离方向盘，将两脚抬起，以免受到挤压而受伤。

2．事故互救常识

由交通事故引发的死亡，往往不是由事故本身造成的，而是因伤员得不到及时的救治或被不当救治造成的。假如大学生能了解一些抢救伤员的常识，在关键时刻，可能就能成为伤员的救护神。

（1）设法拨打交通事故报警电话“110”“122”或派人报告公安交通管理部门，告知出事的时间、地点、伤亡情况等；并拨打“120”电话，通知紧急救护机构，请求派救护车和救护人员。

（2）对于伤员，不必急于把他们从车上或车下往外拖，而应该首先检查伤员是否失去知觉，还有没有心跳和呼吸，有无大出血，有无明显的骨折；如果伤员已发生昏迷，可先松开他们的颈、胸、腰部的贴身衣服，将其头转向一侧并清除口鼻中的呕吐物、血液、污物等，以免引起窒息；如果心跳和呼吸都停止了，应该马上进行口对口人工呼吸和胸外心脏按压。

(3) 如果有严重外伤出血，可将头部放低，伤处抬高，并用干净的手帕、毛巾在伤口上直接压迫或把伤口边缘捏在一起止血。

(4) 发生开放性骨折和严重畸形，可能由于伤员穿着衣服难以发现，不应急于搬动伤者或扶其站立，以免骨折断端移位，损伤周围血管和神经。如果伤员发生昏迷、瞳孔缩小或散大，甚至对光反映消失或迟钝，则应考虑有颅内损伤情况，必须立即送医院抢救。

(5) 至于一般的伤员，可根据不同的伤情予以早期处理，让他们采取自认为恰当的体位，耐心地等待有关部门前来处理。

(二) 水上交通遇险自救

1. 小型船只在内河湖泊发生事故的自救

(1) 木制船只翻船，人被抛至水中，应立即抓住船沿并设法爬到翻扣的船底上。

(2) 用玻璃纤维、塑料制成的船翻了以后会下沉。当舱内有大量空气时，船会漂浮在水面上，此时可设法抓住翻扣的船只，但须保持船只的平衡，千万不要将船正过来。

如果船下沉，应在翻船前抓住船上的漂浮物或木制品，作为下水后的漂浮用品。落水后如果离岸不远，可向岸边游去；若离岸太远，体力又不足，应随水漂浮，保存体力，一旦发现人员及时发出求救信号（挥动手臂叫喊）。

如果不会游泳，又没有漂浮物依靠，可采用“防溺技巧”求生。

防溺技巧之一：俯卧换气法。深吸一口气，放松身体，俯卧水面，双手前伸，就像浮在水面上；换气时，双手下压，竭力使头部上仰，露出水面，呼气，依次交替换气。这样在水中可持续几小时，因为人在肺部充满空气时身体重量轻于同等体积的水，可自然漂浮在水中。

切记：采用此技巧时，谨防呛水。如果水特别冷，不要采用此法。

防溺技巧之二：仰面浮水法。仰面浮在水中，必要时双手有节奏地划水，不定期屏气、休息，使体力消耗降到最低。

防溺技巧之三：踩水法。双脚踩水，双手平伸，慢慢前后滑动，使头露出水面，手脚动作要协调。

防溺技巧之四：自制浮囊法。脱下长裤，在两只裤管末端分别打结，双手拉开裤子，把裤子从背后迅速向前扬，使裤管内充满空气，然后拉紧裤子，并压入水中，有助于身体漂浮。

切记：一旦落水，要迅速丢掉口袋里的物品，但不要脱衣。

2. 遭遇海难的自救

船舶相撞或触礁，发生剧烈颠簸时的处置方法：

(1) 相撞前，人蹲下，抓住固定物，以免被甩伤或被抛入水中。

(2) 下仓位乘客要迅速有秩序地跑到甲板上，穿上救生衣，带上淡水、食品、大衣或毛毯、软垫物、手电筒、绳子等，以备用。

(3) 如果船长决定弃船，乘客应在工作人员的指挥下，按顺序登上救生筏。

(4) 不能登上救生筏，不得不跳水时，要做好跳水准备：

① 查清水面情况，不要选择有油污、漂浮物的水面跳（也要避开先跳入海的人群），以免遭受意外伤害。

② 选好跳水位置。选择一处离海面 5 m 以下高度的位置跳海，才能保证人身安全。超过 5 m 的高度，应借助绳梯、绳索、消防皮带滑入水中。一般船下沉时，船头或船尾会首先下沉，离海面距离较近，可选择此处跳水。但若船尾部螺旋桨还在转动，则要避开船尾跳水。多穿一些衣服，穿不透水的衣服更好，不脱鞋袜。正确穿戴救生衣，带上可漂浮物、食品、淡水、毛毯、手电筒、绳子等物。

（5）水中求生技巧。

① 随救生艇漂浮，一定要用绳子把自己与救生艇绑在一起。在船与人之间留 1 ~2 m 长的绳子，其作用是救生艇若被风浪掀翻，人落水时，不会被冲走或溺死。

② 穿救生衣漂浮，动作要规范：双膝弯曲至胸前，蜷身。若几个人在一起，应紧紧相拥，以减少人体热量散失。

切记：一旦发生海难，无论乘客处在何种环境下，及时发出求救信号都为当务之急。

③ 浮在水中，要顺水而漂，不要经常划水；不要游水追船；若离岸边较远，建议不要试着游向岸边，否则，不但徒劳，还会耗尽体力，危及生命。

切记：在水中漂浮，保持体力至关重要。当然，如果离岸不远，本人又会游泳，体力又能承受，可尝试向岸边游。

（三） 空中交通遇险自救

1. 飞机开始迫降或紧急着陆时乘客要采取的措施

（1）迅速取下身上尖锐的物品（如假牙、眼镜、高跟鞋等），放在前排左翼背后的口袋中，以防身体受撞击时造成意外伤害。

（2）保持正确坐姿：臀部紧贴椅面，两脚平放用力蹬地，背前弓，双手在膝下握住，头贴住膝盖。

（3）如有软垫物，应充分利用。可将枕头垫在下腹部，将充气救生衣围在头四周，用毛毯包头，人盘坐在椅子内，以此避免或减轻夹撞引起的伤害。

2. 飞机迫降或紧急着陆后乘客应采取的措施

（1）在工作人员的组织下，从紧急出口处用坐姿跳到充气逃生滑梯上，迅速离开。

（2）如果飞机迫降在海面上，应迅速穿上救生衣。飞机上其他软垫物，如坐垫、充气逃生滑梯，可当作救生物急用。

（3）如果飞机迫降在地面，没有起火、爆炸的危险，不要离开飞机。因为飞机比人的目标大，容易被营救人员发现，且飞机也是不错的藏身、栖身之地。

3. 飞机出现异常情况时的应急措施

（1）如果机舱内氧气不足或气压调节装置发生故障，应立即戴上氧气罩。

（2）如舱内出现烟雾，应立即用湿毛巾或湿手帕（可用饮料浇湿）捂住鼻子和嘴巴，并听从机务人员的统一指挥。

四、拒绝“黑车”，珍爱生命

随着市场经济的发展，道路客运市场也得到了快速发展，特别是客运出租市场如雨后春笋般蓬勃发展，满足了客运市场发展的客观需要，为广大人民群众的出行提供了便利。但在客运出租市场发展的同时，无证“黑车”也随之出现。高校一般地处城郊，通常公交班次少、候车时间长、公共交通运力欠缺，师生出行的需求和市场的相对空白被“黑车”经营者填补，让黑车有机可乘。

（一） 什么是“黑车”

所谓“黑车”，是指无牌无证、无道路运输证、非法营运的客运车辆；假牌假证、逾期未审验、未经审批非法从事客运的车辆；已达强制报废年限、非法拼装组装、未经道路运输经营许可、不具备客运出租车营运资格而擅自从事出租车经营活动的自备客运车辆。由于“黑车”投入成本低，没有基本的保养维护等，无须向国家交纳税费、向公司支付挂靠费或管理费，在与客运出租车辆的不平等竞争中具有价格优势，能取得丰厚的利润，所以黑车队伍不断发展壮大。“黑车”背后隐藏着严重的安全隐患，带来了一系列危害，不容忽视。

（二）“黑车”的危害

以最小的成本投入，追求最大的经济利益是“黑车”非法经营的价值取向。为此，大量的“黑车”经营业主不计安全后果，不愿加大安全投入，普遍存在车况差、安全保障低等问题，部分“黑车”驾驶员未经过交通管理部门正规培训，交通法制观念淡薄，技术生疏，有的甚至未取得驾车资格便上路载客营运。一旦发生事故，容易出现群死群伤，“黑车”缺乏安全监管，其发生重特大事故的概率远高于合法经营的公共客运车辆，黑车严重危害群众的生命与财产安全。

1. 坐“黑车”，乘客安全无保障

“黑车”是没有营运资格的，一没发票，二没保险，三没安全保障，一旦出事，后患无穷，而且其事故发生率大大高于正常营运的车辆。一旦发生事故，受害者有冤也无处申。

(1)“黑车”车况得不到保障。由于“黑车”未定期维护、检测和年审（正规的营运出租车每年要进行四次的车辆综合性能检测，检测合格才能上路营运），车况难以保证。若黑车采用报废、非法改装、非法拼装的车辆，则更谈不上安全保障。

(2)“黑车”驾驶人员没有从业资格证，驾驶技术不过关，在非法营运中，为了牟利和逃避打击，争道抢行、强行超车、闯红灯、超载客，极易酿成重大事故。一些“黑车”司机在发生交通事故后为了逃避应承担的法律和经济责任，弃车或驾车逃逸，特别是无牌无证、假牌假证“黑车”造成的交通事故后续处理极为困难。

(3)“黑车”没有按营运车辆要求投保，未投保承运人责任保险，一旦发生事故，乘客的利益无法得到保障。

(4) 服务质量差。参与“黑车”经营的驾驶员未经道路运政机构的专门培训，不了解客运出租车驾驶员服务规范，无法提供优质服务，而一旦发生乘客利益受损事件，即使乘客进行投诉，由于驾驶员不受管理部门管辖，乘客的利益仍然无法得到保障。

(5) 参与无证经营的驾驶员一般都知道自己的经营行为属非法活动，在营运过程中对运政部门的检查高度警惕，极易分散注意力，影响行车安全；在遇到现场执法人员时，更是不择手段逃避检查，经常违法高速行驶，容易发生事故。

(6) 诱发各类刑事案件。“黑车”经营者作为一个独特的利益群体，其非法性决定了易于滋生各种违法犯罪，同时也往往成为犯罪分子侵害的目标和对象。大部分从事“黑车”非法经营活动的人员道德素养差、法制意识弱，他们经常互相勾结、坑害乘客、敲诈勒索、寻衅滋事，甚至形成犯罪团伙，诱骗乘客上车，实施抢劫。

2. 开“黑车”，得不偿失遭抢劫

近年来“黑车”驾驶员被侵害案件已有多起，犯罪分子将目标对准“黑车”驾驶员。一方面，“黑车”驾驶员的安全防范意识薄弱，警惕性不高；另一方面，由于“黑车”驾驶员意识到自己营运违法，往往不敢、不愿做一些事先安全预防工作，如到出城登记站进行登记，将租车人的情况告知他人，等等。

3. “黑车” 行业损害合法经营

没有任何营运手续却搞营运的“黑车”在街头横行，对有着合法营运手续的出租车损害太大。正规的营运出租车每月要向公司上缴管理费及各项税费等，而“黑车”不用交纳税金，如工商费、运管费、客运附加费、驾驶员资格证与营运证的年审费等。因此，低成本的“黑车”以低运价的优势抢占了出租车正规军的市场，严重损害了合法经营者的利益，扰乱了客运市场的正常秩序，不但造成了国家税费的严重流失，也给道路运输安全埋下了极大隐患。而且“黑车”驾驶员收钱没有票据，如果乘客有物品遗失在车辆上，根本无法查找。由此，打击“黑车”，规范客运市场秩序势在必行。

同学们要充分认识“黑车”的社会危害性，珍惜自己的生命，不乘坐“黑车”并自觉加以监督，及时举报。为了您的出行安全，自觉行动起来，远离“黑车”、抵制“黑车”、举报“黑车”。

（三） 珍爱生命，安全出行

(1) “黑车”驾驶员身份复杂，素质参差不齐，没有受过从业资格培训，而且安全意识淡薄，极易发生侵害人身和财产安全的重大刑事案件，引发重大交通事故。

(2) 无论事情多么紧急，都不要乘坐“黑车”、包租“黑车”，要乘坐合法营运的公共交通工具。乘坐出租车等车辆时注意自身安全，树立风险规避意识。例如，女生在晚间应避免单独乘车外出；不要搭乘陌生人的车辆；单独乘坐出租车不要坐在副驾驶位置，应坐在后排；提前记录所乘坐的车辆号牌、上车地点、目的地等信息，并通过手机告知家属。

(3) 如果乘坐车辆时发现可疑情况，自身安全受到威胁或受到不法侵害，应立即拨打报警电话“110”，说明自己所处的位置、乘坐的车辆车牌号及相关情况。

(4) 广大师生出行要严格遵守交通法规，乘坐合法交通工具。若自驾出行，要做到文明、守法、安全，不酒后驾驶，不无证驾驶，不驾驶无牌证或改装的车辆。

五、案例与分析

（一） 乘坐“黑车” 引发的悲剧

案例一：2018 年 1 月 21 日凌晨 4 点过，家住黔西县的四川大学黄同学，乘坐火车从成都来到贵阳火车站。出站时，一男子挡住了他的去路。“同学，到哪里?”当时又黑又冷，小黄一心想尽快回家。“我到黔西。”“黔西有车，过来买票，70 块一个人。”付钱后，男子带着小黄来到火车站左侧一马路边，上了一辆 10 多人的中巴车。大约凌晨 5 点，车上的人齐后，中巴车开始启动。行驶一段时间后，驾驶员告诉他黔西到了。下车后，小黄发现，这里并非黔西县城，而是在高速公路上。正当小黄准备询问驾驶员时，驾驶员将小黄的行李放入路边停靠的一辆白色私家车后备厢里。“你坐他的车就可以到县城了。”话毕，驾驶员返回中巴车迅速离开现场。

小黄只好进了这辆私家车。当车开了几分钟后，驾驶员突然告知小黄，起步价 10 元，每公里按 8 元收费。“刚才你怎么不说。”小黄一边质问，一边打开手机地图，发现自己的位置距离黔西县还有 80 公里。经过一番讨价还价，司机最终要求小黄支付 500 元车费，小黄只好默许。早上 7 点过，当车辆开到黔西县高速路口时，驾驶员将小黄叫下车，小黄用微信支付了 500 元车费。

事后，小黄前往辖区派出所报案，经过莲城派出所和林泉派出所民警的帮助，当天通过调取监控查到了“宰客”小轿车的驾驶员，该驾驶员来到莲城派出所退还了小黄的 500 元。小黄借助自身的遭遇提醒同学们，一定不要乘坐“黑车”。

案例二: 2019 年 5 月 28 日 21 时 50 分许，黑龙江省绥化市青冈县发生一起恶性重大交通事故，两辆“黑车”在 G202 国道 454 公里处相撞，车辆起火燃烧。车祸造成 4 人死亡、6 人受伤。

案例分析: 以上案件均与乘坐“黑车”有关，乘坐“黑车”有着诸多危害性。一是安全事故频发。多数“黑车”驾驶员素质低下，因他们非法营运，惧怕检查，开车时容易分心，遇到执法人员检查，疯狂逃窜，极易发生交通事故。二是损害旅客合法权益。“黑车”驾驶员未经培训，缺乏客运职业道德，只讲利益，没有服务意识，损害乘客利益事故频发。由于“黑车”没有承运人责任险，一旦发生交通事故或产生纠纷，“黑车”车主承担不起对乘客的赔偿，致使旅客的正当权益无法得到保障。三是乘客生命安全无保障。近年来，“黑车”车主强揽旅客、敲诈勒索、谋财害命事件频发，严重影响旅客的出行安全。也有“黑车”车主被不法分子勒索、杀害的，给社会带来不稳定因素。生命只有一次，别拿生命去冒险。

防范办法:

(1) 大学生在外，切记千万不要贪图便宜乘坐“黑车”，不要与不认识的人拼车。

(2) 上车前看清车牌号。记清车牌号后，上车跟家人通话，或假装打电话，告诉家人车牌号，让家里人接一下。

(3) 上车坐司机后排位置。最好不要坐副驾驶位置，万一不幸遭遇车祸，司机后排是最安全的位置。且坐在这个位置，司机如果产生歹念，发动袭击最不方便。不要过多跟司机攀谈，更不要随意透露个人信息。不要跟司机发生言语冲突。遇到司机敲诈，别太计较钱财，保证安全最重要。

(4) 随时注意行车路线。很多人上车后就自顾自地玩手机、听音乐、睡觉，这是很不好的习惯。为防万一，上车后要打起精神，注意观察司机驾驶的路线，如果发现路线不对劲，可借口要去附近的亲戚家，或者刚看到熟人，提出中途下车，懂得随机应变。

(5) 女生出门穿着不宜太暴露，偏僻的地方不要去。如果坐车时带了较大数量的现金，千万不要露财。

（二） 酒后驾车引发的悲剧

案例三：2019 年 7 月 3 日，河南省永城市谭某某醉酒后驾驶玛莎拉蒂轿车搭载刘某某、张某某，横冲直撞，剐蹭了停在道路一侧的一排车辆。为逃避受损车辆车主的拦阻，谭某某飞速追尾一辆等绿灯的宝马车，宝马车瞬间起火。事故造成 2 死 4 伤。宝马车上 3 人中，后排座上的 2 名男子当场死亡，驾驶员王某某全身大面积烧伤。

案例四：2021 年 4 月 8 日凌晨，湖南郴州一司机疑因借用朋友的奔驰，酒驾行驶撞上出租车，导致出租车内一死两伤，目击者称被撞车辆其中一人从车内甩出当场死亡。经警方调查，肇事车辆驾驶员马某呼气酒精检测仪结果为 104 mg/100 mL。

案例分析：酒后驾车主要有如下危害：

(1) 触觉能力降低。饮酒后驾车，由于酒精的麻醉作用，人的手、脚的触觉敏感度较平时降低，往往无法正常控制油门、刹车及方向盘。

(2) 判断能力和操作能力降低。饮酒后，对光、声刺激反应时间延长，本能反射动作的时间也相应延长，感觉器官和运动器官如眼、手、脚之间的配合功能发生障碍，因此，无法正确判断距离、速度。

(3) 视觉障碍。饮酒后可使视力暂时受损，视像不稳，辨色能力下降，因此不能发现和正确领会交通信号、标志和标线。同时饮酒后视野大大减小，视像模糊，眼睛只盯着前方目标，对处于视野边缘的危险隐患难以发现，易发生事故。

(4) 心理波动。在酒精的刺激下，人有时会过高地估计自己，对周围人的劝告常不予理睬，往往干出一些力不从心的事。

(5) 疲劳。饮酒后易困倦，表现为驾车行驶路线不规律，空间视觉差等疲劳驾驶行为。

酒后驾车适用法律规定：

《中华人民共和国道路交通安全法》将喝酒驾车分为酒后驾车和醉酒驾车两个档次。《中华人民共和国道路交通安全法》第九十一条规定：饮酒后驾驶机动车的，处暂扣 6 个月机动车驾驶证，并处 1 000 元以上、2 000 元以下罚款。因饮酒后驾驶机动车被处罚，再次饮酒后驾驶机动车的，处 10 日以下拘留，并处 1 000 元以上、2 000 元以下罚款，吊销机动车驾驶证。醉酒驾驶机动车的，由公安机关交通管理部门约束至酒醒，吊销机动车驾驶证，依法追究刑事责任，5 年内不得重新取得机动车驾驶证。饮酒后驾驶营运机动车的，处 15 日拘留，并处 5 000 元罚款，吊销机动车驾驶证，5 年内不得重新取得机动车驾驶证。醉酒驾驶营运机动车的，由公安机关交通管理部门约束至酒醒，吊销机动车驾驶证，依法追究刑事责任，10 年内不得重新取得机动车驾驶证，重新取得机动车驾驶证后，不得驾驶营运机动车。饮酒后或者醉酒驾驶机动车发生重大交通事故，终生不得重新取得机动车驾驶证。

（三） 校园内易发生的交通事故

案例五：2017 年 11 月 20 日 14 时 40 分许，山东某高校校园内 3 名男生正在校园中间路段的路南侧并肩行走。一辆轿车在路面上自西向东行驶。当该车行驶到 3 名男生附近时，车辆突然冲向人行道，向正在人行道上步行的两名男生撞去，同时刮擦了在人行道旁路面上行走的男生。事发后，现场附近有人拨打了“120”“110”报警，120 救护人员经现场努力抢救，发现其中一名男生已无生命迹象，另外两名受伤男生一名轻微擦伤，一名手臂骨折，该肇事司机为一名承包该校项目施工业务的校外人员。由于该司机驾驶行为不当，造成车辆失控，冲上人行道，发生伤亡事故。

案例六： 2017 年 6 月 5 日中午 12 时许，南京某大学餐厅附近，该校校车把一名男生撞倒。该男生边走边看手机，同时戴着耳机，未注意周围路况；校车车速也偏快。事故中男生右手胳膊粉碎性骨折，手机被撞飞摔碎；校车也因急速避让，挡风玻璃被撞凹陷并大面积裂开。

案例分析： 大学校园是人口密集区域，校园内的道路一般都是人车混行状态，加上大学校园的开放式管理，很多校外车辆开进了大学校园。由于校园内道路不同于社会道路，交通标识不健全、管理相对不规范，这也让大学校园成了交通事故的多发地。为了保证学生的安全，大多数校园内都设有限速的交通标识，但由于校方不具有执法权，这些限速标识大多成了摆设，很多司机都抱着“违反也不会被处罚”的心态，在校园内超速行驶，违章停车。我们如何才能预防校园交通事故呢？平时行走时应走人行道，在没有人行道的地方要靠路边行走；在没划人行横道的地方横过马路时要注意观察来往车辆，经观察发现路上无来往车辆时迅速直穿过马路；走路时要集中精力，“眼观六路，耳听八方”；不与机动车抢道，不翻越护栏或隔离墩，不闯红灯，不进入标有“禁止行人通行”“危险”等标志的地方。

学校要加强校内交通设施建设和交通秩序管理，限制机动车行驶速度，划分车辆行人分道线，提倡车辆和行人分道而行，杜绝在校内练习驾驶车辆或无证驾驶，避免交通事故的发生。加强校区道路交通安全设施的建设和管理，增设减速带，摆设隔离桩，在校门口和校区主要道路上设置减速和限速禁令标志，在校区道路转弯口和事故易发地点设置警示和减速标志等，主干道机动车时速限定为 20 km/h。

（四） 校园外常见的交通事故

案例七： 2017 年 12 月 31 日 7 时 14 分许，一辆中型客车行驶至吉黑公路 333 km 处时发生事故，该车为躲避前方撞到高速路中心护板的轿车，发生侧滑驶入公路右侧沟内。车中载有 12 人。5 人当场死亡，其中 1 人为驾驶人、4 人为大学生；7 人不同程度受伤。经调查：中型客车为汇众牌普通客车，注册地点为牡丹江某市（使用性质为非营运车辆），核载 15 人，实载 12 人，乘坐中型客车的 11 名大学生通过一旅游网站与司机取得联系，约车到雪乡旅游。

通过现场勘查、调查取证，并对车辆进行检验鉴定，两车涉嫌追逐竞驶，行驶中均超过限定速度，轿车在超越面包车时撞向中心护板，面包车为躲避轿车而侧滑驶入公路右侧沟内。警方对中型客车车主唐某、轿车驾驶人赵某分别以涉嫌非法经营罪和危害公共安全罪追究法律责任。

案例分析： 近年来，大学生在开学报到、假期返乡和外出旅游时的包车需求逐渐增多，随之而来的出行安全风险也不能忽视。在享受愉快旅途的同时，提醒大家一定要紧绷交通安全这根“弦”。

(1) 要乘坐具有合法资质的车辆。

在出行、旅游选择包车服务时，应选择具有合法运营资质的车辆和驾驶人，不要乘坐私揽客源的“黑”客车。如果对车辆情况有怀疑，可要求运输方出示相关证明，切勿因为贪小便宜去乘坐非法的“黑”客车。

(2) 不乘坐超载超员车辆。

外出旅游的乘客，切勿乘坐超员超载、客货混装的车辆。车辆超载会严重影响车辆制动和操控性能，易发生制动失效等安全事故。为了自身的安全保障，一定不要心存侥幸，不要贪图价格优惠，不要图方便快捷乘坐超员超载车辆。

(3) 在遇恶劣天气时尽量不乘坐汽车出行。

在雨雪冰冻等极端恶劣天气时避免乘坐汽车出行，尽量乘坐火车等其他交通工具。如果只能乘坐汽车，一定要提示驾驶人减速慢行，雪天最高行驶速度不应超过30 km/h，切勿为了赶路而超速行驶，造成意想不到的事故。

(4) 提防违法驾车行为。

出行途中乘客如发现驾驶人存在超速、疲劳驾驶、追逐驾驶及分心驾驶等危害安全的交通违法行为，乘客有义务马上提醒并制止驾驶人，如果驾驶人不听劝阻，应要求其停车并及时下车，向交警和相关管理部门投诉举报。

案例八：2017 年4 月4 日下午1 时左右，上海某旅行社携大学生团队24 人，在苏州太湖乘坐快艇从三山岛返回西山岛时，因快艇驾驶员酒驾，致使快艇撞上两艘货船间的拖拽缆绳，造成快艇顶棚被整个掀开。这一事故共造成4 名大学生遇难身亡、4 人受伤。

案例分析：(1) 酒后驾驶。事故中快艇驾驶员的乙醇含量鉴定报告结果为每百毫升乙醇含量54 mg，超出标准值34 mg，确定为酒后驾驶。

(2) 涉嫌危险驾驶。对于具体的事发原因，相关部门初步调查后表示，驾驶员驾驶的快艇在前方两艘船只间距比较小的情况下，仍强行穿越，这属于违章行为。

(3) 乘客未穿救生衣。按规定，驾驶或乘坐太湖快艇，均应穿着救生衣。但在事故发生当天，出事快艇上的驾乘人员都未穿救生衣，导致2 名落水失踪学生未能及时获救。

(4) 客货运航道交叉。太湖快艇缺乏约束，往来也无明确航道，驾驶员根据客人要求随意改变行驶方向，加上货船、客船交叉混行，存在较大安全隐患。

酒后驾驶、涉嫌危险驾驶、客货船航道交叉、乘客未穿救生衣等多种因素，共同制造并加大了这次事故的惨烈程度。因此，大学生外出乘坐车船、游艇时必须遵守有关安全规定，不可麻痹大意。

第七章 实验室安全

第一节　增强实验室安全意识

一、实验室安全的重要性

实验室是高等学校进行实验教学和科学试验的基本场所，是学校的科学实践、知识创新和技术发明的主要载体，是培养学生创新意识、综合素质的重要基地，是学校进行社会服务的重要平台，也是“双一流”建设不可或缺的重要组成部分，近60%的国家重点实验室依托高校建设。

改革开放以来，随着国家对科技教育的不断投入，高等教育事业得到了迅猛发展，招生规模不断扩大，近几年来，国家对实验室建设的投入大幅度增加，实验室建设无论是从数量上还是从规模上都呈爆发式增长。但同时随着实验教学和科学研究内容向多元化拓展，实验室仪器种类和设备数量大幅增加，实验室开放化程度提高，大型仪器共享性提高，生物化学试剂等危险源大幅增加，实验人员数量不断攀升，实验室风险愈加难以预见，不安全因素相互交织叠加，实验室安全工作面临着巨大的压力和挑战。实验室一旦发生事故，将会造成无法估量的后果，甚至会中断学校正常的教学与工作，使广大师生的生命安全受到威胁，财产、科研成果蒙受损失，还可能连带发生其他责任及巨额赔偿。2015年以来，高校实验室多发爆炸、中毒、火灾等事故，造成了很大的社会反响，引起了国家和教育主管单位的高度重视。高校对实验室安全应予以高度重视。

安全管理是以安全为目的，运用现代安全管理的规则、原理和方法，进行相关的计划、组织和控制方面的工作与决策，从组织、技术和管理等方面采取有效的措施，解决和消除各种不安全因素，从而达到保障安全的目的。我国安全管理的发展是从20世纪50年代引入现代安全生产管理理论、方法、模式后开始的。到20世纪末期，我国几乎与世界工业化国家同步研究并推行了职业健康安全管理体系。进入21世纪以来，在超前的主动预防型综合安全管理模式的基础上逐渐形成了安全风险管理理论雏形。该理论大致包括危险源辨识、风险评价、危险预警与监测管理、事故预防与风险控制管理、应急管理等方面。目前，我国的安全管理正朝着现代安全管理模式稳步发展。

习总书记指出，“发展决不能以牺牲人的生命为代价”。各高校要把安全摆在各项工作的首位，牢固树立安全发展理念，弘扬“生命至上，安全第一”的思想，切实解决实验室安全薄弱环节和突出的矛盾，掌握防范、化解、遏制实验室安全风险的主动权，切实增强高校实验室安全管理的能力和水平，保障师生生命安全，为学校的高质量发展提供坚实的保障。

二、高校实验室的特点

实验室中常配置各种类型的设备和仪器，有的实验室可能配有大量危险实验物品，有的实验室可能在探索未知奥秘，它们都具有潜在的安全风险。实验人员在实验过程中各个阶段的差异性、试验结果的不确定性、仪器设备的工作不稳定性、线路老化、有毒气体泄漏、病毒微生物、危险化学品受潮混合反应、剧毒物品遭窃、放射性物质当垃圾废弃、学生心理情绪波动和突变等因素都是不可预测的。高校实验室安全与环境管理在不同时期针对不同对象呈现不同的特点，一般来说具有如下特点：

1．学科专业多样

实验室按照开展实验所涉及的学科范围，可大致分为化学化工类、生物类、医学类、机械类、电气类、核科学类等。由于学科和专业的多样性，实验室的种类多，规模、性质不同，硬件设施不同，使用人员不同，服务对象不同，风险性也不同。因此，实验室安全防护措施和管理方法也不尽相同。因此，需要根据不同学科与专业特点制定有针对性的、切实有效的管理办法与要求。

2．危险源多而杂

因高校实验室是进行实验教学与科学创新的场所，而非生产确定产品的基地，因此，它不像企业的危险源是大量的、单一的、固定的，而是量小的，但种类繁杂、变动性大、不确定性强，涉及危险化学品、微生物、气体、特种设备、放射性物质等多方面。面临的隐患类型多样，如火灾、毒害、燃烧爆炸、机械伤害、触电、物体打击和坠落等。

3．人员密集、流动性大

实验室人员包括进行实验学习的学生、科学研究的学生、实验教学的人员、科学研究的人员及外来访问的人员等，人员层次多、流动性大，实验室中的实验主体以学生为主，学生人多面广，因为学生换届而流动性大。

4．实验室分布分散且运行时间长

高校实验室数量多而分散，分属于不同的二级单位，不同的专业，有教学的、科研的、实训的，分布于学校的各个不同的位置。因为专业与功能性不同，各个实验室又相对独立。实验室运行时间经常远超八个小时，部分实验室甚至是全天候运行，这给实验室安全管理工作带来了很大的难度。

5．管理综合复杂

实验室管理是一项系统工程，包括人、事、物、法、环多个方面内容。它不仅包括危险源、仪器设备、安全设施条件、安全技术和环境的管理，还包括对人的管理。师生员工的安全意识、实验行为、实验操作流程的规范与否、安全设施条件等都会对实验室安全带来影响。因实验教学、科研创新、建设维护等工作涉及教务、科研、产研、基建、后勤、人事等多部门的沟通协作，实验室的安全管理涉及面广、管理综合性强，需要各级领导重视，各部门、二级学院共同参与，责任层层落实，相互协调。

三、高校实验室安全管理的主要问题

随着我国高等教育事业的快速发展，实验室安全工作面临的压力越来越大。实验室安全与环境管理比重虽然在不断地加强，但与实验室建设投入相比，实验室安全性建设投入偏少，在实验室安全建设和环境管理方面还存在诸多问题。总的来说，主要存在以下问题：

1. 安全意识薄弱

许多高校无论是领导、教师还是学生，都不同程度地存在实验室安全意识淡薄的问题，存在重教学科研、轻安全环保的思想，认为安全工作有投入、无产出，认为只要现场工作人员小心操作，就出不了大事，没有真正认识到实验室安全管理工作的重要性，没有真正地把实验室安全放到首要位置。

学生缺乏系统的安全教育培训，安全意识普遍偏低。目前高校宣教和管理的缺陷与不足显而易见。对大量不安全行为放任自流，非常不利于师生安全意识的提高和对管理制度的敬畏。有的学生在实验室工作、学习之后，思想开始松懈麻痹，对各项安全规定置若罔闻，为图省事而简化操作、违规操作、无人值守等情况时有发生，极易发生安全事故。

2. 安全机制不健全、管理人员不足

部分高校缺乏专门针对全校性实验室安全工作的组织体系，普遍存在校级实验室安全管理部门职责不明、边界不清、人员不足等问题。部分学校的实验室安全管理存在制度不严、执行落实不细、检查督促不力、奖罚不明等问题。在实验室安全管理人员的专职化、专业化、职业化方面，大部分学校也存在不足。职能部门缺少专门的科室和专业的技术人员，很难实现对实验室安全进行专业管理，且与二级单位实验室安全管理缺乏有效的衔接。实验室技术人员长期以来作为教学科研辅助人员，不被学校重视，对实验室安全管理责任心不强，安全技术知识不足。

3. 实验室建设不规范

不少高校实验室规划设计时缺少专业人员参与，对设施和装备的安全要求考虑不周，而且建设规划时因不确定实验室性质及具体功能需求，没有对实验室建设进行全方位的设计与建造，特别在通风系统、逃生通道、废气处置等方面离安全环保的要求还有较大距离。由于缺少实验室安全技术标准，也无专职安全技术人员参与实验室设计、装修和验收，实验室建设质量和安全设施难以保障。在实验室申报和评估过程中，也未能将实验室安全和管理工作纳入评估指标体系，导致实验室安全管理不受重视，实验室安全隐患整改难以落实。

4. 安全经费投入不足

近年来，高校对实验室进行了比较大的投入，但这种投入主要是在新修实验楼和购买新的仪器设备上，部分高校对实验室安全的投入不足，未设立实验室安全工作专项经费。实验室通风系统、危险化学品存储柜、消防设施、紧急喷淋装置等实验室防护设施和个人防护用具配备不到位；大型仪器设备缺乏维修资金，未定期进行维护保养和安全检验，设备带病工作或者超期服役情况常见，较易发生安全事故。

5. 安全教育培训体系不健全

在实际工作中，实验室安全事故的发生往往是由于实验室人员和学生对安全防护的认知不足，凭经验或平时的不良习惯（贪图方便、轻视、不按规定、懒惰等），或疲劳疏忽，或遇紧急危机时处理能力不足等造成的。因此，加强对实验室人员和学生的安全教育和培训显得十分重要。目前高校实验室安全宣传教育和管理存在着明显的缺陷与不足，对学生缺乏系统的安全教育，没有明确的考核要求，大多是老师在授课和做实验时，讲解一些实验所涉及的安全知识和应注意的问题，短时间、零散的教育不足以引导学生形成良好的安全意识。对实验教师缺乏专门的培训及引导，难以改变其过分看重实验及学术成就，忽略安全价值的认识偏见。

目前，不少高校还没有专门的实验室安全教育和培训中心。如何全面加强对实验室安全工作的认识，加大实验室人员的安全培训力度，以及对学生开展这方面的教育，已成为实验室安全工作的当务之急，应该列入学校的日常工作中。但高校师生乃至学校管理层对校园安全的认识尚停留在感性层面，校园内“安全第一，生命至上”的安全理念尚未形成，对于危险性实验和仪器设备缺少实验指导书和安全操作规程，师生在实验过程中遵守操作规程、正确佩戴个人防护用具等习惯还未完全养成。

少数高校仅将消防讲座作为实验室安全教育内容，二级单位和实验室层面的安全教育不足，安全教育的针对性和专业性不强。许多高校虽然加强了对新进校教师和学生的安全培训，但部分在岗教职工安全意识淡薄，参与安全培训情况不理想。大部分校级、二级单位领导和学科带头人，不仅未参加安全培训，也不关注实验室安全。

6. 废弃物处理不规范的问题较为突出

实验室危险化学品废液种类繁多，组成复杂，而具有处理全部废液合格资质的环保公司很少，废弃物处置价格偏高，处理周期长。特别是含重金属、含少量剧毒品、树脂凝胶废物、凝固态废油料等固体或混合废物长期被拒收。目前，各高校在废弃物处置上的花费与日俱增，实验室危险废弃物严重积压，这已成为学校重点危险源之一，给学校带来了很大的环保压力和安全风险。

第二节　实验室安全事故的发生原因、应急处理

一、实验室安全事故的发生原因

单纯的宣读式、灌输式的实验室安全教育，远没有深入剖析真实案例更容易震撼人心、更贴近现实、更具有教育意义，安全事故是很好的教材案例，近年来时有发生的高校实验室安全事故由于各种原因未能充分发挥其应有的警示作用。因此，要牢记教训，

举一反三，多途径收集和分析意外事故，建立意外事故调查和数据记录的制度，还要重视研究清楚实验室安全事故的起因、表现形式及危害类型，从而探讨各种预防事故及控制事故的发展的方法，加强安全教育，提高师生员工的责任心和安全防范能力。

通过对近年来实验室发生的安全环保事故的情况分析，可将事故大致分为火灾事故、爆炸事故、毒害事故、生物安全事故、辐射事故和机电设备事故等。

1. 火灾事故

火灾事故的发生具有普遍性，几乎所有的实验室都可能发生。造成事故的可能原因是：

（1）易燃材料物品保管不当引发火灾，如实验室存放的易燃易爆物质遇到热源或火源。

（2）实验过程中产生的高温物质和火源或实验反应失控引发化学火灾。

（3）实验设备、线路使用或维护不当引发火灾，如电线老化、过载、短路、导线接触不良、用电设备操作不当。

（4）人为疏忽，如脱岗、忘记关电源、乱扔烟头、忘记关闭酒精灯、忘记关电炉或进行某些明火操作时未采取安全防范措施等。

2. 爆炸事故

爆炸事故多发生在具有易燃、易爆物品和压力容器的实验室。造成事故的可能原因是：

（1）实验室的易燃易爆物品管理不当，如发生泄漏、受热、撞击、混放等。

（2）设备老化，存在故障或缺陷，造成易燃、易爆物品泄漏，遇火花而引起爆炸。

（3）高压、高能的实验装置操作不当或不合格，操作人员培训不到位。

（4）高压特种设备未定期进行维护和年检。

3. 毒害事故

毒害事故多发生在存有化学药品，特别是剧毒品、高毒品和有毒气体排放的实验室。造成这类事故的可能原因是：

（1）违反操作规程，将食物带进有毒物品的实验室因误食而中毒。

（2）仪器设备的老化、故障或缺陷，造成有毒物质泄漏或有毒气体排放不当。

（3）管理不到位，造成有毒药品散落流失，引起环境污染。

（4）废水排放管路受阻或失修，造成有毒废水未经处理而排放，引起环境污染。

4. 生物安全事故

生物实验室使用的高致病病原微生物、基因修饰生物、实验动植物及产生的危险生物废弃物都可能造成生物安全事故。生物安全事故会造成人员感染，引发突发性公共卫生事件及对环境造成污染。造成这类事故的可能原因是：

（1）生物实验室建设不符合规范标准，致使实验环境无法为实验人员提供基本的安全保障。

（2）未按要求在有资质单位进行生物制品和动物的购买，购买或使用过程中未按要求进行相关检疫检验流程。

（3）管理不到位，对病原微生物未采用严格的管理制度，导致泄露或污染。

5. 辐射事故

放射源丢失、被盗、失控，或者放射性同位素和射线装置失控，导致人员受到意外的异常照射，或者造成环境污染。在实验室中常见的核辐射源及射线装置、微波辐射、光辐射、红外辐射、紫外辐射等，都可能使公众或者实验人员受到超过人体安全值的辐射，引起病变，甚至对环境造成长期的影响。这类事故主要表现在：

（1）短时间大剂量的射线照射导致人员机体的病变。

（2）长时间小剂量的射线照射可能引起机体的病变。

（3）大量吸入放射性物质，可能导致人体中毒。

6. 机电设备事故

机电伤人事故多发生在有高速旋转或冲击运动的实验室，或带电作业的实验室和有高温液体、气体产生的实验室。造成这类事故的可能原因是：

（1）仪器设备操作不当或缺少防护，造成挤压、甩脱和碰撞。

（2）违反操作规程或因设备设施老化而存在故障和缺陷，造成漏电、触电和电弧火花。

（3）由于线路故障或雷击造成突然停电，致使设备持续加温或者被加热介质不能按要求恢复原来状态而引发火灾或者高温气体、液体对人体的伤害。

二、实验室常见事故的应急处理

（一）实验室爆炸事故应急措施

（1）实验室发生爆炸事件，现场工作人员或周边人员在可能的情况下应及时切断电源和关闭管道阀门，同时迅速撤离，并立即向有关部门报告或报警。

（2）应急处置人员到达现场后，应迅速了解爆炸产生的可能原因，并设法采取措施控制危险源，如需专业救援应立即向有关方面求救。

（3）组织人员迅速撤离爆炸现场，及时清点人数，做好相关医疗救护；禁止无关人员进入事故现场，做好现场保护，等待警方及有关部门进行勘察，查明事故原因。

（二）实验室火情应急措施

实验室一旦失火，由于其环境的特殊性，不仅容易造成人员伤亡、财产损失，而且由于其引发的有毒有害、易燃易爆化学品泄漏，使得灾害进一步扩大，因此必须提高警惕。

（1）初期火势一般不大，应迅速利用实验室内的灭火器材或采取其他措施控制和扑救。扑救操作要点为：① 移走着火点附近的可燃物，尽可能将受到火势威胁的易燃易爆物质、压力容器等转移到安全地带；② 关闭实验室内电闸及各种气体阀门；③ 对密封条件较好的小面积室内火灾，在未做好灭火准备前，应先关闭门窗，以阻止新鲜空气进入，防止火势蔓延；④ 根据火灾类型选择合适的灭火方式。

（2）一旦失火，应根据不同情况采取不同的措施。例如，衣服着火，应该就地翻滚熄灭火苗，或者立即用水浸透衣物；遇电器设备着火，应马上拔掉插头或关掉总开关，然后用灭火毯盖住电器设备，这样既可以阻止烟火蔓延，也可挡住玻璃碎片飞溅，切勿向着火的电器设备泼水；台面小面积着火，可用灭火毯或灭火沙覆盖；小型火灾应用适当的灭火器直接将火扑灭。

(3) 离失火现场最近的人在确保自身安全的情况下尽可能立即切断失火现场的电源，救护受伤人员，移出钢瓶，但不要进入充满烟雾的房间，更不要在没有后援人员的情况下独自进入着火的房间。

(4) 已发生危险时在绝对保证人身安全的情况下才能进行施救，否则必须立即撤离，拨打火警电话119，由消防人员进行施救。

(5) 在失火现场应及时抢救伤员，首先应拨打120急救电话，等候医务人员前来救治，尽可能把伤员安置在远离失火现场的安全地区，如有可能，应将伤员置于干净的器具上，取平卧位，清除口鼻部的分泌物及异物，保持呼吸通畅，如有创伤，可覆盖干净的纱布、毛巾，四肢的伤口可用止血带或各种干净带子结扎于近心端以防止出血，必要时施行人工心肺复苏。

(6) 若情况许可，应向抢险人员提供协助，如提供起火地点、失火原因、现场情况等信息，以便及时扑救。

(7) 实验室预防火灾发生应采取的措施：① 定期检修保养供电线路，合理用电；② 使用电加热设备时应放在阻燃的基座上，要远离可燃物；③ 使用的照明灯具要与可燃物保持一定的安全距离；④ 用电设备在使用期间一般应有人值守，使用完毕后应立即切断电源。如需过夜，应做好安全预案；⑤ 熟悉各类化学品的特性，正确使用化学品，对可能产生意外爆燃事故的化学反应应做好防备预案，实施过程中要有人值守，在安全区域设置安全警示标志；⑥ 学校公共场所均禁止吸烟，在禁止区外若要吸烟，应将烟头等熄灭后才能将其弃置于垃圾箱内；⑦ 遇停、断电，实验室应使用应急照明装置，避免使用蜡烛等明火。

（三） 实验室触电应急措施

(1) 尽快让触电人员脱离电源。触电者未脱离电源前，救护人员不准用手直接触及伤员。使伤者脱离电源的方法：① 切断电源开关；② 若电源开关较远，可用干燥的木橇、竹竿等挑开触电者身上的电线或带电设备；③ 可用几层干燥的衣服将手包住，或者站在干燥的木板上，拉触电者的衣服，使其脱离电源。

(2) 实施急救并求医。触电者脱离电源后，应迅速将其移到通风干燥的地方仰卧。若触电者呼吸、心跳均停止，应在保持触电者气道通畅的基础上，立即交替进行人工呼吸和胸外按压等急救措施，同时立即拨打120，尽快将触电者送往医院，途中继续进行心肺复苏。

（四） 实验室漏水应急措施

实验室造成水淹的原因主要有：① 自来水忘了关，而下水道又不通畅；② 下水道不通或破裂，造成下水道中的水倒溢或渗漏；③ 连接水龙头和用水装置之间的软管由于水压过大，软管老化、断裂或其他原因与用水装置分离；④ 供水管道损坏等。

(1) 一旦发生漏水或水管破裂情况，应尽快关闭实验室的自来水总阀，必要时应关闭电源总开关（总闸），以防漏电，使事故危害扩大。然后尽快排除积水，一般实验室靠外墙的墙角有地漏，应清除地漏上的遮挡物，使水较快地被排除。

(2) 进水的供电设施、仪器设备不能马上使用，必须由专业技术人员检修后确认无故障才可使用，否则容易造成更严重的损坏。

(3) 预防漏水的措施有：① 定期巡检供水管道；② 用完水后和停水时务必关好水龙头；③ 水槽内不得随意放置杂物；④ 及时更换破损、老化的橡胶管路。

（五） 实验室化学安全事故应急措施

鉴于危险化学品种类繁多，毒性各不相同，应急处理时宜小心谨慎。急救前应了解危险化学品的物理、化学及毒理性质，并咨询专业救护人员。切忌盲目、不科学的施救造成伤情加重。

1. 食入中毒的现场应急处理

(1) 对于神志清醒且食入的为非腐蚀品和非烃类液体的中毒者，一般可采取催吐方法。即用手指、筷子或棉棒刺激中毒者软腭、舌根或喉头，使其呕吐，也可服用吐根糖浆等催吐剂。催吐时中毒者应尽量低头，身体向前弯曲或侧卧，以免呕吐物呛入肺部。中毒者处于昏迷、神志不清等状态下，非专业医务人员不可随便进行处理，更不能催吐。

(2) 服用保护剂。当中毒者症状不适宜进行催吐处理时，如食入酸、碱之类腐蚀品或烃类液体，可服用牛奶、植物油、米汤、蛋清、豆浆等保护剂，以延缓毒物被人体吸收的速度并保护胃黏膜。

(3) 服用活性炭。化学实验室经常使用的活性炭是一种强有力的非特异性吸附解毒剂，可吸附绝大部分毒物。成人一般服用 25 ~ 100 g，服用前可加入少量蒸馏水充分摇动润湿。

2. 吸入中毒的现场应急处理

让中毒者迅速脱离现场，往上风方向转移至空气新鲜处。松开中毒者身上妨碍呼吸的衣物，保持呼吸道通畅并注意保暖。若中毒者呼吸困难，要及时给氧；若呼吸、心跳停止，立即进行心肺复苏。

3. 皮肤接触的现场应急处理

立即脱去被污染衣物，用大量流动清水（如使用紧急喷淋器或自来水管）彻底冲洗。若毒物与水发生作用，如浓硫酸等，则先用干布或毛巾擦去毒物，再用冷水冲洗。冲洗时忌用热水，以免增加毒物吸收。

4. 眼睛接触的现场应急处理

立即提起眼睑，用大量流动清水（如使用洗眼器）彻底冲洗。若毒物与水能发生作用，如生石灰、电石等，则先用沾有植物油的棉签或干毛巾擦去毒物，再用冷水冲洗。

（六） 实验室生物安全事故应急措施

1. 动物咬伤应急措施

被动物咬伤后，应先用大量清水冲洗伤口，然后用肥皂或碘酒等对伤口进行清洗消毒和其他临时处理，再尽快到卫生疾控部门进行进一步的局部伤口处理，必要时需注射流行性出血热疫苗、狂犬病疫苗等。

2. 具有潜在危害性气溶胶的释放(在生物安全柜以外)

所有人员必须立即撤离相关区域，同时立即通知实验室负责人，并设置临时警戒线，禁止无关人员进入。实验室人员应在负责人的指导下穿戴适当的防护服和呼吸保护装备对污染进行清除。任何暴露人员都应接受医学咨询。

3. 容器破碎导致感染性物质溢出

应立即佩戴合适的手套，然后使用布或纸巾覆盖受感染性物质污染或溢洒的破碎物品，并进行收集和消毒处理。收集完成后应用消毒剂擦拭污染区域。用于清理的布、纸巾和抹布等，也应放入盛放污染性废弃物的容器内。

4. 盛有潜在感染性物质的离心管破裂

当怀疑离心机中的离心管破裂时，应立即关闭离心机电源。如果离心机停止后确定离心管破裂，应立即用盖子盖好密闭，同时通知实验室负责人。离心机应在实验室负责人指导下进行清理，所使用的全部材料都应按感染性废弃物进行处置，离心机内腔须经过消毒处理后才能重新使用。

5. 在可封闭的离心桶（安全杯）内离心管破裂

所有密封离心桶应在生物安全柜内装卸。如果怀疑在离心桶内的离心管发生破损，则应松开离心桶盖并对离心桶进行高压灭菌。离心桶也可采用化学消毒。

6. 一般病原微生物污染

（1）如果病原微生物泼溅在实验室工作人员皮肤上，应立即用75%的酒精或碘附进行消毒，然后用清水冲洗。

（2）如果病原微生物泼溅在实验室工作人员眼内，立即用生理盐水或洗眼液冲洗，然后用清水冲洗。

（3）如果病原微生物泼溅在实验室工作人员的衣服、鞋帽上或实验室桌面、地面上，立即选用75%的酒精、碘附、0.2% ~0.5%的过氧乙酸、500 ~1 000 mg/L有效氯消毒液等进行消毒。

7. 高致病性病原微生物泄漏、污染应急措施

高致病性病原微生物泄漏、污染时，实验室工作人员应及时向实验室污染预防及应急处置专业小组报告，在2 h内向卫生主管部门报告，并立即采取以下控制措施，防止高致病性病原微生物扩散。

（1）封闭被污染的实验室或者可能造成病原微生物扩散的场所。

（2）开展流行病学调查。

（3）对病人进行隔离治疗，对相关人员进行医学检查。

（4）对密切接触者进行医学观察。

（5）进行现场消毒。

（6）对染疫或者疑似染疫的动物采取隔离、捕杀抢救等措施。

（7）其他需要采取的预防、控制措施。

（七） 实验室外伤应急措施

若被烧伤、烫伤、割伤或发生骨折，可参照“第五章　大学生消防安全”一章急救方法处理。

（八） 心肺复苏法

心肺复苏（CPR）是指当患者呼吸、心跳停止时，合并使用人工呼吸及心外按摩来进行急救的一种技术。心肺复苏的目的是开放气道、重建呼吸和循环。人们只有充分了解心肺复苏的知识并接受过此方面的训练后才可以为他人实施心肺复苏。

心肺复苏法是针对休克病人采用的一种有效急救措施，但在实施时应该特别注意，防止压断肋骨，造成血胸和气胸。

施行心肺复苏时应注意以下几点：

（1）即吹气 2 次（单人）或 1 次（双人），胸外心脏按压 15 次（单人）或 5 次（双人），吹气与按压的次数过多过少，均会影响复苏的成败。

（2）胸外按压的部位不宜过低，以免损伤肝、脾、胃等内脏。按压的力量要适宜。过猛过大，会使胸骨骨折，带来气胸、血胸；按压的力量过轻，形成的胸腔压力过小，不足以推动血液循环。

（3）口对口的吹气量不宜过大（不应超过 1 200 mL），吹入时间不宜过长，以免发生急性胃扩张。吹气过程中要注意观察病人气道是否通畅，胸腔是否被吹起。

（4）进行心肺复苏术后，病人瞳孔由大变小，对反应恢复，脑组织功能开始恢复（如病人挣扎、肌张力增强、有吞咽动作等），能自主呼吸，心跳恢复，发绀消退等，可认为心肺复苏成功。若经过约 30 min 的心肺复苏抢救，不出现上述复苏表现，预示复苏失败。

若有脉搏，收缩压保持在 60 mm 汞柱以上，瞳孔处于收缩状态，应继续进行心肺复苏抢救。如病人意识不清，缺乏自主呼吸，瞳孔散大固定，表明脑死亡。心肺复苏持续一小时之后，心电活动不恢复，表示心脏死亡。患者出现尸斑时，可放弃心肺复苏抢救。

三、典型案例

（一） 火灾事故

案例一：2017 年 10 月 15 日凌晨时分，江苏某高校生物与制药工程学院的一栋大楼突然起火，大火持续烧了一个多小时，最终被消防队员奋力扑灭。据分析，原因可能是：实验室大功率仪器设备线路老化、电线裸露；接线板串联供电；未及时按学校要求对隐患问题进行整改；易燃易爆化学品过量存储。

案例二：2016 年 3 月 21 日，北京某研究所 6 楼实验室发生一起火灾。起火原因为研究生在做溶剂的无水处理时，因操作不当，导致金属钠引燃周围可燃物并使通风管道燃烧。

案例三：2011 年 10 月 10 日，湖南某大学四楼实验室起火，因实验楼顶是木质结构，整个四楼和楼顶全被烧毁，过火面积近 500 m^2，直接经济损失达 43 余万元。所有电脑被毁，十年科研数据付之一炬。起火原因是实验室的一个水龙头损坏后未及时修理，事故当日中午渗漏的水沿木板流入储藏柜中，而储藏柜中存放的金属钠、三氯氧磷等危险化学品遇水引起燃烧。

案例四：2008 年 12 月，美国某大学有机化学实验室女研究助理在通风橱内用塑料注射剂将叔丁基锂的戊烷溶液从一个封闭的容器转移到另一个容器时，因注射器滑出导致溶液喷溅，引燃穿戴的化纤类针织套衫和橡皮手套，并且未能在第一时间使用紧急喷淋装置（在身后，却跑错方向）。最终导致全身43%面积Ⅱ－Ⅲ度烧伤，在医院经过18天抢救后不幸身亡。

（二） 爆炸事故

案例五： 2018年12月26日，北京某大学环境工程系3名学生在东校区2号楼环境工程实验室进行垃圾渗滤液污水处理实验时发生爆炸，事故造成3名参与实验的研究生（2名博士、1名硕士）死亡。

案例六： 2018年11月11日上午，江苏某大学制药实训中心一实验室在实验过程中发生爆燃，当时身处实验室内的多名师生受伤。

案例七： 2017年3月27日，上海某大学2名本科生在处理一个约100 mL的自制高压反应釜过程中，反应釜发生爆炸。学生左手大面积创伤，右臂贯穿伤骨折。

案例八： 2016年9月21日，上海某大学化学化工与生物工程学院一实验室在制作纳米材料氧化石墨烯实验中使用高锰酸钾和浓硫酸（750 mL）做实验室时发生爆炸。1学生轻伤，2学生重伤，眼睛受损严重。

案例九： 2015年12月18日，北京某大学化学楼发生氢气钢瓶爆炸起火事故，事故造成正在做实验的博士后当场死亡。

案例十： 2015年4月5日，江苏某大学化工学院实验室发生爆炸事故，造成5人受伤，其中1人因抢救无效死亡，1人重伤截肢，3人耳膜穿孔。直接经济损失达200多万。出事的实验室承担了与科技公司合作的项目，在实验过程中，该气瓶装有甲烷、氧气、氮气的混合气体，甲烷含量达到爆炸极限，开启阀门时，气流快速流出引起摩擦热能或静电，导致瓶内气体反应爆炸。

案例十一： 2014年12月4日上午11时左右，江苏省某职业技术学院实验室10 L玻璃瓶在蒸馏中发生爆炸，现场无人员伤亡。

案例十二： 2013年4月30日，江苏某高校一处废弃实验室委托施工队对该实验室相关设施进行拆除时，发现已停用的原实验室有大量的金属构件。施工队利用临时出入证，携带氧气瓶和液化气罐及切割工具，用明火切割的方式私自盗拆实验室里的金属构件，引发爆炸及房屋坍塌，造成1人死亡、3人受伤。

案例十三： 2009年10月23日，北京某高校实验室在厂方调试新购置的厌氧培养箱时，因调试人员违规操作，误将高纯氢气当作氧气通入培养箱，箱内氢气与空气形成的可燃混合气在箱内照明、风扇等非防爆设备的作用下发生爆炸。造成1人重伤（右眼球破裂伤）、4人轻伤。

案例十四： 2005年8月，上海某研究所实验人员在通风柜内进行实验时，误将硝基甲烷当作四氢呋喃投到氢氧化钠中，发生爆炸，并因实验室存放了170 kg过氧化甲乙酮（一级有机氧化物），从而引起二次爆炸，在场两人的手臂被玻璃碎片割伤。

（三） 中毒事故

案例十五： 2013年3月31日，上海某大学博士研究生林某从实验室分多次带回高毒化学品N-二甲基亚硝胺，并投入寝室饮水机中。4月1日，另一位研究生黄某饮水后中毒入院，16日经抢救无效死亡，下毒研究生被判处死刑。

案例十六：2009 年 7 月 3 日，浙江某大学化学系催化所的某教师在实验过程中误将本应接入实验室的一氧化碳气体接至另一实验室的输气管路，导致在该实验室的博士研究生于某中毒死亡。

案例十七：1994 年 11 月，北京某大学化学系学生朱某金属铊中毒。起初朱某先是出现奇怪肠胃症状，后来头发开始脱落，并在几天内掉光，几月后病情恶化，住院后迟迟未能查到病因。后通过互联网求医，收到 18 个国家的近 2 000 封回复邮件，直至 1995 年 4 月才确定金属铊中毒，采用普鲁士蓝解毒，但是，由于铊离子在体内滞留的时间太长，朱某的神经系统遭到严重损害，视觉几乎完全丧失，肌体功能也受到严重损伤。

1997 年，北京某大学化学系发生同样事情，两个学生被人投毒，因有朱某的前车之鉴，治疗及时，两人很快痊愈。

案例十八：1995 年 4 月 4 日，香港某大学一研究生在实验时无意打翻了两瓶装有甲基丙烯酸酐及丙烯酰氯液体的瓶子，但是没有及时清理。后来进入该实验室的另一名学生因吸入大量毒性气体，送医院抢救无效死亡。

案例十九：1996 年，美国某学院金属毒理专家在实验中因高毒性有机汞穿透手套致神经性中毒，该专家几个月后去世，年仅 48 岁。

（四） 生物安全事故

案例二十：2010 年 12 月间，东北某大学 28 名师生因做实验而被感染布鲁氏菌病。起因是本校医学院有关教师未按国家及省相关实验动物管理规定，从养殖场购入未经检疫的 4 只山羊，并同样在未经检疫的情况下以上述 4 只山羊为实验动物，进行了 5 次实验（共涉及 4 名教师、2 名实验员、110 名学生），同时教师在指导学生实验过程中未能切实按照标准的实验规范，严格要求学生遵守操作规程，进行有效防护。2011 年 3 月至 5 月，学校 27 名学生及 1 名教师陆续确诊感染布鲁氏菌病。

（五） 辐射事故

案例二十一：1993 年，内蒙古某学院实验室药品库内 27 个放射源铅罐被盗，虽被追回，但造成了巨大损失。

案例二十二：2011 年 10 月，我国台湾地区某大学原子实验室三名研究生和一名大学生在实验室进行“硼中子捕获治疗”实验时，操作员误认为通风设备被关闭，为了不影响“反应控制棒”的测试，将控制棒抽出，造成反应炉释放出大量中子束和 γ 射线，直接照射在学生身上。

案例二十三：2011 年 11 月 8 日，美国爱达荷州一个核试验室发生泄漏事故，至少 6 名工人受到低水平钚辐射的污染，另有 11 人受到辐射。事故发生在一个用于远程遥控、运行及检测已用核燃料放射性废料与其他辐射物质设施的反应堆内，当时，一个容器不慎打开，导致工人受到低水平钚辐射。

案例二十四：2010 年 2 月，印度某大学发生辐射安全事故。该大学工作人员将含有放射性元素钴-60 的废弃设备未经处理出售给一家金属回收站，该回收站在拆卸设备时，由于废弃设备里面泄漏的放射性废料导致 1 人死亡、数人伤势严重。除此之外，调查人员发现，该回收站周围 15 家商店受到放射性污染。

（六）其他典型事故

案例二十五：2011 年 4 月 13 日凌晨，美国某大学天文物理学专业一大四女生在位于实验楼地下室的机械间操作车床时，头发被车床绞缠，最终导致颈部受压迫窒息身亡。

案例二十六：2001 年 8 月 1 日，江苏某大学一实验室两米多深的地坑口没有设安全标志和护栏，一名副教授到该实验室借用管钳，不慎跌落地坑中，不幸身亡。

案例二十七：2002 年 1 月，北京某大学电机系四年级学生刘某私自从实验室带出危险化学品，并先后两次把掺有火碱、硫酸的饮料倒在北京动物园饲养的五只狗熊的身上或嘴上，致使狗熊丧失了正常生活的能力。

第三节　实验室危险化学品的处置与使用

一、危险化学品概述

1. 化学品

化学品是指由各种元素组成的纯净物或混合物，无论是天然的还是人造的。现在世界上已知的化学物质有 1 000 多万种，而且还在以每年 1 000 多种的速度递增。目前已作为商品上市的有 10 万多种，其中 7 万多种是经常使用的。当前化学品年产量已经超过 4 亿吨。

2. 化学品名称

化学品名称可以是符合国际纯粹与应用化学联合会（IUPAC）或美国化学文摘社（CAS）的命名制度的名称，也可以是一种技术名称。

3. 危险化学品

按照《危险化学品安全管理条例》，危险化学品是指具有毒害、腐蚀、爆炸、燃烧、助燃等性质，对人体、设施、环境具有危害的剧毒化学品和其他化学品。

二、危险化学品的危害

危险化学品的危害主要包括理化危害、健康危害和环境危害。

危险化学品理化危害包括易燃性、腐蚀性和爆炸性等。

危险化学品健康危害是指人接触危险化学品后能对人体产生危害的程度，包括危险化学品的毒性、刺激性、麻醉性、窒息性等特性。毒性危害包括急性毒性和慢性毒性危害，其中慢性毒性又包括致癌性、生殖毒性等危害。

危险化学品环境危害是指对环境影响及危害的程度。随着经济的快速发展，各行各业各种危险化学品的用量不断增加，全新的危险化学品也在不断涌现。越来越多的危险废弃物未经规范处置就以固体、液体及气体的方式排放到环境中，对土壤、大气和水体等生态环境造成严重危害。

三、危险化学品分类

危险化学品种类繁多，根据不同的标准，我国对化学品有着不同的分类。

（1）依据国家技术监督局《化学品分类和危险性公示通则》（GB13690—2009），按理化、健康或环境危险的性质分类。

① 理化危险 16 种。

理化危险共有 16 种：爆炸物、易燃气体、易燃气溶胶、氧化性气体、压力下气体、易燃液体、易燃固体、自反应物质或混合物、自燃液体、自燃固体、自热物质和混合物、遇水放出易燃气体的物质或混合物、氧化性液体、氧化性固体、有机过氧化物、金属腐蚀剂。

② 健康危害。

健康危害包括 12 种：急性毒性、皮肤腐蚀/刺激、严重眼损伤/眼刺激、呼吸或皮肤过敏、生殖细胞致突变性、致癌性、生殖毒性、特异性靶器官系统毒性——一次接触、特异性靶器官系统毒性——反复接触、吸入危险。

③ 环境危险。

危害水生环境有急性水生毒性、慢性水生毒性。

（2）依据 2012 年 12 月实施的《危险货物分类与品名编号》（GB6944—2012），分类。

第 1 类：爆炸品。

① 具有整体爆炸危险的物质和物品，如高氯酸。

② 有迸射危险，但无整体爆炸危险的物质和物品。

③ 具有燃烧危险并有局部爆炸危险或局部迸射危险或两种危险都有，但无整体爆炸危险的物质和物品。

④ 不呈现重大危险的物质和物品。

⑤ 有整体爆炸危险的非常不敏感物质。

⑥ 无整体爆炸危险的极端不敏感物质。

第 2 类：气体。

① 易燃气体。

② 非易燃无毒气体。

③ 毒性气体，如氯气、液氨、水煤气等。

第 3 类：易燃液体。

第 4 类：易燃固体、易于自燃的物质、遇水放出易燃气体的物质。

① 易燃固体、自反应物质和固态退敏爆炸品。

② 易于自燃的物质。

③ 遇水放出易燃气体的物质。

第 5 类：氧化性物质和有机过氧化物。

① 氧化性物质。

② 有机过氧化物。

第6类：毒性物质和感染性物质。

① 毒性物质。

② 感染性物质。

第7类：放射性物质。

第8类：腐蚀性物质。

第9类：杂项危险物质和物品，包括危害环境物质、高温物质、经过基因修改的微生物或组织。

四、实验室常见化学品

1. 有机溶剂类

许多有机溶剂如果处理不当会引起火灾、爆炸、中毒事故。表7-1列出了几种常用溶剂的闪点、自燃温度和燃烧范围。

表7-1　常用有机溶剂的闪点、自燃温度和燃烧范围

溶剂	闪点/℃	自燃温度/℃	燃烧范围/%
丙酮	-18	538	3~13
乙醚	-45	180	1.85~48
乙醇	12	423	3.3~19
乙酸乙酯	-4.4	427	2.18~11.5
异丙醇	12	399	2.3~12.7
甲苯	4.4	536	1.4~6.7

溶剂和空气的混合物一旦燃烧，便迅速蔓延，可以在瞬间点燃易燃物体，在氧气充足（如氧气钢瓶漏气引起）的地方着火，火力更猛，可使一些不易燃物质燃烧。化学气体和空气的混合物燃烧会引起爆炸。有些溶剂毒性很大（如苯、氯仿、二硫化碳），而有些溶剂（如二甲亚砜）会将溶质由皮肤传达到血液。注意：二硫化碳的自燃温度为100℃，因此蒸气可使其燃烧。放置乙醚溶剂处要注意通风，特别在高温下易发生燃爆。

2. 酸性化学品

人体接触到任何酸性化学品（包括吸入、食入、沾染）都有潜在的危险性，接触到强酸或高浓度的酸性化学品更具有危险性。酸性化学品如硫酸、盐酸、硝酸（发烟硝酸）、冰醋酸及其混合液是实验室常见的强酸，一旦吸入、食入、沾染皮肤，会腐蚀人体组织器官，造成永久性的伤害，有时这种伤害甚至是致命的。酸性腐蚀性化学品有硝酸、硫酸、盐酸、五氯化硫、磷酸、甲酸、氯乙酰氯、冰醋酸、氯磺酸、溴素等。

3. 碱性化学品

人体接触到任何碱性化学品（包括吸入、食入、沾染）都有潜在的危险性，接触到强碱或高浓度的碱性化学品更具有危险性，和酸性化学品危害程度类似，一旦吸入、食

入、沾染皮肤，会腐蚀人体组织器官，造成永久性的伤害，有时这种伤害甚至是致命的。碱性腐蚀性化学品有氢氧化钠、硫化钠、乙醇钠、二乙醇胺、二环己胺、水合肼等。

4. 有毒有害化学品

根据《危险货物分类与品名编号》（GB6944—2012），毒性物质是指经吞食、吸入或与皮肤接触后可能造成死亡或严重受伤或损害人类健康的物质。

（1）急性口服毒性：$LD_{50}\leqslant 200$ mg/kg（固体）、$LD_{50}\leqslant 500$ mg/kg（液体）。

（2）急性皮肤接触毒性：$LD_{50}\leqslant 1\ 000$ mg/kg。

（3）急性吸入粉尘和烟雾毒性：$LC_{50}\leqslant 10$ mg/L。

（4）急性吸入蒸气毒性：$LC_{50}\leqslant 5\ 000$ mg/m^3，且在20℃和标准大气压下的饱和蒸汽浓度$\geqslant 1/5LC_{50}$。

其中，剧毒化学品是指具有剧烈急性毒性危害的化学品，包括人工合成的化学品及其混合物和天然毒素，还包括具有急性毒性易造成公共安全危害的化学品。剧烈急性毒性判定界限：急性毒性类别1，即满足下列条件之一：大鼠实验，经口$LD_{50}\leqslant 5$ mg/kg，经皮$LD_{50}\leqslant 50$ mg/kg，吸入（4 h）$LC_{50}\leqslant 100$ mL/m^3（气体）或0.5 mg/L（蒸气）或0.05 mg/L（尘、雾）。经皮LD_{50}的实验数据，也可使用兔实验数据。

5. 易制毒化学品

根据《易制毒化学品管理条例》（国务院令〔2005〕445号），易制毒化学品分为三类。第一类是可以用于制毒的主要原料，第二类、第三类是可以用于制毒的化学配剂。

第一类：1-苯基-2-丙酮，3，4-亚甲基二氧苯基-2-丙酮，胡椒醛，黄樟素，黄樟油，异黄樟素，N-乙酰邻氨基苯酸，邻氨基苯甲酸，麦角酸*，麦角胺*，麦角新碱*，麻黄素、伪麻黄素、消旋麻黄素、去甲麻黄素、甲基麻黄素、麻黄浸膏、麻黄浸膏粉等麻黄素类物质*。

第二类：苯乙酸、醋酸酐、三氯甲烷、乙醚、哌啶。

第三类：甲苯、丙酮、甲基乙基酮、高锰酸钾、硫酸、盐酸。

说明：第一类、第二类所列物质可能存在的盐类，也纳入管制。

带有*标记的品种为第一类中的药品类易制毒化学品，第一类中的药品类易制毒化学品包括原料药及其单方制剂。

五、化学品的安全储存

1. 一般原则

（1）根据危险品条例，大量的危险品应贮存在危险品仓库内。只有少量实验用的化学品可以存放在实验室内。

（2）存放化学品的场所必须整洁、通风、隔热、安全、远离热源和火源。

（3）化学品贮存容器必须清楚标明化学品的名称、危险类别、特别预防措施及紧急应变资料。

（4）应定期检查所贮存的化学品，发现化学品标签模糊不清或脱落，应立即更换。若发现试剂变质、泄露等，要及时处理。

（5）用电冰箱贮存的液体样本须用密封容器盛载，再置于防漏托盘上。

（6）化学品应分类存放，不相容的化学品切勿存放在一起，应使用遮挡物料隔离。

2．危险品分类存放要求

（1）易燃溶剂：应置于标明可贮存易燃品的电冰箱或冷藏柜内，切勿将易燃物品贮存在公用电冰箱内。

（2）腐蚀品：应放在防腐蚀试剂柜的下层；也可下垫防腐蚀托盘，置于普通药品柜的下层。

（3）易产生有毒气体或烟雾的化学品：应单独存放于带通风装置的药品柜中。

（4）剧毒化学品：实验室中不得贮存剧毒化学品，没有用完的剧毒化学品应于当天送还至实验物资仓库。实行“双人保管、双人收发、双人双锁、双人领退、双人使用”的五双制度。

（5）爆燃类固体：与易燃物、氧化剂隔离，宜保存于20℃以下，选用防爆材料架。

（6）致癌物：须存放于装有双重防漏装置的容器内。

（7）相互作用化学品：应隔离存放。

（8）特别保存物品：金属钠、钾等碱金属（贮于煤油中）和黄磷（贮于水中），此两种药物易混淆，要隔离贮存。

具有混合危险的物质对及常见危险化学品的安全贮存措施见表7-2、表7-3。

表7-2　具有混合危险的物质对

物质A	物质B	混合后可能的危险
氧化剂	可燃物	生成爆炸性混合物
氯酸盐	酸	混触发火
亚氯酸盐	酸	混触发火
次氯酸盐	酸	混触发火
三氧化铬（铬酸酐）	可燃物	混触发火
高锰酸钾	可燃物	混触发火
高锰酸钾	浓硫酸	爆炸
四氯化碳	碱金属	爆炸
硝基化合物	碱	生成高感度物质
亚硝基化合物	碱	生成高感度物质
碱金属（钠等）	水	混触发火
亚硝胺	酸	混触发火
过氧化氢溶液	胺类	爆炸
醚	空气	生成爆炸性的有机过氧化物

续表

物质 A	物质 B	混合后可能的危险
烯烃	空气	生成爆炸性的有机过氧化物
氯酸盐	铵盐	生成爆炸性的铵盐
亚硝酸盐	铵盐	生成不稳定的铵盐
氯酸钾	红磷	生成对冲击、摩擦敏感的爆炸物
乙炔	铜	生成对冲击、摩擦敏感的铜盐
苦味酸	铅	生成对冲击、摩擦敏感的铅盐
浓硝酸	胺类	混触发火
过氧化钠	可燃物	混触发火

表 7-3 常见危险化学品的安全贮存措施

化学品名称	储存方法
浓硝酸	储存于阴凉、通风的库房，室温不宜超过 30℃。远离火种、热源。保持容器密封。应与还原剂、碱类、醇类、碱金属等分开存放
浓硫酸	储存于阴凉、通风的库房。存放于低处，不能与氯酸盐、高氯酸盐、高锰酸盐和水共存
浓盐酸	存放于低处，室内空气应保持流通，与碱类、胺类、碱金属、易燃物等隔离存放
溴	远离火种、热源，保持容器密封。应与还原剂、碱金属、易燃物、可燃物、金属粉末等分开存放。涉及溴的操作必须在通风柜内进行，用后需把剩余的溴密封在瓶中。把盛载溴的容器置于底部放有碱金属的干燥器内。建议购置以安瓿包装的溴，以方便储存
甲酸	远离火种、热源。保持容器密封。与氧化剂、碱类、活性金属粉末分开存放
乙酰氯	储存于阴凉、干燥、通风良好的库房。密封包装，防止受潮。与氧化剂、醇类等分开存放。不宜久存，以免变质。采用防爆型照明、通风设施。禁止在库房使用易产生火花的机械设备和工具
三氯化铝（无水）	储存于阴凉、干燥、通风良好的库房。远离火种、热源。相对湿度保持在 75% 以下。包装必须密封，切勿受潮，并应与易燃物、可燃物、碱类、醇类等分开存放，切忌混放。不宜久存，以免变质
氨水	置于阴凉及低处，与卤素及酸类物质隔离存放。开瓶时需特别小心
环己胺	远离火种、热源。保持容器密封。与氧化剂、酸类物质分开存放。储存室内照明、通风等设施采用防爆型，开关设在室外
过氧化氢	置于棕瓶内，存放于阴凉处。纯的过氧化氢是较稳定的，但若接触到尘埃或金属粉末，则可能会因迅速分解而发生爆炸。稀释后的过氧化氢较为安全。不能与铬、铜、铁和其他多数金属及其盐类特质，易燃液体和其他易燃固体物质，苯胺及硝基甲烷共存

续表

化学品名称	储存方法
固体氢氧化钾（钠）	储存于阴凉、干燥、通风良好的库房，库内湿度最好低于85%。远离火种、热源。密封包装，切勿受潮。与易燃物、可燃物、酸类等物质分开存放
钾、钠	储存于载有液状石蜡的密封玻璃瓶内，把玻璃瓶置于金属容器内并保持干燥。储存过久的钾和钠（尤其是前者）会被氧化物覆盖，如果发现表面变黄，则意味着可能生成了过氧化物或超氧化物。超氧化物如受摩擦或震荡，会发生爆炸，不宜再用；亦不可用刀将之切成小块，以免发生爆炸。不能与四氯化碳、二氧化碳和水共存
黄磷、白磷	浸没于载有水的密封容器内，与空气、氧化剂隔离
硫黄	包装密封，储存于阴凉、通风的库房，且与氧化剂分开存放
碳化钙	储存于密封的容器，切勿受潮
醋酸	不能与铬酸、硝酸、羟基化合物、乙二酯、高氯酸、过氧化氢和高锰酸钾共存
丙酮	不能与浓硫酸和浓硝酸的混合物共存
乙炔	不能与铜（管）、卤素、银、汞及其化合物共存
无水氨	不能与汞、卤素、次氯酸钙和氟化氢共存
硝酸铵	不能与酸、金属粉末、易燃液体、氯酸盐、亚硝酸盐、硫酸盐及细碎的有机物或易燃性化合物共存
苯胺	不能与硝酸和过氧化氢共存
活性炭	不能与次氯酸钙和所有氧化剂共存
氯酸盐	不能与铵盐、酸、金属粉末、硫及细碎的有机物或易燃性化合物共存
氯	不能与氨、乙炔、丁二烯、苯和其他石油馏分、氢、碳化钠、松节油及金属细粉末共存
二氧化氮	不能与氨、甲烷、磷化氢和硫化氢共存
铬酸	不能与醋酸、萘、樟脑、甘油、松节油和其他易燃液体共存
铜	不能与乙炔、叠氮化物和过氧化氢共存
氰化物	不能与酸共存
易燃液体	不能与硝酸铵、铬酸、硝酸、过氧化氢、过氧化钠和卤素共存
烃	不能与氟、溴、铬酸和过氧化氢共存
硫化氢	不能与发烟硝酸和氧化性气体共存
碘	不能与乙炔和氨共存
汞	不能与乙炔、雷酸和氨共存
硝酸	不能与醋酸、铬酸、氢氰酸、苯胺、碳、硫化氢及那些易于硝酸化的液体、气体和其他物质共存
氧	不能与油、脂肪、氢和易燃性液体、固体和气体共存
乙二酸	不能与银和汞共存

续表

化学品名称	储存方法
高氯酸	不能与醋酐、铋及其合金、酒精、纸、木材和其他有机材料共存
五氧化二磷	不能与水共存
高锰酸钾	不能与甘油、乙二醇、苯甲酸和硫酸共存
银	不能与乙炔、乙二酸、酒石酸和铵类化合物共存
叠氮化钠	不能与铅、铜和其他金属共存。此化合物通常用作防腐剂，能够与金属形成不稳定的易爆炸性化合物。如果沉淀在洗涤槽下面，那么在水管工人作业时，遇到金属圈和金属管就可能引起爆炸
过氧化钠	不能与任何可氧化的物质，如甲醇、冰醋酸、酸酐、苯甲醛、二氧化硫、甘油、乙酸乙酯和 α－呋喃甲醛等并存

六、危险化学品的安全使用

1．一般危险化学品的安全使用

（1）在实验室里进行萃取、蒸馏、过滤或重结晶的操作时，危险物质的浓度急剧升高，增大了爆炸危险性。对摩擦和冲击非常敏感的物质或结晶体，在过滤其溶液时不要用玻璃滤器等容易产生摩擦热的器具，使用后的滤纸应该妥善处理；结晶操作应按照生成结晶物的安全标准进行。

（2）回流操作实验中，可能因突沸或过热喷出可燃性液体。在使用可燃性溶剂进行回流操作或蒸馏低闪点溶剂时，附近严禁明火。

（3）反复循环使用的反应液，可能造成不稳定物质浓度增高，应随时了解浓度并及时补充或更换新的反应液。

（4）很多危险化学品用惰性溶剂稀释之后比较安全，而且在这种状态下可以长期保存。但是，若这种溶液洒在布、纸等易燃物品上，待溶剂蒸发变干后这类物品就具有一定的危险性，所以应避免将溶有危险化学品的溶剂洒到易燃物品上，若有遗撒，要及时处理。

（5）粉尘较多的实验室，应注意消除静电。

（6）当危险的药品泄露、洒落或堵塞时，应按预先制定的处理方案实施，防止事故扩大。

（7）处置危险化学废弃物时，应事先确认化学品种类，防止因相互化学反应发生安全事故。

（8）在处理具有刺激性的化学品时，应在通风橱内或通风良好的空间进行，并戴防护手套。患有哮喘的师生应特别注意，避免嗅闻此类化学品。

（9）不能把易燃化学品倾倒入排水槽，否则极易引发火灾。

2．剧毒化学品的安全使用

（1）购买剧毒化学品必须经学校当地公安部门申请审批后，凭许可证向指定的供应商购买。

(2) 剧毒品管理实行“五双”制度，即“双人保管、双人收发、双人双锁、双人领退、双人使用”，使用中应落实各项安全措施，严防发生被盗、丢失、误用及中毒事故。

(3) 剧毒品保管实行责任制，“谁主管、谁负责，谁使用、谁负责”，责任到人。

(4) 剧毒品不得私自转让、赠送、买卖。任何人不得通过非官方以外的渠道私自获得剧毒品。各单位之间若需要相互调剂剧毒品，必须经过学校相关职能部门审批。

(5) 使用剧毒品时必须佩带个人防护器具，在通风柜中操作，做好应急处理预案。

3. 危险化学废弃物的处理

(1) 任何产生实验废弃物的单位，都负有对危险实验废弃物做科学和合理地收集、暂存及无害化处理的责任。

(2) 严禁将危险实验废弃物随意排入下水道及任何水源中，严禁乱丢乱弃或堆放在走廊、过道及其他公共区域，不得将生活垃圾和实验垃圾混放。

(3) 各单位应对产生的危险实验废弃物进行分类收集，妥善存储，收集容器外加贴标签（可到实验物资科领取），注明废弃物品名等信息，并确保容器密闭可靠，不破碎，不泄漏。对未达到要求的废弃物收储点将不予接收和处置。

(4) 对于化学废弃物，应先进行减害性预处理或回收利用，采取措施减少化学废弃物的体积、重量和危险程度，以降低后续处理的负荷。化学废弃物回收利用过程应达到国家和地方有关规定的要求，避免二次污染。

(5) 过期或由于其他原因不再使用的废弃试剂应原瓶存放，保持原有标签。积存到一定量的时候及时联系后勤部门，统一处理。对于废弃剧毒试剂，还应醒目地标注其为废弃剧毒试剂。

实验室常见废液的处理方法如下：

① 无机酸类：将废酸慢慢倒入过量的含碳酸钠或者氢氧化钙的水溶液中或用废碱相互中和，中和后用大量水冲稀排放。

② 氢氧化钠、氨水：用稀废酸中和，用大量水冲稀排放。

③ 含汞、砷、锑、铋等离子的废液：使其形成硫化物沉淀，以废渣的形式处理。

④ 含氰废液：加入氢氧化钠使 pH 在 10 以上，加入过量的高锰酸钾（3%）溶液，使 CN^- 氧化分解。如含量高，可加入过量的次氯酸钙和氢氧化钠溶液。

⑤ 含氟废液：加入石灰，生成氟化钙沉淀。

⑥ 有机溶剂：若废液量过多，有回收价值的溶剂应蒸馏回收使用。无回收价值的废液，若量极少，可以用大量水稀释后排放；若量较大，可用玻璃瓶回收，贴好标签暂存在实验室，待后勤部门到各学院上门收集。

⑦ 剧毒废液：应分类暂存在单独的容器中，容器外贴好标签并做好详细的记录，不能将几种剧毒废液混装在一个容器中，积存到一定量时应及时联系相关单位，统一处理。

⑧ 固体废物：各类生物医疗固体废物（包含实验动物尸体，但锐器类除外）需用专用塑料袋进行包装（可到实验物资科领取），其中对有病原微生物污染的生化固体废物或被病原微生物污染过的废弃物，必须先在实验室采用高压蒸汽灭菌或放入2 000 mg/L 有效氯消毒液中浸泡消毒 1 h 进行灭活消毒；锐器类废弃物送储时需用牢固、厚实的小纸板箱等容器妥善包装，避免外露伤人。

4. 中毒急救一般应急处理方法

中毒急救一般应急处理方法参见表7-4、表7-5。

表7-4　化学药品中毒应急处理方法

类型	化学药品中毒应急处理方法
吞食	1. 喂食牛奶、打溶的蛋、面粉、淀粉或土豆泥、水等 2. 用手指或筷子抠患者的喉头或舌根，使其呕吐 3. 用毛巾盖上患者身体进行保暖
吸入	1. 立即将患者转移到空气新鲜的地方，解开衣服，放松身体 2. 当患者呼吸能力减弱时，马上进行人工呼吸
沾着皮肤	1. 用自来水不断淋湿皮肤 2. 不要使用化学解毒剂
进入眼睛	1. 撑开眼睑，用水冲洗5 min 2. 不要使用化学解毒剂
痉挛或昏迷	1. 将患者转移至室外或其他空气流畅的地方 2. 非医务人员不可进行处理，应立即找医生进行治疗

表7-5　常用无机化学药品及重金属中毒的症状及应急处理方法

类型	症 状	急救措施
强酸类	皮肤、黏膜接触时腐蚀、变黑；灼伤时皮肤烧黄，甚至起泡变黑	1. 误服时，立即饮服200 mL氧化镁、3%～4%氢氧化铝凝胶或者牛奶、植物油及水加以稀释 2. 沾着皮肤时，立即用大量水冲洗15 min 3. 浸入眼睛时，撑开眼睑，用水洗涤15 min
强碱类	接触者皮肤或黏膜处充血、水肿及糜烂，开始为白色，后变为红色或棕色，并形成溃疡	1. 沾着皮肤时，立刻脱去衣服，尽快用大量水冲洗至皮肤不滑为止 2. 进入眼睛时，撑开眼睑，用水洗涤15 min，然后涂以抗生素眼药膏 3. 误服时，立即口服500 mL稀的食用醋或鲜橘子汁将其稀释
铅	食欲不振、贫血、腹痛、肌肉麻痹、腹泻或便秘等	误服者用1%硫酸钠或硫酸镁洗胃，随后服用鸡蛋清、牛奶或0.5%的活性炭
汞	1. 吸入汞蒸气，可引发急性支气管炎、肺炎、口腔炎、肠炎、发烧等 2. 无机汞有局部腐蚀性，造成消化道出血、口腔炎、肠炎、发烧等 3. 有机汞中毒造成呕吐，腹泻，心、肝、肾损害	误服者应及时用2%碳酸氢钠溶液洗胃（忌生理盐水），然后服用生鸡蛋或者牛奶、水及脱脂奶粉

续表

类型	症 状	急救措施
砷	口腔、咽喉、胃糜烂，腹泻，中枢神经紊乱，血管运输受阻麻痹甚至全身性出血	立刻呕吐，然后饮食 500 mL 牛奶，再用 2 ~ 4 L 温水洗胃
镉	食用时，出现恶心、呕吐、腹痛、出血性肠胃炎 吸入时，出现胸痛、头痛、咳嗽、呼吸困难、发烧等症状	1. 吸入者应迅速脱离现场，卧床静养、吸氧 2. 口服中毒时，可洗胃、催吐、导泻、适量输液
铬	呼吸道炎症、瘙痒、溃疡、鼻中隔穿孔、肌肉痉挛等	无特效治疗，一般是对症处理，膳食中增加蛋白质和维生素 C；急性中毒时可催吐洗胃，强迫性利尿
锰	发冷、呕吐、头疼、头晕、心悸、流汗、腹泻、咳嗽等	口服时用温水洗胃，口服牛奶、蛋清、浓豆浆或氢氧化铝凝胶
镍	恶心、呕吐、头疼、头晕、心悸、流汗、腹泻、咳嗽等	立即脱离现场，呼吸新鲜空气，吸氧，镇静，止咳，应用支气管扩张剂
铊	毛发脱落，呈秃斑或全秃；双下肢麻木，运动障碍；视力下降，视网膜发炎	用普鲁士蓝解毒，每日 250 mg/kg，分四次，溶于 50 mL 甘露醇中口服
硫化氢	眼部刺痛、流泪，咽部有灼热感，恶心，头晕，意识模糊等	迅速脱离现场至空气新鲜处，如呼吸困难，则立即输氧。对呼吸、心跳停止者应立即进行心肺复苏（避免口对口人工呼吸）
一氧化碳	头痛、耳鸣、恶心、无力、呼吸困难、抽搐甚至昏迷、呼吸麻痹	迅速移至空气新鲜通风处，松解衣襟，必要时充分输氧，有条件者应给予高压氧治疗
氨气	流泪、咽痛、咳嗽、胸闷、呼吸困难、头昏、呕吐、呼吸窘迫、发绀	立即转移至空气新鲜通风处输氧，维持呼吸功能，然后卧床静养
氯气	呼吸道黏膜浮肿、呼吸困难、咳嗽、气管炎或支气管炎等 由食道进入时恶心、呕吐、胸口疼痛、腹泻	给患者吸入 1∶1的乙醚与乙醇的混合蒸气解毒；立即用湿毛巾护住口鼻，将患者转移至空气新鲜的地方；如呼吸困难，则立即输氧
甲醇	呼吸道黏膜有强烈的刺激，头痛、眩晕、嗜睡，甚至昏迷、抽搐	用 1% ~ 2% 的碳酸氢钠充分洗胃，用硫酸镁导泻
芳香烃	对皮肤有强烈刺激，能引起皮炎；若进入呼吸道，将会导致支气管炎、肺水肿、出血等	迅速移至空气新鲜通风处，必要时吸氧，进行人工呼吸；误服者应催吐、洗胃
有机酸	有机酸呈液态，对眼、皮肤黏膜产生刺激作用；有机酸呈气态，会灼伤皮肤	若被气态有机酸灼伤，应立即用大量清水冲洗，再用弱碱溶液中和后消毒敷涂。若被液态有机酸灼伤，应先脱去被污染的衣服，使用紧急喷淋装置或大量清水冲洗皮肤患处 10 ~ 20min，后给予医疗护理。若迸溅到眼睛，应先用洗眼器或大量清水冲洗 10 ~ 20min，然后就医

第八章 >>>

大学生心理健康安全

曾任世界卫生组织总干事的马勒博士说过："有了健康并不等于有了一切，但没有健康就等于没有了一切。"对于现代社会的人来说，心理健康的意义远远超过身体健康。和谐社会关系的一个基本社会心理特征，在于每个人都能意识到自己是他人环境的组成部分，是他人愉快的一部分，而他人也正是自己愉快、幸福的基本组成部分。

2016 年 8 月，习近平总书记出席全国卫生与健康大会时明确指出："要加大心理健康问题基础性研究，做好心理健康知识和心理疾病科普工作，规范发展心理治疗、心理咨询等心理健康服务。"随着时代的不断发展，在当下的社会形势下，大学生的心理问题也逐步凸显。每个人都会遇到情绪、人际关系、人格成长、恋爱、择业等人生课题。他们的心理是比较脆弱的，很容易产生一些负面心理，不仅不利于其自身的发展，同时还会危及社会的稳定。学会学习，学会助人、求助和自助，自信、理性地解决好发展中面临的问题，是当代大学生身心健康、成人成才的智慧之所在。

第一节　大学生心理健康

一、心理健康的标准

人的心理是复杂的，心理健康的界定也是多维的，而且心理健康标准会随着时代变迁、文化背景变化而变化。根据我国大学生的实际情况，评判大学生心理健康水平可以从以下几个标准考虑：

1. 智力正常

智力是一个人的观察力、记忆力、想象力、思维能力和操作能力的总和。智力正常是一个人学习、生活和工作的最基本的心理条件，是大学生心理健康的首要标准。衡量大学生的智力是否正常，关键在于评判其是否正常地、充分地发挥了自我效能，即具有较强烈的求知欲，能够积极参与学习活动，学习目标明确，在学习中能体验到快乐与满足，学习效率较高，学习成绩稳定。

2. 情绪良好

个人情绪、情感是否稳定和乐观是心理健康与否的主要标志。心理健康的学生愉快、乐观、开朗、满意等积极情绪总是占据优势。虽然有时也会有悲伤、忧愁、愤怒等消极情绪体验，但一般不会长久。同时，心理健康的学生能够适度地表达和控制自己的情绪，喜不狂，忧不绝，胜不骄，败不馁，谦而不卑，自尊自重；对于无法得到的东西不过于贪求，对于自己能够得到的一切表示满意。

3．意志健全

意志健全的大学生在各种活动中都有自觉的目的性，能适时地做出决定并运用切实有效的方式解决所遇到的问题。在困难和挫折面前，能采取合理的反应方式，能在行动中控制情绪并且言而有信，而不是行动盲目、畏惧困难、顽固执拗。

4．人格完整

人格是一个人区别于他人的独特的心理特征。人格健全主要表现在三个方面：一是人格具有独立性，即能认识自我，悦纳自我，不卑不亢，充满自信；二是人格完整协调，表现为现实自我和理想自我相统一，奋斗目标切合实际，并能以积极进取的、体现时代进步的人生观、价值观作为人格的核心；三是人格积极向上，具有高度的社会责任感，希望通过对自己身心潜能和创造力的开发来体现自身的价值并贡献于社会。如果一个人总是缺乏自知之明，或过于自私和消极颓废，就是心理不健康的表现。

5．自我评价正确

心理健康的大学生在自我评价时，能做到自知，恰如其分地认识自己，摆正自己的位置，既不以自己在某些方面高于别人而自傲，也不以自己某些方面低于别人而自卑，即使是自己无法补救的缺陷，也能够安然面对。对自己不会提出苛刻的、非分的期望与要求，在制定自己的目标和理想时能够切合实际。面对挫折与困境，能够自我悦纳，喜欢自己，接受自己，自尊、自强、自制、自爱适度，正视现实，积极进取。

6．人际关系和谐

和谐的人际关系既是心理健康不可缺少的条件，也是心理健康的重要标志。心理健康的大学生乐于与他人交往，并且在交往中能保持独立而完整的人格，有自知之明，不卑不亢；他们待人处事比较得体，能尊重、信任、理解别人，能与他人合作共事，宽以待人、乐于助人，与集体关系较好。

7．社会适应正常

心理健康的大学生能够与社会保持良好的接触，对社会现状有清晰的认识，使自己的思想、信念、目标和行动跟上时代的发展步伐，与社会的进步与发展协调一致。当环境改变时能正确面对现实，能及时调节、修正或放弃自己的计划和行动，顺应历史潮流而行，而不是逃避现实、怨天尤人，或妄自尊大、一意孤行、逆历史潮流而动。

8．心理行为符合年龄特征

大学生是处于特定年龄阶段的特殊群体，应具有与年龄、角色相适应的心理行为特征。心理健康的大学生，在情感、言行、举止等方面都表现出年轻人特有的朝气蓬勃、精力充沛、思维敏捷、情绪热烈、行动快捷机敏、热爱生活。相反，一个大学生若整天老气横秋，情绪低落，对周围事物麻木不仁，对生活灰心失望，那就很可能有了某种心理障碍或心理疾病。

应该指出的是，任何评价标准都是相对的，心理健康与不健康之间并没有一条绝对的分界线。当具体判断一个人的心理是否健康时，还应因人、因事、因时做具体分析。

另外，心理问题并不等于精神疾病。心理学专家认为，存在心理困惑或轻度心理障碍的人，15%可以通过自我调节来化解心理压力，3.5%需要接受干预，只有1.5%的人是真正意义上的精神病患者。

二、大学生心理健康问题成因分析

大学生的心理问题是由来自社会、学校、家庭的各种压力造成的。由于大学生的文化层次较高，社会对其期望和要求及大学生自我关注和人生目标的定位也较高，因而大学生所面临的心理压力自然要比一般社会成员大，其压力来源也较一般社会成员广。归纳起来，大学生的压力来源主要有以下几个方面：

（一）社会因素

社会因素是影响大学生心理发展的决定因素。随着改革的不断深化和社会的急剧转型，我国已经进入了各种社会矛盾多发、频发且相互交织、叠加的关键时期。高校扩招、物价上涨、食品安全、分配不公及腐败现象等因素都不可避免地对大学生造成冲击。尤其是互联网的普及带来了信息广泛而迅速的传播，大学生作为社会上最活跃、最敏感，又有知识的人，常常最先感受到这些变化和冲击。由于大学生正处于人格和价值观念的形成期，心理发展水平正在走向成熟而又未真正成熟，因而面对这种变化和冲击不可避免地感到混乱、焦虑、空虚、压抑和无所适从，如果不能很好地面对和消除，则会对大学生的心理健康造成不良的影响。

（二）学校因素

大学生大部分时间均在学校里，大学生的成长与发展同学校的教育和管理是分不开的。因此，大学生的心理健康不可避免地会受到学校因素的影响。学校因素主要有学校教育条件、学习条件、生活条件及师生关系、同学关系等。这些条件和关系，如果处理不当，就会影响大学生的身心健康发展。例如，学校学风不盛、学习负担过重、教育方法不当、师生感情对立、同学关系不和谐等，都会使大学生心理压抑，精神紧张、焦虑，如不及时调适，就会造成心理失调，甚至导致心理障碍。

（三）家庭因素

家庭是个体生活的中心，是个体身心发展最早受到影响的生态因素。国内外大量研究表明，不良的家庭环境因素，如家庭成员不完整、父母离异、家庭关系紧张、家庭教育方式不当及家庭出现重大变迁等都容易造成家庭成员的心理行为异常。其中，父母对待子女的态度是最关键的，父母的爱护和关心对他们整个一生的心理健康具有十分重要的意义。著名发展心理学家和精神分析学家埃里克森指出，如果个体没有得到父母的细心关怀，他们长大后可能会不信任别人，不信任周围环境，尤其是不信任自己的能力，并会持续不断地焦虑，脾气变化无常，容易形成神经官能症的性格结构。此外，父母的教育方式还关系到大学生的人格、学习成绩、适应性和消费观等问题。

（四）生理因素

影响大学生心理健康的生理因素包括个体遗传因素、躯体疾病和生理机能障碍。

1. 遗传因素

一般而言，人的心理活动是不能遗传的。但是，人作为身心兼备的整体，与遗传因素的关系又是十分密切的，尤其是一个人的气质、智力、神经过程的活动特点等受遗传因素的影响更为明显。众多调查研究和临床观察表明，在精神病患者的家族中，患精神发育不全、性情怪僻、躁狂抑郁等神经精神病或心理行为表现异常的人占相当比例。例如，对躁狂抑郁症和精神分裂症患者亲属的患病率调查研究表明，精神病发病的原因确实具有明显的血缘关系，血缘关系越近，患病率越高，而这正体现了遗传因素的影响。

2. 躯体疾病和生理机能障碍

严重躯体疾病和生理机能障碍也是造成心理障碍或精神失常的原因之一。例如，甲状腺功能紊乱、机能亢进时，往往出现敏感、暴躁、易怒、情绪冲动、自制力减弱等心理异常现象；肾上腺素分泌过多会引起躁狂症，分泌过少则会引起抑郁症。现代科学还表明，缺乏微量元素也会严重影响人的心理健康，如缺碘会严重影响身体和智力的发展，缺锌会影响记忆功能。同样地，脑组织损伤会损害人的智力，造成记忆力缺损、注意力不能集中。

（五） 心理因素

大学生的心理健康与其心理素质和心理承受力有着密切联系。同样的生活事件对于不同的大学生往往具有不同的意义，因而对心理健康的影响也是不同的。一般而言，认同的危机、个性的缺陷、心理素质不完备及情绪发展的不稳定性会使不同的大学生对同一事物采取不同的评价态度，从而对心理健康产生不同的影响。

1. 认同的危机

大学阶段，正是大学生不断反省自我，反省人生，思索自己、社会及二者之间关系的重要时期。在确定“自我同一性”的过程中，他们会经历种种内心自我评价与认知的矛盾和迷惘，情绪起伏较大，容易诱发一些心理障碍。研究表明：大学生如何看待自己的现状及对现实自我的满意程度或接纳程度与心理疾病（尤其是抑郁）有关；面对成功和失败，如何积极控制自我、调节自我，成为预防抑郁的重要因素；大学生对生理自我的认识接纳程度及对生理疾病的认识等都会影响心理健康。

2. 个性的缺陷

同样的环境因素、同样的挫折，不同的人会有不同的反映模式，这与人的个性有直接联系。一般而言，稳定和偏外向的性格特征、丰富的生活经历及较高的文化修养等因素，有利于改善人们的心理应对方式。而性格过于内向的人，心胸狭窄、过于斤斤计较的人，固执多疑的人，爱慕虚荣的人，娇生惯养而感情脆弱的人，都比个性开朗大度、乐观的人更易患心理疾病。

3. 心理素质不完备

当前，由于整个社会紧张性刺激增多而带来的应激和压力增加，大学生的心理素质已跟不上时代发展的要求，主要表现在相当一部分大学生心理脆弱，自制能力差，对挫折缺乏必要的抵抗力，惧怕失败。一旦环境变得与先前不同就会有一种挫折感，尤其当挫折的强度较大或时间较长时，就会失望、自卑、萎靡不振。

4. 情感丰富但不稳定

大学生正处于情绪和情感最丰富、最强烈、最复杂和最动荡的时期，他们的内心体验极其细腻微妙，对周围的事情特别敏感而又体察得细致入微。但由于他们的价值观念尚不稳定，心理成熟落后于生理成熟，因而情绪和情感也不稳定。当不良外在因素与内在因素交互作用时，就会导致心理平衡失调，使得他们在学习和生活中常常产生压抑、焦虑、自卑等不良体验，甚至厌世和轻生，危及他人和社会。

第二节　大学生常见心理问题的预防与调适

一、大学生常见心理问题

（一）学习问题

大学生的学习环境和学习模式与中学阶段相比都有了很大的变化，如果不能及时地调整学习方法，制订合理的学习目标和学习计划，必然会引发一系列学习适应方面的问题。

1. 学习动机不足，缺乏学习愿望

主要表现为学习目的不明确，学习动力不足。有的大学生不善于制订科学的目标和学习计划，期望过高或过低，从而导致自我效能感降低，缺乏信心，一旦失败则喜欢把失败归因于外部原因；有的大学生学习意志品质不够顽强，三天打鱼，两天晒网，无法持之以恒；有的大学生面对就业的巨大压力时常感到危机感，提不起学习的精神；还有部分大学生仅仅是为了应付考试或者对家长有个交代而学习，学习兴趣不浓。

2. 学习方法不当，学习成绩不理想

有的大学生对大学学习的特点缺乏了解，没有意识到学习成效与学习方法之间的相互关系，不能针对具体的学习任务选择适当的策略；学习前缺乏计划性，不会科学地利用时间，不会利用大学丰富的信息资源，导致学习成绩不太理想，感到自卑，心理压抑。

3. 考试焦虑与考试怯场

考试焦虑表现为在考试前后精神紧张、心烦意乱、无精打采、肠胃不适，有时出现原因不明的腹泻、多汗、尿频、头痛、失眠、记忆力减退、注意力不集中、思想迟钝、效率下降等现象。

考试怯场表现为在考试中因情绪过分激动、焦虑、恐慌而造成思维和操作困难。主要表现为心跳加快、呼吸急促、满脸通红、出汗、头昏、烦躁、恶心、软弱无力、记忆受阻、思维迟钝等，有的大学生甚至会因为害怕考试而弃考。

4. 注意力不集中

表现为容易走神，经常想一些与学习毫无关系的事情，不能专注于当前的学习活动；易受干扰，很容易被外界的无关刺激吸引，偏离当前的学习活动。

（二） 情绪问题

情绪困扰是大学生群体中比较突出和普遍的问题，主要表现在以下几点：

1. 自卑

自卑在心理学上又叫作“自我否定”，主要表现为对自己的能力、学识、外貌等自身因素评价过低。由于学习环境、生活环境的改变，部分大学生由高中时期的“佼佼者”变成大学校园中的“普通一员”，这种“地位”的改变是造成部分大学生自卑的重要原因。还有一些大学生由于家庭条件差或自身某些不足而自卑。有自卑感的大学生由于自我评价过低，导致行为畏缩，瞻前顾后，多愁善感，他们自尊心极强，过于敏感，严重影响各方面的正常发展。

2. 焦虑

焦虑是一种比较复杂的消极情绪现象，是人们对即将发生的某种事件或情境感到担忧和不安，又无法采取有效的措施加以预防和解决时产生的情绪体验。过分的焦虑会让人处于一种无所适从的状态，总是担心将要发生的事情，坐立不安，注意力分散，办事效率低下。引起大学生焦虑的主要原因有环境适应问题、学习问题、人际交往问题、求职就业问题等。

3. 抑郁

抑郁也是一种极为复杂的情绪障碍。一部分大学生由于不喜欢所学专业，感到前途渺茫，或由于人际关系处理不当、失恋等问题而过早“看破红尘”，导致情绪抑郁。抑郁主要表现为心中持久的情绪低落，常伴有身体不适、食欲减退、失眠、无精打采、心情压抑和沮丧，什么活动都懒于参加，什么事也提不起精神来。

4. 情绪失衡

大学生的情感丰富而强烈，具有一定的不稳定性。具体表现为情绪波动大，高低不定，喜怒无常，会因一点小小的胜利而沾沾自喜，也易为一次考试失败、情感受挫而一蹶不振，甚至无法控制自己的情绪。特别是负向情绪的控制相对较弱，表现为情绪高低不定、易怒，不能保持平常心态。

（三） 人际关系问题

人际交往是人健康成长的基本条件，在人的发展过程中具有不可替代的作用。良好的人际关系是大学生成长与社会化过程中的重要组成部分，也是保持良好心理状态的必备条件。人际关系问题也是当前大学生心理健康的一个敏感问题。调查表明，40.1%的新生认为“没有朋友”，23.6%的学生感到孤独、寂寞，42.9%的学生更希望自己成为交流的对象而不是交流的直接发起者。大学生人际交往问题主要包括以下几个方面：

1. 不敢交往

在人际交往中，人们都存在不同程度的恐惧心理，部分大学生在这方面反应特别强烈。有的大学生面对新的环境和新的人际群体，由于害羞、自卑等心理作用，在与人交往时显得特别紧张，常常语无伦次、词不达意；有的大学生觉得自己不如某人，因而害怕与人交往，尤其害怕与有所成就的人进行交往；还有的大学生缺乏在公众场合表达自己思想的能力与勇气，面对各种各样的活动，充满了兴趣却又担心失败，羡慕的多，积极参与的少，久而久之，开始回避参与。但不可否认的是，他们都迫切希望得到周围师生和朋友的理解、支持、尊重和关爱。这种情况使大学生长期处于矛盾之中，造成人际关系紧张，同时引发冲动、焦虑、急躁和不安等情绪，严重的可导致社交恐惧症，甚至对周围人造成攻击和伤害。

2. 不愿交往

有的大学生在经历了“千军万马过独木桥”之后，发现自己不如在中学时那么出类拔萃了，因为嫉妒与自卑心理，缺少人与人之间必要的信任与理解，人际交往平淡；有的大学生总是将自我束缚在一个狭小的交往范围之内，对他人的一些个性特点往往“看不惯”，因而懒得交往；有的大学生自高自大，瞧不起别人，甚至视同学为敌手；有的大学生群体意识淡薄，以自我为中心，对周围的人与事漠不关心，常常拒人于千里之外。在与人交往的过程中，他们常常会因一些在旁人看来微不足道的小事挑起事端，自伤和气。当发生冲突的时候，容易意气用事，情绪激动，有时甚至会导致矛盾激化。

3. 缺乏交往技巧

有的大学生缺乏交往的一些知识和技巧，在与人交往中显得过于生硬、木讷，常常碰壁；有的大学生不注意沟通方式，在劝说他人、批评他人、拒绝他人时不讲究艺术，不知道尊重他人；有的大学生在与人交往的过程中，不注意交往的原则和分寸，开玩笑不注意场合，或不懂得尊重对方的风俗习惯；有的大学生不懂装懂夸夸其谈；等等。这些表现都有损于自身形象的塑造，影响了同学之间进一步的交往。尽管他们很想得到别人的关心，可又不知道怎么去关心别人，对大学里的人际关系极度不适应。甚至有的大学生悲叹，“大学里的人际关系怎么这么复杂”。

（四） 恋爱心理问题

对大学生而言，恋爱是浪漫、甜蜜而令人向往的。几乎每一位大学生都希望在大学期间收获一份刻骨铭心的爱情。然而由于大学生心理不够成熟，思想比较单纯，想法比较简单，恋爱时过于理想化，对未来将要面临的困难、挫折等没有充分的心理准备，往往给恋爱过程带来一些阴影。

1. 单恋

单恋俗称“单相思”，是指一方对另一方的以一厢情愿的倾慕和热爱为特点的“爱情”。单恋多是一场情感误会，是青少年“爱情错觉”的产物，其原因主要是因为受对方言谈举止的迷惑，或自身的各种主观体验的影响，或自以为某个异性对自己有意而错误地主动涉入爱河。单相思有两种情况：一种是毫无理由的单相思，即对方毫无表示，甚至还不认识自己，自己仍执着地爱着对方，追求对方。这种恋爱，是纯粹的“单向”。另一种是自认为有“理由”的单相思，即错认为对方对自己有情，于是“落花无意”变成“落花有意”，这是假“双向”，真“单向”。

2. 失恋

所谓失恋，是指曾经恋爱的一方被其恋爱对象抛弃。具体到不同的个体，失恋常常表现为以下几种消极心态：

(1) 失恋者羞愧难当，陷入自卑和迷惘，心灰意冷，甚至绝望、轻生。

(2) 失恋者对抛弃自己的人一往情深，对爱情生活充满了美好的回忆和幻想，自欺欺人，否认失恋的存在，从而陷入单相思的泥潭。也有人会陷入特殊的感情矛盾中——既爱又恨，不能自拔。

(3) 失恋者或因失恋而绝望暴怒，失去理智，产生报复心理，造成毁坏性的结局；或从此嫉俗厌世，怀疑一切，看什么都不顺眼，爱发牢骚；或从此玩世不恭，得过且过，寻求刺激，发泄心中不满。

失恋后，一般要经历一个痛苦—烦躁不安—冲动平息的过程。前两个阶段是失恋的危险期，少则三五天，多则十天半月，甚至更长。如处理不当，极易发生抑郁、自杀等严重心理问题。有的失恋者为了宣泄自己的愤怒和不满，可能采取非理智的极端行为，甚至干脆以自己的沉沦来报复社会和他人。

(五) 神经症

神经症是指非器质性的、大脑神经机能轻度失调引发的心理疾病。神经症主要表现为持久的心理冲突。患者觉察或体验到这种冲突并因之而深感痛苦，但没有任何可证实的器质性病理基础。大学生中常见的神经症主要有以下几种：

1. 神经衰弱

神经衰弱是指由于长期处于紧张和压力之下出现精神易兴奋和脑力易疲乏的现象。主要表现为兴奋性增高，感情控制力低，入睡困难且睡眠表浅、多梦，注意力不集中，记忆力减退，脑力、体力易疲劳，嗜睡但醒后不解乏，情绪易波动，情感反应强烈但不持久等症状，常伴有肌肉紧张性疼痛、心悸、胸闷、食欲不振、消化不良、腹胀、便秘等表现。大学生神经衰弱的发生，主要是由于缺乏面对现实的勇气和良好的适应能力，如学习负担过重，专业思想不稳定，个体自我调节失灵，对社会、对人生思虑过多，在家庭问题、恋爱问题上犹豫徘徊，等等。这些因素在患者头脑中产生强烈的思想冲突，使得神经活动过程强烈而持久地处于紧张状态，超过了神经系统本身的张力所能忍受的限度，从而引起崩溃和失调。

2. 焦虑症

焦虑这种情绪反应是个体在面临不良刺激或预感到会出现挫折情绪时所产生的一种复杂的消极或不愉快的情绪状态。而焦虑症是指持续性精神紧张或发作性惊恐状态，常伴有明显的自主神经系统功能紊乱，如头晕、胸闷、心悸、呼吸困难、口干、尿频、出汗、震颤和运动不安等。这些症状并非由实际威胁引起，其紧张程度是与现实世界很不相称的一种情绪状态。轻度焦虑在正常人的学习、生活和工作中经常会发生，这些正常的情绪反应不能被称为焦虑症。从某种意义上来讲，“居安思危”、适度的焦虑感对学习和工作会起到一定的促进作用。而真正的焦虑症却不同，它是一个人在毫无原因或在一些无关紧要的情况下，呈现出严重的焦虑不安、胆战心惊等症状，即“杞人忧天”式的无端的担忧。

3. 强迫症

强迫症又名强迫性神经症。顾名思义，患者有一种自我强迫的倾向，不能控制地去思考某些问题或做出某些行为，明知没有必要，但无法自我控制，因此情绪抑郁、焦虑，严重时会出现厌世想法，有时会影响正常的生活、工作和学习。强迫症的症状特点是有意识的自我强迫与有意识的自我反强迫同时存在，二者的冲突导致患者紧张不安、十分痛苦。患者明知强迫症状是异常的，但无法摆脱。由于患者的思维、智能等都是正常的，别人看不出他们有什么精神不正常，常常不能理解他们，因此更加重了他们的痛苦。轻微的强迫行为属于强迫性人格障碍，而强迫症通常是由强迫性人格障碍发展而来的，是一种典型的心理冲突疾病。

4. 恐惧症

恐惧症是一类违背患者意志的恐怖情绪。患者对常人习以为常的某一普通物品、环境或活动产生一种强烈的紧张恐惧心情。自己明知这种恐惧过分、不正常并且无必要，但不能自制，无法摆脱。恐惧的对象很多，如怕脏，怕细菌感染，怕尖锐物件，怕空旷广场或拥挤场所，怕高地或深渊，怕脸红，怕对视，怕得某种疾病，怕死亡，等等，以至于患者不得不回避某些场所、物品或人。大学生的恐惧症主要表现为社交恐惧、考试恐惧等。

5. 抑郁症

抑郁症主要表现为情感低落、思维迟缓、意志活动减退“三低”症状。目前认为抑郁的核心症状包括情绪低落、兴趣缺乏和快感缺失，可伴有躯体症状、自杀观念和行为等。抑郁症发作至少持续2周，常给本人造成极大痛苦或严重的不良后果，并且有不同程度的损害社会功能倾向。有的抑郁症一生仅发作一次，有的可反复发作。临床表现为：

(1) 情绪低落。患者自觉情绪低沉、苦恼忧伤、兴趣索然、痛苦难熬，有度日如年、生不如死之感，常愁眉苦脸、唉声叹气，有无望感、无助感和无用感。通常情绪变化有晨重晚轻的特点。

(2) 快感缺失。患者对以往感兴趣的各种活动兴趣显著减退甚至消失，丧失了体验快乐的能力，不能从平日里的活动中体会到乐趣。部分患者也能参与一些看书、看电视的活动等，但其目的是消磨时间或希望从悲观失望中解脱。

(3) 迟缓。患者思维联想的速度缓慢，反应迟钝，思路闭塞，自觉愚笨，思考问题困难，表现为主动言语减少，语速慢，活动减少，动作缓慢，严重者表现为木僵或亚木僵状态；激越者表现为紧张，烦躁不安，难以控制自己，甚至出现攻击行为。

(4) 自责、自罪和自杀。患者对以往自己一切的轻微过失或错误痛加自责，严重者回顾过去自感一无是处，罪孽深重，甚至认为生活本身都没有意义，认为死是最好的归宿，常有自杀计划或行为，反复寻求自杀。

（六） 人格障碍

人格障碍是指人格系统发展的不协调，主要表现为情感和意志行为方面的障碍。人格障碍通常开始于童年、青少年或成年早期，并一直持续到成年以后甚至终身。有人格障碍的人，其行为模式异于常人，如有的人格障碍患者常为一点小事而怒发冲冠，暴怒不已，对他人或其他动物残酷无情，以他人的痛苦为乐，做错事绝无悔恨及羞耻之心，极端自私，感情冷漠，对环境适应不良，缺乏朋友。但这些人却毫无自知，只是一味怨天尤人，绝不检查自己。人格障碍的类型主要有：以猜疑和偏执为主要特点的偏执型人格障碍；以观念、外貌和行为奇特及人际关系有明显缺陷为主要特点的分裂型人格障碍；以行为不符合社会规范为主要特点的反社会型人格障碍；以行为和情绪具有明显冲动性为主要特点的冲动型人格障碍；以过分感情用事或夸张言行以吸引他人注意为特点的表演型人格障碍；以要求严格和完美为主要特点的强迫型人格障碍；等等。

（七） 精神分裂症

精神分裂症是以基本个性改变，思维、情感、行为分裂，精神活动与环境的不协调为主要特征的一类最常见的精神病。精神分裂症病因复杂，尚未得到完全阐明，多起病于青壮年，表现为感知思维、情感、意志行为等多方面障碍，精神活动与周围环境和内心体验不协调，脱离现实。一般无意识障碍和明显的智能障碍，可有注意、工作、记忆、抽象思维和信息整合等方面认知功能损害。病程多迁延，反复发作，部分患者发生精神活动衰退和不同程度社会功能缺损。精神分裂症表现形式多种多样，不仅不同的病人症状不一样，就是同一病人，每次患病及同次患病的不同时期也表现不一样。在大学生中比较常见的精神分裂症的临床类型主要是偏执型精神分裂症，以妄想为临床表现，常伴有幻觉，并有相应的情感和行为反应。

二、大学生心理问题的预防与调适

管理心理学认为：人的心理状态虽然受社会生活环境的制约，但是人们仍可以通过各种努力来进行预防和调适，从而维护心理平衡，达到心理健康的目的。因此，大学生应积极主动地进行自我心理调适，培养独立、自强、自律的良好心理素质，以便将来能够适应不断升级的社会竞争需要。

（一） 树立正确的人生观、价值观

心理学研究表明：人的价值观念存在着很大的差异。有以认识真理为主要追求的科学价值观；有以“先天下之忧而忧，后天下之乐而乐”为准则的道德价值观；有以权力、地位为核心的政治价值观；有以功利、实惠为目标的经济价值观；有以宗教为中心的信仰价值观；等等。大学生只有以辩证唯物主义和历史唯物主义的世界观和方法论为指导，树立正确的人生观、价值观，才能有正确的人生方向，才能正确处理个人与社会现实之间的关系，才能防止主观片面、固执偏激，才能豁达大度、处事不惊、经受住各种挫折与考验。

（二） 努力加强自身个性修养

不同的人有不同的性格特征，不同的性格特征有各自不同的积极因素和消极因素。当一个人性格特征中积极因素多于消极因素时，他在人生的道路上成功的机会就可能多一些。因此，每一个大学生都应该努力加强自身个性中的积极因素，克服消极因素。这也是消除心理障碍、促进心理健康的有效途径。例如，增强理智感，克服主观臆断；增强自制力，克服激情性冲动；增强自信心，克服自暴自弃；增强利人观念，克服利己思想；增强宽容精神，克服狭隘偏见；增强法制观念，克服懦弱性格；等等。

（三） 养成良好的学习、生活习惯

人的生理、心理活动是有规律的。实践表明，过度的痛苦和悲伤容易使人消沉、自

卑；狂喜狂欢容易使人高傲、麻木；长期超负荷的学习和工作容易使人产生畏惧心理。合理的生活秩序、良好的生活习惯是一个人身心健康的重要保障。大学生在学校群体生活中，要时刻注意养成良好的学习与生活习惯，学会有规律地生活。这不仅有利于大学生科学用脑，而且对于排除心理障碍、促进心理健康也是十分有益的。

（四） 建立良好的人际关系

从某种程度上说，大学生健康的心理状态是由良好的学校心理环境熏陶而成的，而良好的学校心理环境又主要是由学校人际关系构成的，这集中反映在教师与教师之间、教师与学生之间、学生与学生之间的关系上。如果这些关系处理得当，就能形成团结合作、患难与共的凝聚力；如果这些关系紧张，就会造成彼此冷漠或敌视，甚至幸灾乐祸、勾心斗角。目前不少大学生普遍反映人际关系难处，有痛苦不愿找老师谈心，有烦恼不愿找同学诉说，内心的压力、痛苦得不到正常排解，为心理障碍的产生埋下了隐患。因此，建立良好的学校人际关系，对于排除心理障碍、促进心理健康有着不可替代的作用。

要建立良好的学校人际关系，大学生必须首先学会以善意的态度与人相处，而不是以敌意的态度待人；要学会尊重别人，而不是强加于人；要真正地鼓励与赞美，而不是虚伪地恭维与奉承；要友好地劝告与批评，而不是粗暴地讽刺与攻击；等等。

（五） 保持健康乐观的情绪

情绪对于心理健康来说至关重要，几乎每一种心理疾病都有情绪上的表现。实践表明，在健康的情绪状态下，青年学生的知觉活动、思维活动，特别是智力和创造活动才能得以充分发挥；而在挫折状态下长时间的消极情绪，会引起心理失衡，导致心理障碍的产生。大学生情感丰富而冲动，不善于控制自己的情绪，就更应学会保持健康的情绪。当遇到挫折，产生烦恼、愤懑、沮丧、焦虑、彷徨等不良情绪时，应该学会用适当的方法进行调节。

1. 宣泄

宣泄是指在适当的时候、适当的场合，向适当的对象倾诉内心的不快，以减少内心的痛苦。现代人本主义大师罗杰斯曾以自己的亲身体会向我们阐明宣泄的妙用。他说：“我以亲身的体会可以证实，当你精神痛苦时，如果有人能听你诉说衷肠，同时又不试图评判你，不替你承担责任，不打算改变你，你就会感到非常愉快。”

2. 放松

放松调节是指通过对身体各部分主要肌肉的系统放松练习，抑制伴随紧张而产生的血压升高、头痛、手脚冒汗、腹泻、睡眠等生理反应，从而减轻心理压力和紧张焦虑的情绪。

3. 转移与压抑

转移，即把注意力暂时集中到其他事情上，以缓解或冲淡不愉快的心情；压抑，即靠意志的作用把不愉快的心情压在心底，不让它表现出来，以期在适当的时候再加以调节。

4. 暗示

心理学研究表明，暗示作用对人的心理活动和行为具有显著的影响，内部语言可以引起或抑制人的心理和行为。自我暗示即通过内部语言来提醒和安慰自己，如提醒自己“不要灰心”“不要着急”“一切都会过去的”“事情并不像我想象的那么糟”，等等，以此来缓解心理压力，调整不良情绪。

（六） 积极参加健康有益的活动

体育活动能显著松弛人们紧张的神经，改善人们的自我感觉，消除失望或沮丧情绪。健康有益的活动可以让大学生不断获得新知识，丰富自己的生活，开阔思路，并能在活动中充分发挥自己的聪明才智，体验到成就感和充实感。在参加活动过程中，大学生还可以建立友爱、和谐的人际关系，培养自己的兴趣爱好，陶冶情操，使身心获得有益的放松。

（七） 正视自我、勇于接受现实

马斯洛在研究有关自我实现的实验时发现，心理健康的人对世界的知觉是客观的，他们能按照生活的真实面目来看待生活，能按照自己的本来面目来正视自我。心理不健康的人，他们对世界的知觉是主观的，不能正确地认识自己、评价自己，以致狂妄自大、目无一切，不能坦然地接受自己，以致自暴自弃、心灰意冷等。

（八） 及时寻求心理咨询和帮助

心理咨询是指咨询者运用心理学的知识、理论、技术，通过与来访者的协商、交谈和辅导过程，提供可行性建议，针对正常人及轻度心理问题者的各种适应和发展问题，与来访者共同研究和探讨，从而达到解决心理问题、增进健康水平和提高生活质量的目的，是维护心理健康行之有效的好方法。在维护和促进大学生心理健康方面，大学生一方面要充分发挥自己的主观能动性，积极利用环境中的有利资源，提高自己的心理健康水平，另一方面应积极寻求家庭、学校和社会的支持，争取亲朋好友的帮助。尤其在心理负荷比较重，自己又不易调节时，应及时寻求受过专门训练的心理咨询人员的帮助，从而提高心理适应力，防治心理疾患，促进身心健康、和谐发展。

三、案例与分析

案例一：2018 年 11 月 4 日晚 19:30 左右，湖南某高校 2017 级会计专业女生谢某在校内水域溺水。事发当时，有多名学生发现后奋不顾身在现场施救，并同时拨打了 120 急救电话。谢某送往医院后经医学鉴定已死亡。事发后，经长沙县公安局立案侦查，证实谢某系因恋爱纠纷导致情绪过激跳水身亡，排除他杀。

案例二：北京大学医学部大三学生崔某，在北京世纪坛医院南区教学楼被嫌疑人用利器砍死。据了解，崔某与嫌疑人此前两人都追求过同一个女生，曾为一些过节大打出手。嫌疑人对此耿耿于怀，最终以极端的方式伤害崔某。

案例分析：大学生对爱情有着懵懂的憧憬，这是正常的。但这种情感若得不到正确的疏解，可能会产生低落、迷茫、愤怒等情绪，久而久之便会演化为心理问题。因此，大学生应正确对待这份懵懂的情感，慎重处理，可以找同学、老师倾诉或寻求其他解决的办法，可以积极参与更多的团队活动，认识更多的朋友，不要一直沉迷于此。同时也要注意自己的学生身份，要把学习放在第一位，不要荒废了学业。

案例三：张某是一位传奇人物，被称为“高考钉子户”，曾经4次参与过高考，先后被复旦大学、北京大学、清华大学录取。但他在北京大学、清华大学的求学路并没有跟其他“学霸”那样一路所向披靡。他在进入北京大学后，整日吃喝玩乐，沉迷网络的张某在期末挂了好几科，在入学一年后被北京大学劝退。

张某吸取教训，经过自己的努力复习，以703的高分成为了当年南充市的高考状元，以极其优秀的成绩被清华大学录取了。但是进入清华之后，他仍然是一副游戏人间、玩世不恭的样子，于是张某又再一次因为网瘾被清华大学劝退了。

因自己的无知和年少轻狂白白浪费了三年人生的张某，终于在此时意识到了自己从前的行为有多么的荒唐可笑。于是他痛定思痛，决心要彻底戒除自己的网瘾。这一次，张某打起精神，以677的高分被清华大学第二次录取。在完成本科学业之后，张某又选择了考研深造。但他的考研之路却没有高考那样顺心，在第一次考研失败之后，张某回到家乡参加工作。

可没想到的是，网络对张某来说仍然是无法摆脱的梦魇，终日沉迷于网络的他根本无心工作。幸运的是，张某遇到了一个华中师范大学的教授，在教授的帮助下张某逐渐戒掉了这个不良嗜好，开始了正常的工作和生活。如今的他已经不会再被虚浮的网络世界所吸引，却也再无往日的风采，成了一个默默无闻的人。

案例分析：随着信息时代的到来，互联网席卷全球，并正在改变着人类传统的生产方式、工作方式、生活方式和思维方式。互联网是把“双刃剑”，在给人类带来便利的同时，也带来了负面影响，引发了一系列网络心理问题。其中，最严重的就是网络成瘾综合征。一般而言，网瘾学生存在如下心理问题：患者一旦停止上网，随即就会产生上网的强烈渴望，难以抑制上网的需求和冲动。由于长时间沉迷于虚拟世界，导致视觉形象思维、逻辑思维混乱，注意力不能集中和持久，记忆力减退，对其他活动缺乏兴趣，与现实疏远，为人冷漠，情绪低落、悲观消极、焦虑等。

案例四：梁某是电影学院导演系的研究生，个子高高的，长得也很帅，但几年下来他有一个很悲观的想法：做导演需要出名，而真正出名的导演又有几个呢。而且自己家是外地的，从本科到研究生一路走来实在太累了，要协调各方面的关系，这种压力压得他喘不过气来。最终，他办理了退学手续。学校的老师、同学无不为他惋惜。

案例五：大三学生王某坐在教室里看书时，总担心有人坐在身后会干扰自己，有强烈的不安全感，平时总坐在角落里或者靠墙而坐，否则无法安心看书；他对同寝室一位同学收听收音机的行为非常反感，有时难以忍受，尤其是睡午觉时总担心会有收音机的声音干扰自己，经常午休不好。但他又不好意思与这位同学发生正面冲突，因为他觉得为这样的小事发脾气，可能是自己的不对。他很长时间都不能摆脱这种心理困境，很苦恼，严重影响了日常生活和学习。在即将毕业时，他心中一片茫然，担心找不到理想的工作，有时候也懒得去思考这个问题，怕增添烦恼。他成绩一般，当看到其他同学们都在为迎考研究生积极准备着，自己也想报考，但又不能集中精力学习。他自卑，缺乏自信，生活态度比较消极，认为所有的一切都糟透了。他家在农村，经济状况一般，认为自己有责任挑起家庭的重担，但又觉得力不从心。

案例分析：大学生现在面临的压力过大，造成心理的落差比较大，这与整个社会发展的形势和家庭的影响是分不开的。大学扩招让一些大学生在上学的时候就对毕业后的就业问题产生焦虑。另外，有些大学生对自己期望过高，导致实际情况与期望产生很大的心理落差。这需要大学生找准自己的位置，要正确评价和认识自己，无论怎样，知足常乐是不变法则。另外，不要好高骛远，要脚踏实地一步步走好自己的路。

第三节　远离“黄、赌、毒”

“黄、赌、毒”主要指从事卖淫嫖娼、淫秽色情活动，走私、制贩、传播色情淫秽物品，以营利为目的设赌、聚赌，以及吸毒、制毒、贩毒等违法犯罪活动。“黄、赌、毒”是社会公害。大学生一旦和“黄、赌、毒”沾上边，轻则违反校纪校规，重则触犯法律，对自己、他人、家庭和社会都将造成严重的危害。

一、抵制“黄色污染”

色情文化借助语言、文字、图像等工具来表现“性行为”事件，不正常地激起人们的性需求，导致部分大学生腐化堕落。据不完全统计，个别高校甚至有过半的学生多多少少接触过“黄色污染”。色情文化不仅严重影响了当代大学生的正常学习和生活，也使其心灵和精神受到了严重的伤害。个别大学生不知深浅地接触色情文化后，深陷泥潭、不可自拔，整个人精神萎靡、心神不定、想入非非，以致荒废学业，有的人还坠入违法犯罪的深渊，彻底毁了自己。色情文化的泛滥已经严重地影响了人类文化的走向，影响了物质文明与精神文明的建设。

大学生处在青春期，会产生一些对性的好奇和向往，这是正常的生理反应。大学生应该把主要精力放在学习上，自觉抵制色情诱惑，不涉足有色情嫌疑的场所。对淫秽物品要坚决做到不看、不传，更不能走私、制作和贩卖，要洁身自爱、读好书、结好友，通过正常的文体活动，培养健康向上的生活情趣。

二、远离赌博恶习

对于赌博的危害，一些大学生往往认识不足。不少人认为，“赌博只是一种娱乐而已，输赢一点小钱无伤大雅”。但大量的事实证明，赌博有百害而无一利，由赌博导致的人间悲剧比比皆是。不少大学生就是因为意志薄弱，深陷赌博泥潭不能自拔，不仅危害了个人的心灵、意志、身体、家庭和前途，还影响到社会的稳定与和谐。

（一）赌博让大学生荒废学业

赌博就像精神鸦片一样会让人上瘾。大学生一旦陷入赌博泥潭，理智的防线就会崩溃，轻者不思进取，想入非非，终日心神不定、萎靡不振；重者沉溺其中不能自拔，废弃学业，毁了自己的前途。

（二） 赌博影响大学生的身体健康

赢钱时快意兴奋，赌输时失望愤怒。赌博过程中参赌者精神状态持续极度紧张，或大喜或大悲。长期如此，即使是健康人的精神和身体也会出现问题。倘若长期赌到深更半夜，或者通宵鏖战，该休息的时候不休息，该吃饭时不吃饭，不但干扰了人体正常的生物钟，而且容易引起胃病、痔疮、神经衰弱等多种疾病的发生。

（三） 赌博污染校园风气

赌博会助长不劳而获的习气，易使大学生们产生好逸恶劳、尔虞我诈、投机侥幸等不良的心理品质，久而久之会使他们的人生观、价值观发生严重扭曲。赌博甚至会诱发盗窃、抢劫、杀人等极端行为。这严重影响了大学生良好的社会形象，损害了校园良好的风气。

（四） 赌博是对钱财最大的浪费

虽然赌博的人都想赢钱，但“十赌九输”，万贯家财最终都会被输光。大多数大学生本身没有经济来源，主要靠父母支持，如果把钱财浪费在赌博上，不仅对不起自己，更对不起父母的辛苦付出和殷切期待。

（五） 赌博容易诱发违法犯罪

赌博需要资金，而大学生是消费者，大多需要依靠父母供给来维持学习和生活。大学生一旦与赌博沾上边，赢了钱则随心所欲，挥霍无度，输了钱就千方百计想把损失找回来，结果越陷越深，直至债台高筑，无法自拔。为了筹赌资、还赌债，有的甚至铤而走险，去实施诈骗、偷窃、杀人等违法犯罪活动，最终以身试法，走上一条不归路。此外，赌博本身也是一种违法活动，一旦查证属实，将会受到法律的严惩。

面对赌博，大学生必须从以下几个方面加强防范：

第一，要从思想上筑起保护墙，树立“千里之堤，毁于蚁穴”的意识，提高自身对赌博的免疫力。大凡赌徒，一开始都是为了寻求刺激或放松，之后在不知不觉间染上了赌博恶习。因此，只有看透了赌博的本质，提高思想认识，才能防微杜渐，远离赌海。

第二，要正确看待社会上的赌博现象。随着人民生活水平的日益提高，不少人在工作之余搓搓麻将，打打扑克，是很正常的现象。作为大学生要正确看待，不要把赌博现象带到校园里，以免影响同学间的团结，甚至荒废学业，断送自己的美好前程。

第三，要树立远大的理想。大学阶段是青春勃发、奋发有为的黄金阶段，我们必须十分珍惜。要把精力花到学习科学文化知识上去，努力提高自身的思想政治素质和专业素质，从自我做起，洁身自爱，远离赌博。即使有剩余精力，也要合理分配，多参加一些积极向上、健康有益的活动，千万不可辜负父母、老师的培养和希望。

第四，要自爱自重、不参赌、不设赌。组织、提供场所聚众赌博或以赌博为业，是违法犯罪行为，违者将受到法律的制裁。

特别需要指出的是，近年来，随着网络的广泛普及，借助网络赌球、赌马等新型赌博形式开始在大学生中出现。大学生对此要保持高度警惕，千万不要陷入赌博网站的陷阱。另外，“中国福利彩票”“中国体育彩票”两大系列公众彩票是国家允许的合法彩票，其目的是促进中国民政福利事业、中国体育事业的发展，为中国民政福利事业、中国体育事业筹集资金。大学生如果从慈善的角度出发，可以根据自己的经济情况适当购买，但千万不可贪图“天降横财”，妄想通过中奖一夜暴富。

三、远离毒品

（一） 认识毒品

《中华人民共和国刑法》第三百五十七条规定：“毒品是指鸦片、海洛因、甲基苯丙胺（冰毒）、吗啡、大麻、可卡因以及国家规定管制的其他能够使人形成瘾癖的麻醉药品和精神药品。”常见的毒品有鸦片、吗啡、海洛因、冰毒、摇头丸、可卡因、止咳水、大麻等。一般来说，毒品都有四个共同的特征：第一，强制性地使吸食者连续使用该药，并且不择手段地去获得它；第二，连续使用有不断加大剂量的趋势；第三，对该药产生精神依赖性及躯体依赖性，断药后产生戒断症状（脱瘾症状）；第四，对个人、家庭和社会都会产生严重危害。

最近十多年来，全世界吸毒问题越来越严重，已经引起了国际社会的广泛关注。据估计，目前全世界至少有5 000万人注射毒品，而以吞、吸、饮、嚼等方式吸毒的人数则更多。也就是说，世界上大约每100个人中就有1名“瘾君子”。据公安部门介绍，截至2017年年底，我国登记在册的吸毒人员就有255万，其中青少年约占总数的70%以上。近年来内地因吸食毒品过量导致死亡的已累计达5万余人。

（二） 毒品的危害

毒品的危害可谓罄竹难书，它不但戕害人的身体、毒害人的心理、破坏人的家庭、残害人的生命，还严重威胁着社会安定，影响经济发展和社会进步。据有关统计，全球每年约有10万人因吸毒死亡，1 000万人因吸毒丧失正常的劳动能力，单就死亡人数来看，毒品仅次于心脏病、癌症，被称为“人类的第三大杀手”。如今，毒品问题已成为全球性问题，与恐怖主义、艾滋病并称为当今世界三大公害。

1. 吸毒危害人体健康

长期使用毒品会对人体的神经系统、呼吸系统、消化系统、免疫系统产生严重的危害，导致人体各器官功能减退，免疫力丧失，生育能力遭受严重破坏。一次性大量吸食毒品，还可能直接导致呼吸衰竭而死亡。调查显示，吸毒人群的死亡率比一般人群高出15倍，吸毒人员平均寿命一般为30～40岁。许多毒品都对人的神经系统有明显损害，长期吸毒者会形成中毒性精神病，突出表现为急性妄想、幻觉、思维障碍、攻击他人等。不少吸毒者由于难以承受巨大的精神压力和肉体痛苦而自杀。此外，不洁注射还容易感染“艾滋病（AIDS）”、破伤风、败血病等多种疾病。据统计，截至2016年年底，我国艾滋病病毒感染者达几十万人，有很大比例因静脉注射毒品而感染，其居艾滋病传播途径的首位。

2. 吸毒毁灭家庭

我国民间描绘毒品的危害有这样一副对联：“烟枪一支，未闻炮声震响，打得妻离子散；锡纸半张，不见烟火冲天，烧尽田地房屋。”目前，我国各地黑市海洛因零售价格每克300～1 000元，按照最保守的估计，一个吸毒成瘾人员一天至少需要0.3 g，按平均价格每克500元计算，一年就要花费54 750元，一般工薪阶层难以承受。而对于吸毒日久者，一天则需要2 g，一年下来花销几十万元。所以自古败家之速未有过于赌和毒者。家庭中一旦出现了吸毒者，家庭经济很快就会崩溃，家庭成员矛盾激化甚至反目成仇。吸毒者为了获取毒资，常常不惜以身试法，杀人越货，直至家破人亡。有人总结出吸毒人员的败家四部曲：花光积蓄、卖尽家产、借遍亲友、男盗女娼。

3. 吸毒危害社会，祸及国家

毒品问题是诱发其他刑事犯罪和社会治安问题的温床，吸毒人员以贩养吸、以盗养吸、以抢养吸、以骗养吸、以娼养吸现象严重。据统计，大多数省、市、自治区抢劫、抢夺、盗窃等侵财案件30%以上是吸毒人员所为，一些毒情严重地区甚至接近70%，给社会安定带来了巨大威胁。另外，吸毒还会导致吸毒者身患疾病，败坏社会风气，造成社会财富的巨大损失和浪费，从而影响生产力的发展和社会的进步。

（三） 大学生吸毒原因

1. 个人原因

大学生一般是因为对毒品无知、好奇、以吸毒为时髦、用吸毒寻求心理上的解脱等缘故开始吸毒。一项调查表明，在青少年吸毒者中，有80%以上是在不知道毒品危害的情况下吸毒成瘾的。有的女孩子听说吸毒可以减肥，竟信以为真，结果生命逝去的速度比体重减轻的速度还要快；有的大学生总自信地认为自己可以抵制一切诱惑而去尝试一些危险刺激的东西，抱着“尝尝新鲜”“找找感觉”“抽着玩玩”“吸一点点不要紧”等念头，在毒品面前放任自己的好奇心，结果深陷毒瘾不可自拔。

2. 社会原因

一些大学生因受不良娱乐场所影响、贩毒者影响及交友不慎等原因导致吸毒。有的大学生经常出入歌厅、迪厅、网吧、溜冰场等危险场所，因为自我保护意识不强，极易成为贩毒人的目标。有一位戒毒者在叙述吸毒史时说：“一次，一位朋友给了我一支香烟并用手指挑了很少一点白粉放进去。我想这么一点点是不会上瘾的，就接过来抽了，当时只感觉到恶心想吐。第二次我又抽了一支，这次找到了感觉。谁知道这一次尝出味道，就上瘾了，从此一发不可收拾。”这种愚蠢的行为让人既可恨又可惜。

3. 家庭原因

一些大学生因为家庭破裂、父母疏远、家庭教育不当、受家庭成员不良影响而开始吸毒。有的大学生因为家庭问题自暴自弃，用吸毒来报复家人，或者用吸毒来填补自己心灵上的空虚，结果导致更大的不幸。

（四） 大学生防范毒品指南

1. 学习禁毒知识，做到“四个牢记”

一牢记什么是毒品；二牢记吸毒极易成瘾，并极难戒断；三牢记毒品害人、害己、害家、害国；四牢记吸毒违法，贩毒犯罪。

2. 永远不尝第一口

好奇心和冒险心往往是毒品侵蚀的温床。为终生远离毒品，不论出于什么动机，不论出现什么情况，都要坚定地把握自己，永远不尝第一口。

3．正确面对困难和挫折，不借毒消愁

据统计，女性戒毒人员中有89%的人是因为婚姻不美满和失恋步入吸毒行列的。可见培养良好的心理素质对远离毒品十分重要。遇到困难和挫折时，可以找朋友、老师、父母倾诉，寻求帮助，千万不要借毒解痛，借毒消愁。

4．慎重交友，保持健康的生活方式

有关调查显示，大多数吸毒人员都是在所谓“朋友”的影响下坠入毒品深渊的，因此要远离毒品，就要慎重交友，时时警惕；同时要树立正确的人生观，绝不能因为空虚、寻求刺激、追求时髦而走上吸毒的道路。

5．远离不健康场所

当前社会上一些娱乐场所管理混乱，黄、赌、毒等不良行为甚至违法犯罪活动猖獗，一旦进去就可能身不由己，陷入泥潭难以自拔。因此，要洁身自好，自觉远离那些不健康的场所。

6．面对毒品的五种拒绝措施

（1）直截了当法——坚定直接地拒绝引诱。

（2）金蝉脱壳法——根据不同情况找借口委婉拒绝。

（3）主动出击法——立刻提出反建议。

（4）秘密报案法——寻找机会偷偷告诉你信赖的人，或者秘密拨打“110”报警，民警会迅速给予你帮助。

（5）及时告知师长法——当毒贩毒友逼你吸毒并威胁你时，一定不要被他们威吓住，要在第一时间告诉你的师长。

四、案例与分析

案例一：2020年3月左右，大学生王某在网上发帖找“小姐”嫖娼。周某与王某取得联系，作为中介人，将朋友徐某手下的“小姐”送至王某居住地，并赚取介绍费。

事后，周某因为缺钱，威胁王某说要报警揭发王某嫖娼行为。王某听后大为恐惧，遂按照要求转账700元给周某。周某尝到甜头之后，隔三岔五就找王某要钱。为了应付周某，王某甚至将自己手机都拿去抵押借钱。王某先后被周某敲诈1.2万元，不堪其扰，于是向警方报案求助。2020年8月18日，岳塘区检察院以被告人周某涉嫌敲诈勒索罪向岳塘区法院提起公诉，法院判处周某有期徒刑8个月，并处罚金1万元。大学生王某因嫖娼行为被行政拘留。

案例分析：色情文化对大学生犯罪起着直接的诱发作用，一不留神大学生就会受其诱惑，付出惨重的代价。为了避免悲剧的发生，大学生应当在学好科学文化知识的同时，树立正确的人生观和世界观，平时多参加有益身心健康的体育和文娱活动，多看一些有意义的读物、电影等，提高自己的文化修养和道德修养，不断加强自身免疫力，拒绝“黄色”诱惑。否则一旦沉迷其中，人生悲剧就有可能从此开始了。

案例二：2019年6月，女大学生小文偶然间通过舍友知道，手机上有个App能“赚钱”，在舍友的怂恿下，加上自己的好奇心作祟，开始了“赚钱之旅”。刚开始的时候，她很小心，投入很小，充值100元，几分钟就赢了2 000元！

于是，小文开始“钻研”这个App。小文说，开始的几天，特别顺利，没几天的功夫，小文就成了宿舍的“万元户”。

当第六天的时候，小文的“运气”失效了，一会的功夫，小文便输掉了10 000元，于是加大投注金额，仅一天的时间，她就输了18万。没有办法的她选择网贷，从此以后，小文陷入赌博—借钱—输光—借钱—赌博的死循环中。网赌前后仅两个月的时间，她一共输掉了30万。

案例分析：赌博不仅危害个人的心灵、意志、身体、家庭和前途，还影响到社会的稳定与和谐。赌博就像精神鸦片一样会让人上瘾，大学生一旦陷入赌博泥潭，就会沉溺其中不能自拔，直至坠入犯罪的深渊。大学阶段是青春勃发、奋发有为的黄金阶段，我们必须十分珍惜，要把主要精力花到学习科学文化知识上去，努力提高自身的思想政治素质和专业素质，要从思想上筑起保护墙，提高自身对赌博的免疫力，从自我做起，洁身自爱，远离赌博。

案例三：2017年10月26日晚上，广西某高校在校大学生陆某接到社会青年黄某的邀请，到南宁市福建园街道办事处平西村租房处吃夜宵，陆某便邀上另两位同学同行。当晚22时许，陆某三人乘车到黄某租房处，四人一直在玩手机。黄某见三人有点乏困，就称吃夜宵还早，要他们吸点东西提提神。陆某三人在黄某的诱惑下均吸了几口。10月27日10时许，四人被某派出所民警查获，陆某等三位大学生被带到禁毒大队，经检验，三人的尿样苯丙胺类定性检测结果呈阳性。

案例分析：大学生必须牢记吸毒极易成瘾，毒品害人、害己、害家、害国，面对诱惑要保持清醒，要做到永远不尝第一口；正确面对困难和挫折，不借毒消愁；慎重交友，保持健康的生活方式；远离不健康的场所。

第九章 >>>

自然灾害与安全防范

第一节 防范自然灾害的应急措施

一、台 风

（一） 台风基本常识

1. 台风的概念

台风是产生于热带洋面上的一种强烈的热带气旋，由于发生地点不同，叫法也不同。在北太平洋西部、国际日期变更线以西，包括中国南海范围内发生的热带气旋称为台风；而在大西洋或北太平洋东部的热带气旋则称为飓风。

2. 台风的危害

台风是一种破坏力很强的灾害性天气系统，台风带来的灾害必须正视。强大的台风和伴随台风出现的暴雨，其经过的地方，因大风、暴雨及风暴潮等造成严重的灾害，如农田、庄稼等被淹没，树木、房屋等被损毁，交通、电力、通信被切断，可能对人身、财产、地面建筑物和各种设施设备造成直接破坏损害或者间接破坏损害。

（二） 台风登陆的应急措施

（1）台风登陆预警发布后，禁止人员外出。已经外出的人员要尽快归校，确实来不及返校的可就近进入商场、车站等较为安全的公共场所，并与学校保持联络。

（2）台风来临时，进入安全的室内。如果在室外，应尽快回到安全牢靠的房子里，并在路上注意高空坠落的物体，如倒树、花盆、广告招牌等，远离有幕墙的高楼。

（3）待在室内时要注意关好门窗，检查门窗是否坚固；取下悬挂的东西；检查电路、炉火、煤气等设施是否安全。不乱拉电线、插头、插座，检查水、电开关，切断有危险的室内外电源，确保用水、用电安全。台风登陆预警发布后，要切断电源，不要在室内使用电脑、收录机，看电视等，以防雷击和触电。

（4）住在低洼地区和危房中的人员要及时转移到安全住所。及时清理排水管道，保持排水畅通。

（5）加强各级值班制度，坚持值班人员在职在岗，保证通信联络畅通，必要时要组织抢险救灾应急分队待命。

(6) 认真检查发现台风暴雨灾害带来的安全隐患和险情，及时报告，视情况组织抢险救灾，排除隐患和险情。

二、雷　电

(一) 雷电基本常识

1. 雷电的概念

雷电是伴有闪电和雷鸣的一种雄伟壮观而又令人生畏的放电现象。雷电一般产生于对流发展旺盛的积雨云中，因此常伴有强烈的阵风和暴雨，有时还伴有冰雹和龙卷风。积雨云顶部一般较高，可达20 km，云的上部常有冰晶。冰晶的凇附、水滴的破碎及空气对流等过程，使云中产生电荷。云中电荷的分布较复杂，但总体而言，云的上部以正电荷为主，下部以负电荷为主。因此，云的上、下部之间形成一个电位差。当电位差达到一定程度后，就会放电，这就是我们常见的闪电现象。闪电的平均电流是3.0×10^4A，最大电流可达3.0×10^5A。闪电的电压很高，达$1.0\times10^8\sim1.0\times10^9$V。一个中等强度雷暴的功率可达$1.0\times10^7$W，相当于一座小型核电站的输出功率。放电过程中，由于闪电通道中温度骤增，使空气体积急剧膨胀，从而产生冲击波，导致强烈的雷鸣产生。带有电荷的雷云与地面的突起物接近时，它们之间就会发生激烈的放电现象，在雷电放电地点会出现强烈的闪光和爆炸的轰鸣声，这就是人们平时所见到和听到的闪电雷鸣。

2. 雷电的危害

闪电的受害者有2/3以上是在户外受到袭击的，以在树下避雷雨的最多。

雷电对人体的伤害，有电流的直接作用、超压或动力作用及高温作用。当人遭受雷电击的一瞬间，电流迅速通过人体，重者可导致心跳、呼吸停止，脑组织缺氧而死亡。另外，雷击时产生的火花，也会造成不同程度的皮肤烧灼伤。雷电击伤，也可使人体出现树枝状雷击纹，表皮剥脱，皮内出血，还能造成耳鼓膜或内脏破裂等。

(二) 发生雷电时的应急措施

1. 预防雷电的方法

(1) 建筑物上装设避雷装置，即利用避雷装置将雷电流引入大地而释放。

(2) 在雷雨时，人不要靠近高压变电室、高压电线和孤立的高楼、烟囱、电杆、大树、旗杆等，更不要站在空旷的高地上或在大树下躲雨。

(3) 不能用有金属立柱的雨伞。在郊区或露天操作时，不要使用金属工具，如铁撬棒等。

(4) 不要穿潮湿的衣服靠近或站在露天金属商品的货垛上。

(5) 雷雨天气时在高山顶上不要开手机，更不要打手机。

(6) 雷雨天不要触摸和接近避雷装置的接地导线。

(7) 雷雨天在户内应离开照明线、电话线、电视线等线路，以防雷电侵入，被其伤害。

(8) 在雷雨天时，严禁在山顶或者高丘地带停留，更要切忌继续登往高处观赏雨景，不能在大树下、电线杆附近躲避，也不要行走或站立在空旷的田野里，应尽快躲在低洼处，或尽可能找房间或干燥的洞穴躲避。

(9) 雷雨天气在室外时，若是骑车要尽快离开自行车，也应远离其他金属物体，以免导电而被雷电击中。

(10) 在雷雨天气，不要去江、河、湖边游泳、划船、垂钓等。

(11) 在电闪雷鸣、风雨交加之时，应立即关掉室内的电视机、音响、空调机等电器，以免导电。打雷时，在房间的正中央较为安全，切忌停留在电灯正下面，忌依靠在柱子旁、墙壁边、门窗边，以避免在打雷时产生感应电而致意外。

2. 遭遇雷击时的急救

(1) 当人员遭遇雷电后，应立即检查其全身情况，特别是呼吸和心跳。若发现呼吸、心跳停止，应立即就地抢救。

(2) 轻症即神志清醒、呼吸心跳均自主者，就地平卧，严密观察，暂时不要站立或走动，防止继发休克或心衰。

(3) 呼吸停止、心搏存在者，就地平卧，解松衣扣，通畅气道，立即做口对口人工呼吸。

(4) 心搏停止、呼吸存在者，应立即做胸外心脏按压。

(5) 呼吸、心跳均停止者，则应在做人工呼吸的同时施行胸外心脏按压，以建立呼吸循环，恢复全身器官的氧供应。

(6) 处理电击伤时，应注意有无其他损伤。

三、暴　雨

(一) 暴雨基本常识

1. 暴雨的概念

暴雨是降水强度很大的雨。我国气象上规定，24 h 降水量为 50 mm 或以上的雨称为“暴雨”。按其降水强度大小，又分为三个等级，即 24 h 降水量 50 ~ 99.9 mm 称“暴雨”；100 ~ 200 mm 称“大暴雨”；200 mm 以上称“特大暴雨”。由于各地降水和地形特点不同，所以各地暴雨洪涝的标准也有所不同。特大暴雨是一种灾害性天气，往往会造成洪涝灾害和严重的水土流失，导致工程失事、堤防溃决和农作物被淹等重大经济损失。特别是对于一些地势低洼、地形闭塞的地区，雨水不能迅速排泄造成农田积水和土壤水分过度饱和，会造成更多的灾害。

2. 暴雨预警信号

暴雨预警信号分四级，分别以蓝色、黄色、橙色、红色表示。

(1) 暴雨蓝色预警信号：12 h 内降雨量将达 50 mm 以上，或者已达 50 mm 以上且降雨可能持续。

(2) 暴雨黄色预警信号：6 h 内降雨量将达 50 mm 以上，或者已达 50 mm 以上且降雨可能持续。

(3) 暴雨橙色预警信号：3 h 内降雨量将达 50 mm 以上，或者已达 50 mm 以上且降雨可能持续。

(4) 暴雨红色预警信号：3 h 内降雨量将达 100 mm 以上，或者已达 100 mm 以上且降雨可能持续。

（二） 暴雨来临时的避险措施

(1) 当暴雨来临时应关好门窗，将置于阳台、窗外的花盆等易坠品移入室内。

(2) 暴雨天气尽量减少外出。必须外出时，要远离户外高空广告、受损电力设施等；不要站在空旷的高地上和大树下避雨；不要靠近铁轨、金属栏杆和其他庞大的金属物件；不要携带金属物件在露天行走；外出最好不要骑自行车和摩托车；最好穿雨靴，防雨的同时能起到绝缘的作用。

(3) 经过建筑工地时要与危险区域保持距离，有的工地围墙经过雨水渗透，可能会松动；一些散落在高楼上的材料，如钢管等，容易掉落伤人；而有塔吊的地方，更要注意安全，如果风大，塔吊臂可能会折断。

(4) 开车外出时，遇到大风，不要高速行驶，尽量避免超车，尤其是小型车经过大车的旁边时，当心瞬间侧风造成大车方向偏离，引发事故；遇到大雨，要保证能见度在 200 m 以上才能行驶。

(5) 在地势低洼地区的人们，应留意暴雨持续时间，特别是上游地区的暴雨雨量，一旦上游有洪水出现的趋势，应立即转移到地势高的地区。

四、洪　水

（一） 洪水基本常识

1. 洪水的概念

洪水是指河、湖、库、海所含的水体上涨，超过常规水位的水流现象。洪水常威胁沿河、滨湖、近海地区的安全，甚至造成淹没灾害。根据洪水形成的水源和发生时间，一般可将洪水分为春季融雪洪水和暴雨洪水两类。

2. 洪水的危害

洪水所到之处，房屋倒塌，各种设施设备被毁坏，人员遭受淹没之苦，城市积水不退，甚至长至数月。我国历史上特大洪水造成的灾难触目惊心。1991 年和 1998 年的特大洪水，受灾人口过亿，数十个城市泡在水中，交通瘫痪，供电和通信中断，饮用水被污染，直接经济损失达数百亿，间接经济损失达数千亿。2021 年的河南特大洪水，经济损失也达百亿。

（二） 发生洪水的应急措施

1. 洪水来临前的准备

(1) 路线选择很重要。根据洪水信息和所处位置选择撤离路线，提早撤离。

(2) 食物饮品早备好。选择便于携带、可长期保存的食品，并准备足够的饮用水和其他生活必需品。

(3) 漂浮器材用处大。根据当地条件准备木排、竹排、气垫船、救生衣、木盆、塑料盆、木材、大塑料等物品。

(4) 财务保管多渠道。将不便携带的物品进行防水处理后埋入地下或放在高处；票款珠宝等可缝入内衣随身携带。

(5) 通信设备不可少。移动电话可以用于联络，口哨等用于求救，醒目衣服便于搜救。

2. 洪水来临时的逃生

(1) 预知洪水即将来临时，如接到洪水警报，听从家长或学校的组织与安排，进行必要的防洪准备，或快速到高地等相对安全的地方，如防洪大坝上或当地地势较高的地区。应避免至低洼地区，尤其当知道水库或水坝管理单位宣布泄洪时，更应及时离开河床及低地。

(2) 洪水到来时，来不及转移的人员要就近迅速向山坡、高地、楼房、避洪台等地转移，或者立即爬上屋顶、楼房高层、大树、高墙等高的地方暂避。来不及撤退者，尽量利用一些不怕洪水冲走的材料，如沙袋、石堆等堵住房屋门槛的缝隙，减少水的漫入，或躲到屋顶避水。房屋不够坚固的，要自制木（竹）筏逃生，或攀上大树避难。离开房屋前，尽量带上一些食品和衣物。发现高压线铁塔倾斜或者电线断头下垂时，一定要迅速远避，防止直接触电或因地面“跨步电压”触电。

(3) 如果已被洪水包围，要设法尽快与当地政府防汛部门取得联系，报告自己的方位和险情，积极寻求救援。

(4) 如洪水继续上涨，暂避的地方已难自保，则要充分利用救生器材逃生，或者迅速找一些门板、桌椅、木床、大块的泡沫塑料等能漂浮的材料扎成筏逃生。

(5) 一旦落入水中，应尽可能寻找可用于救生的漂浮物，尽可能地保留身体的能量，沉着冷静，等待救援。被水冲走或落入水中者，首先要保持镇定，尽量抓住水中漂流的木板、箱子、衣柜等物。如果离岸较远，周围又没有其他人或船舶，就不要盲目游动，以免体力消耗殆尽。

3. 灾后卫生防疫的注意点

(1) 讲究饮水卫生。尽可能喝开水。

(2) 注意饮食卫生。不吃腐败变质和受污染食物；不吃病死、淹死的动物肉；不吃生食，瓜果吃前削皮或洗烫；食品要煮透、加热后再吃。

(3) 搞好环境卫生。粪便和生活垃圾不入水；减少蚊蝇，腐烂动物尸体先焚烧后深埋；及时组织群众迅速清除污泥、浊水；要注意搞好水源卫生、厨房卫生和个人卫生，适当利用漂白剂。

五、泥石流

（一） 泥石流基本常识

1. 泥石流的定义

泥石流是山区沟谷中，由暴雨、冰雪融水等水源激发的，含有大量的泥沙、石块的特殊洪流。泥石流往往突然暴发，浑浊的流体沿着陡峻的山沟前推后拥，奔腾咆哮而下，地面为之震动，山谷犹如雷鸣。它在很短时间内将大量泥沙、石块冲出沟外，在宽阔的堆积区横冲直撞、漫流堆积，常常给人类生命和财产造成重大危害。

2. 泥石流的危害

泥石流常常具有暴发突然、来势凶猛迅速的特点，并兼有崩塌、滑坡和洪水破坏的多重作用，其危害程度更为广泛和严重。泥石流最常见的危害之一，是冲进居民区，摧毁房屋、工厂、企事业单位及其他场所设施，淹没人畜、毁坏土地。泥石流还可直接埋没车站、铁路、公路，摧毁路基、桥涵等设施，致使交通中断，还可引起正在运行的火车、汽车颠覆，造成重大的人身伤亡事故。

（二） 发生泥石流的应急措施

远离泥石流灾害、避开险境是最好的防灾方法。前往山区沟谷旅游，一定要事先了解当地的近期天气实况和未来数日的天气预报及地质灾害气象预报。游客应尽量避免在连续下雨天前往这些景区旅游。如恰遇恶劣天气，宁可蒙受经济损失、调整旅游路线，也不可贸然前往。

不幸遇上泥石流，不要惊慌，必须遵循规律采取以下应急避险措施：沿山谷徒步时，一旦遭遇大雨，要迅速转移到附近安全的高地，离山谷越远越好，不要在谷底过多停留。注意观察周围环境，特别留意是否听到远处山谷传来打雷般声响，如听到要高度警惕，这很可能是泥石流将至的征兆。一旦判断泥石流即将发生，应立即逃跑，选择最短、最安全的路径向沟谷两侧山坡或高地跑，切忌顺着泥石流流动方向跑；不要停留在坡度大、土层厚的凹处；不要上树躲避，因泥石流可扫除沿途一切障碍；避开河（沟）道弯曲的凹岸或地方狭小高度又低的凸岸；不要躲在陡峻山体下，防止坡面泥石流或崩塌的发生；长时间降雨或暴雨渐小之后或雨刚停时不能马上返回危险区，泥石流常滞后于降雨暴发；白天降雨较多后，晚上或夜间密切注意雨情，最好提前转移、撤离；在山区沟谷中游玩时，切忌在沟道处或沟内的低平处搭建宿营棚；忌在危岩附近停留，不能在凹形陡坡危岩突出的地方避雨、休息和穿行，不能攀登危岩；野外扎营时，要选择平整的高地作为营址，尽量避开有大量堆积物的山坡下或山谷、沟底。

六、滑　坡

（一） 滑坡基本常识

1. 滑坡的概念

滑坡是指斜坡上的土体或者岩体，受河流冲刷、地下水活动、雨水浸泡、地震及人工切坡等因素影响，在重力作用下，沿着一定的软弱面或者软弱带，整体或者分散地顺坡向下滑动的自然现象，俗称“走山”“垮山”“地滑”“土溜”等。

滑坡常常给工农业生产及人民生命财产造成巨大损失，有的甚至是毁灭性的灾难。滑坡对乡村最主要的危害是摧毁农田、房舍，伤害人畜，毁坏森林、道路、农业机械设施和水利水电设施等，有时甚至给乡村造成毁灭性灾害。位于城镇的滑坡常常砸埋房屋，毁坏田地，摧毁工厂、学校、机关单位等，并毁坏各种设施，造成停电、停水、停工，有时甚至毁灭整个城镇。发生在工矿区的滑坡，可摧毁矿山设施，毁坏厂房，使矿山停工停产，常常造成重大损失。

2. 滑坡的预兆

不同类型、不同性质、不同特点的滑坡，在滑动之前，均会表现出不同的异常现象，显示出滑坡的预兆。归纳起来，常见的有如下几种：

（1）大滑动之前，在滑坡前缘坡脚处，有堵塞多年的泉水复活现象，或者出现泉水（井水）突然干枯、井（钻孔）水位突变等类似的异常现象。

（2）在滑坡体中，前部出现横向及纵向放射状裂缝，它反映了滑坡体向前推挤并受到阻碍，已进入临滑状态。

（3）大滑动之前，滑坡体前缘坡脚处，土体出现上隆（凸起）现象，这是滑坡明显的向前推挤现象。

（4）大滑动之前，有岩石开裂或被剪切挤压的音响，这种现象反映了山体深部的变形与破裂。动物对此十分敏感，有异常反应。

（5）临滑之前，滑坡体四周岩（土）体会出现小型崩塌和松弛现象。

（6）如果对滑坡体有长期位移观测资料，那么在滑动之前，无论是水平位移量还是垂直位移量，均会出现加速变化的趋势。这是临滑的明显迹象。

（7）滑坡后缘的裂缝急剧扩展，并从裂缝中冒出热气或冷风。

（8）临滑之前，在滑坡体范围内的动物一般会惊恐异常，如猪、狗、牛惊恐不宁，不入睡，老鼠乱窜不进洞；植物也会枯萎或歪斜；等等。

（二） 发生滑坡的应急措施

当遇滑坡时，至少应当做到如下几点：

（1）当处在滑坡体上时，首先应保持冷静，不能慌乱。要迅速环顾四周，向较安全的地段撤离。一般除高速滑坡外，只要行动迅速，都有可能逃离危险区段。跑离时，向两侧跑为最佳方向。在向下滑动的山坡中，向上或向下跑都是很危险的。当遇无法跑离的高速滑坡时，更不能慌乱，在一定条件下，如滑坡呈整体滑动时，原地不动，或抱住大树等物，不失为一种有效的自救措施。

（2）当处于非滑坡区，而发现可疑的滑坡活动时，应立即报告邻近的村、乡、县等有关政府或单位，以便政府立即组织有关单位、部队、专家及当地群众参加抢险救灾活动。

七、地　震

（一） 地震基本常识

1. 地震的概念

地震是地壳剧变引起的地面运动。由于地球内部能量不断积累、加强，一些岩层发生弯曲、变形，当到了岩层承受不住的时候，就会发生剧烈的破裂、错位，引起强烈的震动。这种震动就是我们平时所说的地震。

全世界每年大约发生500万次地震。根据成因，地震可分为天然地震（包括构造地震、火山地震、陷落地震）和人工地震。人们平时所说的地震是指能够形成灾害的天然地震，此类地震全球每年约1 000次。

2. 地震的危害

地震发生时，最基本的现象是地面的连续振动，即明显的晃动。纵波首先到达极震区，人在感到大的晃动之前，有时首先感到上下跳动。接着横波产生大振幅的水平方向的晃动，这是造成地震灾害的主要原因。

地震发生后会造成建筑物倒塌，造成人畜的伤亡，使地面出现断层和地裂缝。大地震的地表断层常绵延几十至几百千米，坡地边缘、河岸和道路两旁常出现地裂缝。地震的晃动还会使表土下沉，浅层的地下水受挤压后会沿地裂缝上升至地表，形成喷沙、冒水现象。大地震能使局部地形改观，或隆起，或沉降，使城乡道路坼裂、铁轨扭曲、桥梁折断。在现代化城市中，由于地下管道破裂和电缆被切断，会造成停水、停电和通信受阻。煤气、有毒气体和放射性物质泄漏可导致火灾和毒物、放射性污染等次生灾害。在山区，地震还能引起山崩和滑坡，掩埋村镇。崩塌的山石堵塞江河，在上游形成地震湖。

（二） 发生地震的应急措施

当发生地震时，至关重要的是要有清醒的头脑，不要惊慌失措。地震时应就近躲避、伏而待定，震后迅速撤离到安全的地方，这是应急避震较好的办法。

1. 室内避震

地震的预警时间只有十几秒，加上门窗等建筑物变形，想从室内跑到室外十分困难。尤其是对于大多居住在楼房内的大学生，“夺路而逃”几乎是不可能的，正确的做法是就近躲避。

（1）不能在室内乱跑或争抢外出。

（2）远离玻璃制品、建筑物外墙、门窗、可能有坠落物体的地方。

（3）正在上课时，要在教师指挥下迅速抱头或用书包护住头部、眼，躲在各自的课桌旁边。在宿舍可以躲避在坚固的家具旁边，紧贴内部承重墙的地方，或者厨房、厕所等空间小、有管道支撑的地方和能形成三角空间的地方。选择地点时注意近水不近火，靠外不靠内。

（4）避震时身体应采取的姿势是：蹲下或趴下，尽量蜷曲身体；抓住桌腿等牢固的物体；保护头颈、眼睛，掩住口鼻；避开人流，不要乱挤乱拥，不要随便点明火。

（5）初震后应当有组织地撤离，不要因寻找衣服、财物等耽误逃生时间。撤离时千万不要拥挤，不要进电梯，千万不要跳楼！到达空旷的地方之后不要马上再返回楼内。

（6）在人员密集的公共场所，最怕发生混乱，应听从现场工作人员的指挥，不要慌乱，要避免拥挤，避开人流，避免被挤到墙壁或栅栏处。

（7）万一在搭乘电梯时遇到地震，将操作盘上各楼层的按钮全部按下，一旦停下，迅速离开电梯，确认安全后避难。万一被困在电梯内，可通过电话向外求助。

2. 室外避震

（1）注意观察周围地形，避开人多的地方，选择空旷处作为躲避地点。不要乱跑，以免摔倒。

（2）尽可能远离楼房、高烟囱、过街天桥、立交桥、高墙、雨棚、水塔等建筑物或构筑物，避开树木、篮球架、路灯、变压器、电线杆、广告牌等危险物或悬挂物，也不要在狭窄的街道附近逗留。如在桥上遇到地震，应迅速离开桥身。

（3）为避免地震时失去平衡，应蹲下或趴下。

（4）要注意用手或手提包等护住头部。

（5）在行驶的电（汽）车内要抓牢扶手，以免摔倒或碰伤；降低重心，躲在座位附近，地震过去后再下车。

第二节　自然灾害案例与分析

案例一：2020 年 3 月 22 日，湖南长沙，一名 16 岁少年戴耳机玩游戏时，被雷击中，当场晕倒在地，苏醒后出现头痛、耳鸣、听力下降的症状。

案例二：云南省五德镇发生了一起雷击引爆修路炸药事故，导致 9 人死亡、3 人受伤。根据当地相关部门调查，当时共有 23 人进入施工现场，用于作业的炸药有 700 余公斤、雷管 200 余发。当作业人员进行爆破前期工作时，因下雨雷击突然引爆炸药，导致伤亡。经云南省安监局核查，该事故确系雷电引发爆炸的自然灾害事故。

案例分析：雷击多发生于夏秋季阵雨时。带有大量电荷的云朵接近地面，当它与地面异性电荷之间形成一定的电位差时，发生剧烈的放电现象，从而形成雷击。同时，在雷电放电地点会出现强烈的闪光和爆炸的轰鸣声，这就是人们见到和听到的闪电雷鸣。因雷击给人类造成重大损失，现已被列入世界十大自然灾害之一。雷击经常击中高大建筑物、树木等物体，造成国家、集体和个人的财产损失。雷击还容易击中靠近大树、穿着被雨淋湿的衣服或身上携带金属制品的人，造成人员伤亡。

案例三：2019 年 8 月 4 日 18 时许，湖北省恩施州躲避峡谷底突发山洪，13 人遇难，61 人被救。死者均为自驾游者，未在有关部门登记。据一名被救者称，现场至少一半的人没穿救生衣。一位当地的资深“驴友”称，2019 年 6 月，他看到一段在躲避峡拍摄的视频，谷底的水因为下雨，一部分已经变得浑浊不堪，但还有很多游客在清水处拍照。水浑了说明上游不断有洪水进入，在狭窄的河道里很容易遇险，但是视频中好像无人意识到。

案例分析：洪水是指能酿成灾害的大水。洪水一般来势凶猛，受灾地域广。洪水灾害不仅会毁坏人们的家园，损坏财物，而且会造成人员伤亡，严重的还会传染疾病，造成严重的后果。雨季去大峡谷地区旅游，最好在职业导游的指导下进行，并有意识计划好万一山洪来临的紧急撤退路线。如果面对突发洪水，切勿盲目徒步穿越，而应寻求相对安全位置，报警待援，这是最好的选择。

案例四：2018 年 6 月 8 日晚，广东省佛山市禅城区一对母女在一公交站触电身亡，工作人员现场勘查发现，触电情况系公交站台广告牌漏电所致。同一天下午，广州机场路南云西街路口浸水的绿化带附近一名男子疑似触电倒地身亡。这两起事故，皆是由雨后积水造成的。类似的悲剧，每年都在上演。

案例分析：水灾发生时，触电是溺水之后的第二大杀手。此外，还有“吃人”的井盖。下雨天不要蹚积水，看到雨水打漩涡的地方，绕道而行。如果发现电线断落在积水中，应单腿跳跃着离开现场并提醒其他行人不要靠近，及时报警通知供电部门紧急处理；如果发现有人触电倒地，不能急于靠近搀扶。

暴雨期间，淹溺、触电、围墙倒塌、井盖吃人等事故随时都可能发生，在此也要提醒大家，暴雨天出门不要掉以轻心。

附　录

附件一：

中华人民共和国网络安全法

（2016 年 11 月 7 日第十二届全国人民代表大会常务委员会第二十四次会议通过）

目　录

第一章　总　则

第一条　为了保障网络安全，维护网络空间主权和国家安全、社会公共利益，保护公民、法人和其他组织的合法权益，促进经济社会信息化健康发展，制定本法。

第二条　在中华人民共和国境内建设、运营、维护和使用网络，以及网络安全的监督管理，适用本法。

第三条　国家坚持网络安全与信息化发展并重，遵循积极利用、科学发展、依法管理、确保安全的方针，推进网络基础设施建设和互联互通，鼓励网络技术创新和应用，支持培养网络安全人才，建立健全网络安全保障体系，提高网络安全保护能力。

第四条　国家制定并不断完善网络安全战略，明确保障网络安全的基本要求和主要目标，提出重点领域的网络安全政策、工作任务和措施。

第五条　国家采取措施，监测、防御、处置来源于中华人民共和国境内外的网络安全风险和威胁，保护关键信息基础设施免受攻击、侵入、干扰和破坏，依法惩治网络违法犯罪活动，维护网络空间安全和秩序。

第六条　国家倡导诚实守信、健康文明的网络行为，推动传播社会主义核心价值观，采取措施提高全社会的网络安全意识和水平，形成全社会共同参与促进网络安全的良好环境。

第七条 国家积极开展网络空间治理、网络技术研发和标准制定、打击网络违法犯罪等方面的国际交流与合作，推动构建和平、安全、开放、合作的网络空间，建立多边、民主、透明的网络治理体系。

第八条 国家网信部门负责统筹协调网络安全工作和相关监督管理工作。国务院电信主管部门、公安部门和其他有关机关依照本法和有关法律、行政法规的规定，在各自职责范围内负责网络安全保护和监督管理工作。

县级以上地方人民政府有关部门的网络安全保护和监督管理职责，按照国家有关规定确定。

第九条 网络运营者开展经营和服务活动，必须遵守法律、行政法规，尊重社会公德，遵守商业道德，诚实信用，履行网络安全保护义务，接受政府和社会的监督，承担社会责任。

第十条 建设、运营网络或者通过网络提供服务，应当依照法律、行政法规的规定和国家标准的强制性要求，采取技术措施和其他必要措施，保障网络安全、稳定运行，有效应对网络安全事件，防范网络违法犯罪活动，维护网络数据的完整性、保密性和可用性。

第十一条 网络相关行业组织按照章程，加强行业自律，制定网络安全行为规范，指导会员加强网络安全保护，提高网络安全保护水平，促进行业健康发展。

第十二条 国家保护公民、法人和其他组织依法使用网络的权利，促进网络接入普及，提升网络服务水平，为社会提供安全、便利的网络服务，保障网络信息依法有序自由流动。

任何个人和组织使用网络应当遵守宪法法律，遵守公共秩序，尊重社会公德，不得危害网络安全，不得利用网络从事危害国家安全、荣誉和利益，煽动颠覆国家政权、推翻社会主义制度，煽动分裂国家、破坏国家统一，宣扬恐怖主义、极端主义，宣扬民族仇恨、民族歧视，传播暴力、淫秽色情信息，编造、传播虚假信息扰乱经济秩序和社会秩序，以及侵害他人名誉、隐私、知识产权和其他合法权益等活动。

第十三条 国家支持研究开发有利于未成年人健康成长的网络产品和服务，依法惩治利用网络从事危害未成年人身心健康的活动，为未成年人提供安全、健康的网络环境。

第十四条 任何个人和组织有权对危害网络安全的行为向网信、电信、公安等部门举报。收到举报的部门应当及时依法作出处理；不属于本部门职责的，应当及时移送有权处理的部门。

有关部门应当对举报人的相关信息予以保密，保护举报人的合法权益。

第二章 网络安全支持与促进

第十五条 国家建立和完善网络安全标准体系。国务院标准化行政主管部门和国务院其他有关部门根据各自的职责，组织制定并适时修订有关网络安全管理以及网络产品、服务和运行安全的国家标准、行业标准。

国家支持企业、研究机构、高等学校、网络相关行业组织参与网络安全国家标准、行业标准的制定。

第十六条 国务院和省、自治区、直辖市人民政府应当统筹规划，加大投入，扶持重点网络安全技术产业和项目，支持网络安全技术的研究开发和应用，推广安全可信的网络产品和服务，保护网络技术知识产权，支持企业、研究机构和高等学校等参与国家网络安全技术创新项目。

第十七条　国家推进网络安全社会化服务体系建设，鼓励有关企业、机构开展网络安全认证、检测和风险评估等安全服务。

第十八条　国家鼓励开发网络数据安全保护和利用技术，促进公共数据资源开放，推动技术创新和经济社会发展。

国家支持创新网络安全管理方式，运用网络新技术，提升网络安全保护水平。

第十九条　各级人民政府及其有关部门应当组织开展经常性的网络安全宣传教育，并指导、督促有关单位做好网络安全宣传教育工作。

大众传播媒介应当有针对性地面向社会进行网络安全宣传教育。

第二十条　国家支持企业和高等学校、职业学校等教育培训机构开展网络安全相关教育与培训，采取多种方式培养网络安全人才，促进网络安全人才交流。

第三章　网络运行安全

第一节　一般规定

第二十一条　国家实行网络安全等级保护制度。网络运营者应当按照网络安全等级保护制度的要求，履行下列安全保护义务，保障网络免受干扰、破坏或者未经授权的访问，防止网络数据泄露或者被窃取、篡改：

（一）制定内部安全管理制度和操作规程，确定网络安全负责人，落实网络安全保护责任；

（二）采取防范计算机病毒和网络攻击、网络侵入等危害网络安全行为的技术措施；

（三）采取监测、记录网络运行状态、网络安全事件的技术措施，并按照规定留存相关的网络日志不少于六个月；

（四）采取数据分类、重要数据备份和加密等措施；

（五）法律、行政法规规定的其他义务。

第二十二条　网络产品、服务应当符合相关国家标准的强制性要求。网络产品、服务的提供者不得设置恶意程序；发现其网络产品、服务存在安全缺陷、漏洞等风险时，应当立即采取补救措施，按照规定及时告知用户并向有关主管部门报告。

网络产品、服务的提供者应当为其产品、服务持续提供安全维护；在规定或者当事人约定的期限内，不得终止提供安全维护。

网络产品、服务具有收集用户信息功能的，其提供者应当向用户明示并取得同意；涉及用户个人信息的，还应当遵守本法和有关法律、行政法规关于个人信息保护的规定。

第二十三条　网络关键设备和网络安全专用产品应当按照相关国家标准的强制性要求，由具备资格的机构安全认证合格或者安全检测符合要求后，方可销售或者提供。国家网信部门会同国务院有关部门制定、公布网络关键设备和网络安全专用产品目录，并推动安全认证和安全检测结果互认，避免重复认证、检测。

第二十四条　网络运营者为用户办理网络接入、域名注册服务，办理固定电话、移动电话等入网手续，或者为用户提供信息发布、即时通讯等服务，在与用户签订协议或者确认提供服务时，应当要求用户提供真实身份信息。用户不提供真实身份信息的，网络运营者不得为其提供相关服务。

国家实施网络可信身份战略，支持研究开发安全、方便的电子身份认证技术，推动不同电子身份认证之间的互认。

第二十五条　网络运营者应当制定网络安全事件应急预案，及时处置系统漏洞、计算机病毒、网络攻击、网络侵入等安全风险；在发生危害网络安全的事件时，立即启动应急预案，采取相应的补救措施，并按照规定向有关主管部门报告。

第二十六条　开展网络安全认证、检测、风险评估等活动，向社会发布系统漏洞、计算机病毒、网络攻击、网络侵入等网络安全信息，应当遵守国家有关规定。

第二十七条　任何个人和组织不得从事非法侵入他人网络、干扰他人网络正常功能、窃取网络数据等危害网络安全的活动；不得提供专门用于从事侵入网络、干扰网络正常功能及防护措施、窃取网络数据等危害网络安全活动的程序、工具；明知他人从事危害网络安全的活动的，不得为其提供技术支持、广告推广、支付结算等帮助。

第二十八条　网络运营者应当为公安机关、国家安全机关依法维护国家安全和侦查犯罪的活动提供技术支持和协助。

第二十九条　国家支持网络运营者之间在网络安全信息收集、分析、通报和应急处置等方面进行合作，提高网络运营者的安全保障能力。

有关行业组织建立健全本行业的网络安全保护规范和协作机制，加强对网络安全风险的分析评估，定期向会员进行风险警示，支持、协助会员应对网络安全风险。

第三十条　网信部门和有关部门在履行网络安全保护职责中获取的信息，只能用于维护网络安全的需要，不得用于其他用途。

第二节　关键信息基础设施的运行安全

第三十一条　国家对公共通信和信息服务、能源、交通、水利、金融、公共服务、电子政务等重要行业和领域，以及其他一旦遭到破坏、丧失功能或者数据泄露，可能严重危害国家安全、国计民生、公共利益的关键信息基础设施，在网络安全等级保护制度的基础上，实行重点保护。关键信息基础设施的具体范围和安全保护办法由国务院制定。

国家鼓励关键信息基础设施以外的网络运营者自愿参与关键信息基础设施保护体系。

第三十二条　按照国务院规定的职责分工，负责关键信息基础设施安全保护工作的部门分别编制并组织实施本行业、本领域的关键信息基础设施安全规划，指导和监督关键信息基础设施运行安全保护工作。

第三十三条　建设关键信息基础设施应当确保其具有支持业务稳定、持续运行的性能，并保证安全技术措施同步规划、同步建设、同步使用。

第三十四条　除本法第二十一条的规定外，关键信息基础设施的运营者还应当履行下列安全保护义务：

（一）设置专门安全管理机构和安全管理负责人，并对该负责人和关键岗位的人员进行安全背景审查；

（二）定期对从业人员进行网络安全教育、技术培训和技能考核；

（三）对重要系统和数据库进行容灾备份；

（四）制定网络安全事件应急预案，并定期进行演练；

（五）法律、行政法规规定的其他义务。

第三十五条　关键信息基础设施的运营者采购网络产品和服务，可能影响国家安全的，应当通过国家网信部门会同国务院有关部门组织的国家安全审查。

第三十六条　关键信息基础设施的运营者采购网络产品和服务，应当按照规定与提供者签订安全保密协议，明确安全和保密义务与责任。

第三十七条　关键信息基础设施的运营者在中华人民共和国境内运营中收集和产生的个人信息和重要数据应当在境内存储。因业务需要，确需向境外提供的，应当按照国家网信部门会同国务院有关部门制定的办法进行安全评估；法律、行政法规另有规定的，依照其规定。

第三十八条　关键信息基础设施的运营者应当自行或者委托网络安全服务机构对其网络的安全性和可能存在的风险每年至少进行一次检测评估，并将检测评估情况和改进措施报送相关负责关键信息基础设施安全保护工作的部门。

第三十九条　国家网信部门应当统筹协调有关部门对关键信息基础设施的安全保护采取下列措施：

（一）对关键信息基础设施的安全风险进行抽查检测，提出改进措施，必要时可以委托网络安全服务机构对网络存在的安全风险进行检测评估；

（二）定期组织关键信息基础设施的运营者进行网络安全应急演练，提高应对网络安全事件的水平和协同配合能力；

（三）促进有关部门、关键信息基础设施的运营者以及有关研究机构、网络安全服务机构等之间的网络安全信息共享；

（四）对网络安全事件的应急处置与网络功能的恢复等，提供技术支持和协助。

第四章　网络信息安全

第四十条　网络运营者应当对其收集的用户信息严格保密，并建立健全用户信息保护制度。

第四十一条　网络运营者收集、使用个人信息，应当遵循合法、正当、必要的原则，公开收集、使用规则，明示收集、使用信息的目的、方式和范围，并经被收集者同意。

网络运营者不得收集与其提供的服务无关的个人信息，不得违反法律、行政法规的规定和双方的约定收集、使用个人信息，并应当依照法律、行政法规的规定和与用户的约定，处理其保存的个人信息。

第四十二条　网络运营者不得泄露、篡改、毁损其收集的个人信息；未经被收集者同意，不得向他人提供个人信息。但是，经过处理无法识别特定个人且不能复原的除外。

网络运营者应当采取技术措施和其他必要措施，确保其收集的个人信息安全，防止信息泄露、毁损、丢失。在发生或者可能发生个人信息泄露、毁损、丢失的情况时，应当立即采取补救措施，按照规定及时告知用户并向有关主管部门报告。

第四十三条　个人发现网络运营者违反法律、行政法规的规定或者双方的约定收集、使用其个人信息的，有权要求网络运营者删除其个人信息；发现网络运营者收集、存储的其个人信息有错误的，有权要求网络运营者予以更正。网络运营者应当采取措施予以删除或者更正。

第四十四条 任何个人和组织不得窃取或者以其他非法方式获取个人信息，不得非法出售或者非法向他人提供个人信息。

第四十五条 依法负有网络安全监督管理职责的部门及其工作人员，必须对在履行职责中知悉的个人信息、隐私和商业秘密严格保密，不得泄露、出售或者非法向他人提供。

第四十六条 任何个人和组织应当对其使用网络的行为负责，不得设立用于实施诈骗，传授犯罪方法，制作或者销售违禁物品、管制物品等违法犯罪活动的网站、通讯群组，不得利用网络发布涉及实施诈骗，制作或者销售违禁物品、管制物品以及其他违法犯罪活动的信息。

第四十七条 网络运营者应当加强对其用户发布的信息的管理，发现法律、行政法规禁止发布或者传输的信息的，应当立即停止传输该信息，采取消除等处置措施，防止信息扩散，保存有关记录，并向有关主管部门报告。

第四十八条 任何个人和组织发送的电子信息、提供的应用软件，不得设置恶意程序，不得含有法律、行政法规禁止发布或者传输的信息。

电子信息发送服务提供者和应用软件下载服务提供者，应当履行安全管理义务，知道其用户有前款规定行为的，应当停止提供服务，采取消除等处置措施，保存有关记录，并向有关主管部门报告。

第四十九条 网络运营者应当建立网络信息安全投诉、举报制度，公布投诉、举报方式等信息，及时受理并处理有关网络信息安全的投诉和举报。

网络运营者对网信部门和有关部门依法实施的监督检查，应当予以配合。

第五十条 国家网信部门和有关部门依法履行网络信息安全监督管理职责，发现法律、行政法规禁止发布或者传输的信息的，应当要求网络运营者停止传输，采取消除等处置措施，保存有关记录；对来源于中华人民共和国境外的上述信息，应当通知有关机构采取技术措施和其他必要措施阻断传播。

第五章 监测预警与应急处置

第五十一条 国家建立网络安全监测预警和信息通报制度。国家网信部门应当统筹协调有关部门加强网络安全信息收集、分析和通报工作，按照规定统一发布网络安全监测预警信息。

第五十二条 负责关键信息基础设施安全保护工作的部门，应当建立健全本行业、本领域的网络安全监测预警和信息通报制度，并按照规定报送网络安全监测预警信息。

第五十三条 国家网信部门协调有关部门建立健全网络安全风险评估和应急工作机制，制定网络安全事件应急预案，并定期组织演练。

负责关键信息基础设施安全保护工作的部门应当制定本行业、本领域的网络安全事件应急预案，并定期组织演练。

网络安全事件应急预案应当按照事件发生后的危害程度、影响范围等因素对网络安全事件进行分级，并规定相应的应急处置措施。

第五十四条 网络安全事件发生的风险增大时，省级以上人民政府有关部门应当按照规定的权限和程序，并根据网络安全风险的特点和可能造成的危害，采取下列措施：

（一）要求有关部门、机构和人员及时收集、报告有关信息，加强对网络安全风险的监测；

（二）组织有关部门、机构和专业人员，对网络安全风险信息进行分析评估，预测事件发生的可能性、影响范围和危害程度；

（三）向社会发布网络安全风险预警，发布避免、减轻危害的措施。

第五十五条　发生网络安全事件，应当立即启动网络安全事件应急预案，对网络安全事件进行调查和评估，要求网络运营者采取技术措施和其他必要措施，消除安全隐患，防止危害扩大，并及时向社会发布与公众有关的警示信息。

第五十六条　省级以上人民政府有关部门在履行网络安全监督管理职责中，发现网络存在较大安全风险或者发生安全事件的，可以按照规定的权限和程序对该网络的运营者的法定代表人或者主要负责人进行约谈。网络运营者应当按照要求采取措施，进行整改，消除隐患。

第五十七条　因网络安全事件，发生突发事件或者生产安全事故的，应当依照《中华人民共和国突发事件应对法》《中华人民共和国安全生产法》等有关法律、行政法规的规定处置。

第五十八条　因维护国家安全和社会公共秩序，处置重大突发社会安全事件的需要，经国务院决定或者批准，可以在特定区域对网络通信采取限制等临时措施。

第六章　法律责任

第五十九条　网络运营者不履行本法第二十一条、第二十五条规定的网络安全保护义务的，由有关主管部门责令改正，给予警告；拒不改正或者导致危害网络安全等后果的，处一万元以上十万元以下罚款，对直接负责的主管人员处五千元以上五万元以下罚款。

关键信息基础设施的运营者不履行本法第三十三条、第三十四条、第三十六条、第三十八条规定的网络安全保护义务的，由有关主管部门责令改正，给予警告；拒不改正或者导致危害网络安全等后果的，处十万元以上一百万元以下罚款，对直接负责的主管人员处一万元以上十万元以下罚款。

第六十条　违反本法第二十二条第一款、第二款和第四十八条第一款规定，有下列行为之一的，由有关主管部门责令改正，给予警告；拒不改正或者导致危害网络安全等后果的，处五万元以上五十万元以下罚款，对直接负责的主管人员处一万元以上十万元以下罚款：

（一）设置恶意程序的；

（二）对其产品、服务存在的安全缺陷、漏洞等风险未立即采取补救措施，或者未按照规定及时告知用户并向有关主管部门报告的；

（三）擅自终止为其产品、服务提供安全维护的。

第六十一条　网络运营者违反本法第二十四条第一款规定，未要求用户提供真实身份信息，或者对不提供真实身份信息的用户提供相关服务的，由有关主管部门责令改正；拒不改正或者情节严重的，处五万元以上五十万元以下罚款，并可以由有关主管部门责令暂停相关业务、停业整顿、关闭网站、吊销相关业务许可证或者吊销营业执照，对直接负责的主管人员和其他直接责任人员处一万元以上十万元以下罚款。

第六十二条　违反本法第二十六条规定，开展网络安全认证、检测、风险评估等活动，或者向社会发布系统漏洞、计算机病毒、网络攻击、网络侵入等网络安全信息的，由有关主管部门责令改正，给予警告；拒不改正或者情节严重的，处一万元以上十万元以下罚款，并可以由有关主管部门责令暂停相关业务、停业整顿、关闭网站、吊销相关业务许可证或者吊销营业执照，对直接负责的主管人员和其他直接责任人员处五千元以上五万元以下罚款。

第六十三条　违反本法第二十七条规定，从事危害网络安全的活动，或者提供专门用于从事危害网络安全活动的程序、工具，或者为他人从事危害网络安全的活动提供技术支持、广告推广、支付结算等帮助，尚不构成犯罪的，由公安机关没收违法所得，处五日以下拘留，可以并处五万元以上五十万元以下罚款；情节较重的，处五日以上十五日以下拘留，可以并处十万元以上一百万元以下罚款。

单位有前款行为的，由公安机关没收违法所得，处十万元以上一百万元以下罚款，并对直接负责的主管人员和其他直接责任人员依照前款规定处罚。

违反本法第二十七条规定，受到治安管理处罚的人员，五年内不得从事网络安全管理和网络运营关键岗位的工作；受到刑事处罚的人员，终身不得从事网络安全管理和网络运营关键岗位的工作。

第六十四条　网络运营者、网络产品或者服务的提供者违反本法第二十二条第三款、第四十一条至第四十三条规定，侵害个人信息依法得到保护的权利的，由有关主管部门责令改正，可以根据情节单处或者并处警告、没收违法所得、处违法所得一倍以上十倍以下罚款，没有违法所得的，处一百万元以下罚款，对直接负责的主管人员和其他直接责任人员处一万元以上十万元以下罚款；情节严重的，并可以责令暂停相关业务、停业整顿、关闭网站、吊销相关业务许可证或者吊销营业执照。

违反本法第四十四条规定，窃取或者以其他非法方式获取、非法出售或者非法向他人提供个人信息，尚不构成犯罪的，由公安机关没收违法所得，并处违法所得一倍以上十倍以下罚款，没有违法所得的，处一百万元以下罚款。

第六十五条　关键信息基础设施的运营者违反本法第三十五条规定，使用未经安全审查或者安全审查未通过的网络产品或者服务的，由有关主管部门责令停止使用，处采购金额一倍以上十倍以下罚款；对直接负责的主管人员和其他直接责任人员处一万元以上十万元以下罚款。

第六十六条　关键信息基础设施的运营者违反本法第三十七条规定，在境外存储网络数据，或者向境外提供网络数据的，由有关主管部门责令改正，给予警告，没收违法所得，处五万元以上五十万元以下罚款，并可以责令暂停相关业务、停业整顿、关闭网站、吊销相关业务许可证或者吊销营业执照；对直接负责的主管人员和其他直接责任人员处一万元以上十万元以下罚款。

第六十七条　违反本法第四十六条规定，设立用于实施违法犯罪活动的网站、通讯群组，或者利用网络发布涉及实施违法犯罪活动的信息，尚不构成犯罪的，由公安机关处五日以下拘留，可以并处一万元以上十万元以下罚款；情节较重的，处五日以上十五日以下拘留，可以并处五万元以上五十万元以下罚款。关闭用于实施违法犯罪活动的网站、通讯群组。

单位有前款行为的，由公安机关处十万元以上五十万元以下罚款，并对直接负责的主管人员和其他直接责任人员依照前款规定处罚。

第六十八条　网络运营者违反本法第四十七条规定，对法律、行政法规禁止发布或者传输的信息未停止传输、采取消除等处置措施、保存有关记录的，由有关主管部门责令改正，给予警告，没收违法所得；拒不改正或者情节严重的，处十万元以上五十万元以下罚款，并可以责令暂停相关业务、停业整顿、关闭网站、吊销相关业务许可证或者吊销营业执照，对直接负责的主管人员和其他直接责任人员处一万元以上十万元以下罚款。

电子信息发送服务提供者、应用软件下载服务提供者，不履行本法第四十八条第二款规定的安全管理义务的，依照前款规定处罚。

第六十九条　网络运营者违反本法规定，有下列行为之一的，由有关主管部门责令改正；拒不改正或者情节严重的，处五万元以上五十万元以下罚款，对直接负责的主管人员和其他直接责任人员，处一万元以上十万元以下罚款：

（一）不按照有关部门的要求对法律、行政法规禁止发布或者传输的信息，采取停止传输、消除等处置措施的；

（二）拒绝、阻碍有关部门依法实施的监督检查的；

（三）拒不向公安机关、国家安全机关提供技术支持和协助的。

第七十条　发布或者传输本法第十二条第二款和其他法律、行政法规禁止发布或者传输的信息的，依照有关法律、行政法规的规定处罚。

第七十一条　有本法规定的违法行为的，依照有关法律、行政法规的规定记入信用档案，并予以公示。

第七十二条　国家机关政务网络的运营者不履行本法规定的网络安全保护义务的，由其上级机关或者有关机关责令改正；对直接负责的主管人员和其他直接责任人员依法给予处分。

第七十三条　网信部门和有关部门违反本法第三十条规定，将在履行网络安全保护职责中获取的信息用于其他用途的，对直接负责的主管人员和其他直接责任人员依法给予处分。

网信部门和有关部门的工作人员玩忽职守、滥用职权、徇私舞弊，尚不构成犯罪的，依法给予处分。

第七十四条　违反本法规定，给他人造成损害的，依法承担民事责任。

违反本法规定，构成违反治安管理行为的，依法给予治安管理处罚；构成犯罪的，依法追究刑事责任。

第七十五条　境外的机构、组织、个人从事攻击、侵入、干扰、破坏等危害中华人民共和国的关键信息基础设施的活动，造成严重后果的，依法追究法律责任；国务院公安部门和有关部门并可以决定对该机构、组织、个人采取冻结财产或者其他必要的制裁措施。

第七章 附 则

第七十六条 本法下列用语的含义：

（一）网络，是指由计算机或者其他信息终端及相关设备组成的按照一定的规则和程序对信息进行收集、存储、传输、交换、处理的系统。

（二）网络安全，是指通过采取必要措施，防范对网络的攻击、侵入、干扰、破坏和非法使用以及意外事故，使网络处于稳定可靠运行的状态，以及保障网络数据的完整性、保密性、可用性的能力。

（三）网络运营者，是指网络的所有者、管理者和网络服务提供者。

（四）网络数据，是指通过网络收集、存储、传输、处理和产生的各种电子数据。

（五）个人信息，是指以电子或者其他方式记录的能够单独或者与其他信息结合识别自然人个人身份的各种信息，包括但不限于自然人的姓名、出生日期、身份证件号码、个人生物识别信息、住址、电话号码等。

第七十七条 存储、处理涉及国家秘密信息的网络的运行安全保护，除应当遵守本法外，还应当遵守保密法律、行政法规的规定。

第七十八条 军事网络的安全保护，由中央军事委员会另行规定。

第七十九条 本法自2017年6月1日起施行。

附件二：

教育部办公厅关于开展校园不良网贷风险警示教育及相关工作的通知

教思政厅函〔2018〕24号

各省、自治区、直辖市党委教育工作部门、教育厅（教委），新疆生产建设兵团教育局，部属各高等学校党委、部省合建各高等学校党委：

随着治理力度加大，不良“校园贷”问题得到一定程度遏制。但近期发现，部分网络借贷平台为逃避监管，改头换面通过“回租贷”等形式继续面向在校学生开展贷款业务，严重威胁学生权益，危害校园安全。为教育引导广大学生增强警惕风险意识，提高防范能力，各地各高校要利用秋季开学前后一段时间，集中开展校园不良网贷风险警示教育工作。现就有关事宜通知如下：

一、大力加强金融安全教育。编写金融知识教育读物，针对不同地区、不同专业、不同年级对金融知识的需求差异，组织专家编写科学适用的金融基础知识教材、读本，提高金融知识教育的科学化、系统化水平。开设金融安全相关课程，各地各高校结合实际情况，通过开设金融学必修、选修课程，或以跨学科方式将金融安全知识教育纳入现有课程等方式，引导学生树立金融理财观念和金融安全观念。举办金融知识教育活动，加强与银监、公安等政府部门和银行、证券等金融机构的合作，联合开展金融知识讲座、举办模拟投资大赛、组织实习实践活动、指导金融社团运行，继续举办金融安全知识进校园活动，切实帮助学生提高金融安全防范意识和金融理财实践能力。

二、切实提高风险防范能力。增强防范意识，将防范校园不良网贷作为学生日常教育的重要内容，帮助学生了解不良网贷的典型案例，掌握不良网贷的分类、不良网贷的危害和如何处理不良网贷等知识，增强学生对网贷风险的理解和认识，提高对不良网贷的甄别抵制能力。培养理性消费观，加强社会主义核心价值观教育，深入开展“三爱”“三节”主题教育活动，组织开展丰富多彩的理性消费观教育活动，及时纠正超前消费、过度消费和从众消费等错误观念，引导学生培养勤俭节约意识。提升法律素养，开展法制安全教育，传播法律法规知识，教育引导学生谨慎使用个人信息、注意留存相关凭据，学会运用法律武器保护自身合法权益。

三、不断完善预警防控机制。完善预警机制，利用校园网站、校园广播、“两微一端”等多种形式、多种渠道全方位向学生发布有关校园不良网贷的最新预警提示信息。完善监测机制，高校学工、宣传、财务、网络、保卫等部门要密切关注校园传单、熟人推荐、APP 推送等校园网贷业务传播途径，禁止在学校宣传、推荐、代理不良网贷业务。高校辅导员、班主任、学生骨干队伍要密切关注学生异常消费行为，并定期开展校园不良网贷的摸底排查。完善处理机制，对于不良网贷侵犯学生合法权益情况，配合公安机关依法严厉打击，切实维护学生合法权益，消除安全风险隐患，保障校园安全。

四、持续深化资助体系建设。完善资助体系，建立健全既有共性需求、又能体现个体差异的资助体系，充分挖掘校内外资源，筹集专项基金，满足学生拓展学习、创新创业等发展性需求。推进精准资助，提高学生资助的精准度，保障国家各项资助政策落到实处，帮助家庭经济困难学生解决学费、住宿费、生活费等保障性需求。开展资助宣传，通过多形式、多层次、多方位的资助政策宣传，使学生知道找谁办、怎么办，切实提高资助政策宣传的广泛性和有效性。

各地各高校要按照通知要求，加强组织领导，结合实际制定本地本校工作方案，及时将工作中的相关经验做法报送我部。

教育部办公厅

2018 年 7 月 18 日

附件三：

教育部办公厅　中国银监会办公厅关于加强校园不良网络借贷风险防范和教育引导工作的通知

教思政厅函〔2016〕15 号

各省、自治区、直辖市党委教育工作部门、教育厅（教委），各银监局，新疆生产建设兵团教育局，部属各高等学校党委：

随着网络借贷的快速发展，一些 P2P 网络借贷平台不断向高校拓展业务，部分不良网络借贷平台采取虚假宣传的方式和降低贷款门槛、隐瞒实际资费标准等手段，诱导学生过度消费，甚至陷入“高利贷”陷阱，侵犯学生合法权益，造成不良影响。为加强对校园不良网络借贷平台的监管和整治，教育和引导学生树立正确的消费观念，现就有关事项通知如下：

一、加大不良网络借贷监管力度。建立校园不良网络借贷日常监测机制。高校宣传、财务、网络、保卫等部门和地方人民政府金融监管部门、各银监局等部门要密切关注网络借贷业务在校园内拓展情况，高校辅导员、班主任、学生骨干队伍要密切关注学生异常消费行为，及时发现学生在消费中存在的问题。地方金融办（局）要对网络借贷信息中介机构开展虚假片面宣传或促销活动、误导出借人或借款人的行为进行密切跟踪，针对网络借贷信息中介机构向不具备还款能力的大学生群体开展营销宣传活动、对借款人资格审查失职失当等行为加强监管和风险提示。建立校园不良网络借贷实时预警机制。及时发现校园不良网络借贷苗头性、倾向性、普遍性问题，及时分析评估校园不良网络借贷潜在的风险，及时以电话、短信、网络、橱窗、校园广播等多种形式向学生发布预警提示信息。建立校园不良网络借贷应对处置机制。制定完善各项应对处置预案，对侵犯学生合法权益、存在安全风险隐患、未经学校批准在校园内宣传推广信贷业务的不良网络借贷平台和个人，第一时间报请地方人民政府金融监管部门、各银监局、公安、网信、工信等部门依法处置。

二、加大学生消费观教育力度。教育引导学生树立文明的消费观。加强社会主义核心价值观学习教育，深入开展“三爱”“三节”等主题教育活动，培养选树勤俭节约、自立自强方面的先进典型，营造崇尚节约的校园文化环境，帮助学生养成文明、健康的消费习惯。教育引导学生树立理性的消费观。关心关注学生消费心理，纠正学生超前消费、过度消费和从众消费等错误观念。在生活消费、人际消费、娱乐消费等方面，教育学生不盲从、不攀比、不炫耀，引导学生合理消费、理性消费、适度消费。教育引导学生树立科学的消费观。帮助学生科学制定消费计划，结合实际，量入为出。加强与家长的沟通与联系，合理支持、适当控制学生的消费支出。鼓励学生利用业余时间开展勤工俭学，通过诚实合法劳动创造财富，培养节俭自立意识。

三、加大金融、网络安全知识普及力度。大力普及金融、网络安全知识。通过开设金融学、网络安全学等相关公共基础课或选修课，邀请金融机构、监管机构、网信安全等部门专业人员在校内开展金融、网络安全知识普及教育，帮助学生了解金融行业发展前沿动态，掌握逾期滞纳金、违约金、单利与复利等基本金融常识。切实增强学生金融、网络安全防范意识。利用校园网站、微信平台、校园广播等多种渠道向学生推送校园不良网络借贷典型案例。在重要节庆日、购物狂欢日等时间节点，开展金融、网络安全宣讲活动，强化学生对网络借贷风险的理解和认识，帮助学生增强金融、网络安全防范意识。帮助学生提升金融理财实践能力。加强与银监、公安等政府部门和银行、证券等金融机构的合作，积极开展调查研究、志愿服务等社会实践活动，帮助学生增强对有害网络借贷业务甄别、抵制能力。鼓励和支持金融理财类学生社团建设，举办模拟投资大赛等活动，提高学生金融理财实践能力。

四、加大学生资助信贷体系建设力度。加强对学生资助工作的科学管理和制度支撑，切实提高学生资助工作水平，保障国家各项资助政策落到实处，满足家庭经济困难学生学费、生活费等保障性需求。充分挖掘校内外资源，筹集专项基金，作为国家资助政策体系的有益补充，建立健全既有共性需求、又能体现个体差异的资助模式，满足学生拓展学习、创新创业等发展性需求。与金融机构合作，积极探索建设和发展校园社区银行，为学生提供渠道畅通、手续便捷、利率合理的金融借贷服务，满足学生临时性需求。

各地各高校要按照通知要求，加强组织领导，抓好工作统筹，做好本地本校工作分层对接和具体落实，及时将工作中发现的问题和相关经验做法报送教育部、中国银监会。

教育部办公厅　中国银行业监督管理委员会办公厅

2016 年 4 月 13 日

附件四：

关于进一步加强校园贷规范管理工作的通知

银监发〔2017〕26号

各银监局，各省、自治区、直辖市及新疆生产建设兵团教育厅（局、教委）、金融办（局）、人力资源社会保障厅（局），各政策性银行、大型银行、股份制银行，邮储银行，中央所属各高等院校：

银监会、教育部等六部委《关于进一步加强校园网贷整治工作的通知》（银监发〔2016〕47号，以下简称银监发47号文）印发以来，各地加大对网络借贷信息中介机构（以下简称网贷机构）校园网贷业务的清理整顿，取得了初步成效。但部分地区仍存在校园贷乱象，特别是一些非网贷机构针对在校学生开展借贷业务，突破了校园网贷的范畴和底线，一些地方"求职贷""培训贷""创业贷"等不良借贷问题突出，给校园安全和学生合法权益带来严重损害，造成了不良社会影响。为进一步加大校园贷监管整治力度，从源头上治理乱象，防范和化解校园贷风险，现就加强校园贷规范管理工作通知如下：

一、疏堵结合，维护校园贷正常秩序

为满足大学生在消费、创业、培训等方面合理的信贷资金和金融服务需求，净化校园金融市场环境，使校园贷回归良性发展，商业银行和政策性银行应在风险可控的前提下，有针对性地开发高校助学、培训、消费、创业等金融产品，向大学生提供定制化、规范化的金融服务，合理设置信贷额度和利率，提高大学生校园贷服务质效，畅通正规、阳光的校园信贷服务渠道。开展校园贷的银行应制定完善的校园信贷风险管理制度，建立风险预警机制，加强贷前调查评估，认真审核评定贷款大学生资质，重视贷后管理监督，确保资金流向符合合同规定。如发现贷款大学生存在资料造假等欺骗行为，应提前收回贷款。银行应及时掌握贷款大学生资金流动状况和信用评分变化情况，评估其还款能力，采取应对措施，确保风险可控。

针对当前各类放贷主体进入校园贷市场，缺乏相应制度和监管约束，以及放贷主体自身风险控制机制缺失等问题，为切实规范校园贷管理，杜绝校园贷欺诈、高利贷和暴力催收等行为，未经银行业监督管理部门批准设立的机构不得进入校园为大学生提供信贷服务。

二、整治乱象，暂停网贷机构开展校园网贷业务

各地金融办（局）和银监局要在前期对网贷机构开展校园网贷业务整治的基础上，协同相关部门进一步加大整治力度，杜绝网贷机构发生高利放贷、暴力催收等严重危害大学生安全的行为。现阶段，一律暂停网贷机构开展在校大学生网贷业务，逐步消化存量业务。要督促网贷机构按照分类处置工作要求，对于存量校园网贷业务，根据违法违规情节轻重、业务规模等状况，制订整改计划，确定整改完成期限，明确退出时间表。要督促网贷机构按期完成业务整改，主动下线校园网贷相关业务产品，暂停发布新的校园网贷业务标的，有序清退校园网贷业务待还余额。对拒不整改或超期未完成整改的，要暂停其开展网贷业务，依法依规予以关闭或取缔，对涉嫌恶意欺诈、暴力催收、制作贩卖传播淫秽物品等严重违法违规行为的，移交公安、司法机关依法追究刑事责任。

三、综合施策，切实加强大学生教育管理

各高校要把校园贷风险防范和综合整治工作作为当前维护学校安全稳定的重大工作来抓，完善工作机制，建立党委负总责、有关部门各负其责的管控体系，切实担负起教育管理学生的主体责任。一是加强教育引导。积极开展常态化、丰富多彩的消费观、金融理财知识及法律法规常识教育，培养学生理性消费、科学消费、勤俭节约、自我保护等意识。现阶段，应向每一名学生发放校园贷风险告知书并签字确认，每学期至少集中开展一次校园贷专项宣传教育活动，加强典型案例通报警示教育，让学生深刻认识不良校园贷危害，提醒学生远离不良校园贷。二是建立排查整治机制。开展校园贷集中排查，加强校园秩序管理。未经校方批准，严禁任何人、任何组织在校园内进行各种校园贷业务宣传和推介，及时清理各类借贷小广告。畅通不良校园贷举报渠道，鼓励教职员工和学生对发现的不良校园贷线索进行举报。对未经校方批准在校宣传推介、组织引导学生参与校园贷或利用学生身份证件办理不良校园贷的教职工或在校学生，要依规依纪严肃查处。三是建立应急处置机制。对于发现的学生参与不良校园贷事件要及时告知学生家长，并会同学生家长及有关方面做好应急处置工作，将危害消灭在初始状态。同时，对发现的重大事件要及时报告当地金融监管部门、公安部门、教育主管部门。四是切实做好学生资助工作。帮助每一名家庭经济困难学生解决好学费、住宿费和基本生活费等方面困难。五是建立不良校园贷责任追究机制。对校内有关部门和院系开展校园贷教育、警示、排查、处置等情况进行定期检查，凡责任落实不到位的，要追究有关部门、院系和相关人员责任。对因校园贷引发恶性事件或造成重大案件的，教育主管部门要倒查倒追有关高校及相关责任人，发现未开展宣传教育、风险警示、排查处置等工作的，予以严肃处理。

四、分工负责，共同促进校园贷健康发展

各部门要高度重视校园贷规范管理工作，明确分工，压实职责，加强信息共享，形成监管合力。各地金融办（局）和银监局要加强引导，鼓励合规机构积极进入校园，为大学生提供合法合规的信贷服务。要制定正负面清单，明确校园贷市场参与机构。要积极配合教育主管部门开展金融消费者教育保护和宣传工作。要加强信息共享与经验交流，以案说法，务求整治实效。各地教育主管部门、各高校要切实采取有效措施，做好本地本校工作分层对接和具体落实，筑好防范违规放贷机构进入校园的“防火墙”，加强风险警示、教育引导和校园管理工作。各地人力资源社会保障部门要加强人力资源市场和职业培训机构监管，依法查处“黑中介”和未经许可擅自从事职业培训业务等各类侵害就业权益的违法行为，杜绝公共就业人才服务机构以培训、求职、职业指导等名义，捆绑推荐信贷服务。涉及校园网贷整治相关事项，有关部门应按照银监发 47 号文要求抓好贯彻落实。

请各地区、各有关部门认真梳理辖内校园贷规范管理工作落实情况，并于 2017 年 6 月 30 日前将书面报告报送银监会、教育部、人力资源社会保障部。

中国银监会　教育部　人力资源社会保障部

2017 年 5 月 27 日

参考文献

[1] 江苏省教育厅. 江苏省高等教育保卫学会高校保卫学研究委员会. 大学生安全教育读本 [M]. 南京：东南大学出版社，2014.

[2] 刘长青，大学生安全教育读本：平安·和谐校园 [M]. 苏州：苏州大学出版社，2018.

[3] 方正泉. 大学生安全教育指南 [M]. 苏州：苏州大学出版社，2015.

[4] 王剑星，杨杰. 大学生安全教育读本 [M]. 苏州：苏州大学出版社，2013.

[5] 诸德志. 火灾预防与火场逃生 [M] 南京：东南大学出版社，2013.

[6] 谢志强. 大学生火灾安全常识解读 [M]. 北京：兵器工业出版社，2008.

[7] 王丽坤. 大学生安全教育 [M]. 武汉：武汉理工大学出版社，2009.

[8] 蒋德勤，汪传宝. 当代大学生安全教育 [M]. 北京：现代教育出版社，2009.

[9] 高开华. 当代大学生安全知识读本 [M]. 合肥：中国科学技术大学出版社，2009.

[10] 江西省教育厅安全稳定办公室，江西省电化教育馆. 我的平安我做主：大学生安全教育读本 [M]. 南昌：江西教育出版社，2009.

[11] 李阳模. 大学生心理健康问题及教育对策研究 [D]. 重庆：西南师范大学，2004.

[12] 张心琦. 当代大学生心理健康教育存在的问题及对策研究 [D]. 大连：大连海事大学，2008.

[13] 祝力维. 关于大学生安全教育与管理的研究 [D]. 长春：东北师范大学，2008.

[14] 戴兴玉. 论当代大学生心理健康教育及实施途径 [D]. 长春：吉林大学，2005.

[15] 华杰. 新时期大学生心理健康教育研究 [D]. 重庆：西南师范大学，2002.

[16] 廖颖. 新时期大学生心理状况及心理健康教育研究 [D]. 西安：西安科技大学，2006.

[17] 殷宏斌，王殿宝. 运用科技手段，提升高校消防安全管理水平：清华大学应用水灾报警灭火系统中遇到的问题及对策 [J]. 高校后勤研究，2012 (02)：85－86，88.

［18］胡海燕，张同婷，谷雪播，等，高校消防安全现状、原因及解决方案研究［J］．科协论坛，2010（07）：189－190．

［19］张俊燕，蒋宏潮，以消防“四个能力”建设为契机，做好高校后勤安全工作［J］．安全，2012（09）：47－48．

［20］王永和．谈大学生心理健康的重要性［J］．中国高教研究．2004（04）：75－76．

［21］郑培荣．浅谈大学生心理健康的重要性［J］．商情．2010（08）：82．